SDGs
人材の
育て方

人材育成の新グローバルスタンダード

INNER DEVELOPMENT GOALS
Transformational Skills for Sustainable Development

IDGs
Inner Development Goals
変容する組織

新井範子
鬼木基行
佐藤彰
新宅剛
水野みち

経済法令研究会

はじめに

この変化が早く激しい時代に、人をどう育てるべきか。

本書は、持続可能なビジネスを実現するための人材の育成方法として、新しいグローバルスタンダードであるIDGs（Inner Development Goals、インナー・ディベロップメント・ゴールズ、内面の成長目標）を紹介するものある。

環境が急速に激変し、SDGs（Sustainable Development Goals：持続可能な開発目標）が周知・推進されている現代において、持続可能な経営について一考している人は少なくないだろう。
同時に、これからのサステナブル経営を支える人材の育成についても現実的な問題として懸念されるところだと思う。

持続可能な経営をするためには、組織はその意識と行動を変える必要があり、そのためには、経営陣を含め、人の意識と行動が変わることが不可欠である。

本書は、組織や人が変容するために必要とされるIDGsについて、その必要性の背景とともに、5つのカテゴリーと23のターゲットスキルを解説する。

序章において、企業において人を育てることの意義を解説する。
1章は、マーケティングの視点から、現代社会の状況と企業の方向性を説く。
2章では、経営コンサルタントが、経営者として必要な心構えから実践的な経営戦略までを教えてくれる。

3章は、人材育成の現場から人材育成の本質について考える。

　4章において、サステナブル人材の内面成長フレームワークであるIDGsの詳細を紹介していく。組織の変容を実現するサステナブル人材に必要な能力、資質、スキルは次の5つである。

Being-Relationship to Self
　　自分のあり方 - 自己との関係性
Thinking-Cognitive Skill
　　考える - 認知スキル
Relating-Caring for Others and the World
　　つながりを意識する - 他者や世界を思いやる
Collaborating-Social Skills
　　協働する - 社会的スキル
Acting-Driving Change
　　行動する - 変化を推進する

　序章から読むと、人材育成の現状からその対応までをつかむことができるが、興味のある章から読んで頂いてもかまわない。本書を読むことで、今、悩みを抱える方は、「なぜ」その行動をすべきなのか、腑に落ちることだろう。

　また、本書は2022年12月に公表されたIDGs Toolkitの日本語解釈版を資料として掲載しているので、是非、IDGsを実現するためのワークに取り組んで頂きたい。

第2章
サステナビリティ時代の経営戦略

第**3**章
サステナビリティ時代の人材育成

第 **4** 章

IDGs　サステナブル人材の内面成長フレームワーク

巻 末 資 料

IDGs Toolkit（「IDGs Toolkit vol.1」の日本語解釈版）

企業において、
人を育てるとは
どういうことか

今のあり方に、満足できているだろうか。

日々生じる複雑な問題に対応していくためには、
人間力を高め続けなければならない。
しかし、内面が成長しているかを測ることはできず、
一朝一夕に成長することもできない。

内的な発達とは複雑性を増していくプロセスである。
「当たり前」を壊す必要がある。そこには葛藤が生じるだろう。

「けれどなによりあなたは生きているからです。」
(『世界がもし100人の村だったら』より)

おそれず、「今」から進んでいこう。

持続可能（サステナブル）な会社づくり

サステナブル経営とは

　サステナブル経営という響きは難しいものに聞こえるが、シンプルに言うと、「その会社の存続がすべてのステークホルダーにとって望ましい状態にある経営のこと」である。

　資本主義においては、顧客への価値提供と、株主や銀行に魅力的な利益追求に経営者の意識が向きがちである。それが行き過ぎると、社会や自然環境をはじめ、従業員やその家族の幸福を配慮しない経営状態が起こり得る。例えば、過剰な目標を設定し、必要な教育や設備の投資なしに過重労働を社員に課すといったことや、環境や社会に悪影響を及ぼす可能性があることへの改善を怠るとか、自社の評価に直接影響しない地域への弊害は見て見ぬふりをしてしまうなどである。2020年にデヴィッド・グレーバー（David Graeber）によって書かれた書籍『ブルシット・ジョブ』が話題になったが、不必要な作業や役割を盛り込んで収益を上げるというのも行き過ぎた利益追求主義の歪の１つと言えるだろう。そして、さらにはストレス要員によるハラスメント増加、メンタル不調の増加が起こり、離職やコンプライアンス上の問題が経営を揺るがすことになり得る。つまり、会社の存続が困難になる。このように、サステナブル経営とは、これまでの資本主義を見直す動きの１つとも言える。

サステナブル経営でない企業は選ばれなくなる

　では、日本企業の従業員は会社に対してどのような意識を持っているのだろうか。従業員の会社に対する意識を図る指標としてエンゲージメント指数がある。エンゲージメントとは、個人と組織の成長の方向性が連動していると感じているかどうか（士気・熱意）だが、Gallupの調査によると、残念ながら日本は国際比較を見ても低水準だ。

　仮に今、サステナブル経営の必要性が感じられなかったとしても、中長期的に見ると、少子高齢化による生産年齢人口の不足が影響し、社員や社会や環境に意識を向けていない会社は選ばれず、じわじわと淘汰されていく傾向にあるだろう。
　そのような未来を見越して、ESG投資や人的資本経営の流れも生まれている。サステナブル経営を意識できていない会社は今後株主や銀行からも選ばれなくなるという時代はもう足元まで来ている。2022年11月の金融庁の発表によると、2023

●**従業員エンゲージメント（士気・熱意※）の国際比較**

※「エンゲージメント」は、人事領域においては、「個人と組織の成長の方向性が連動していて、互いに貢献し合える関係」といった意味。

● 民間企業の調査によれば、日本企業の従業員で士気・熱意がある者の割合は5％と、東アジアに絞ってみても、最低水準。

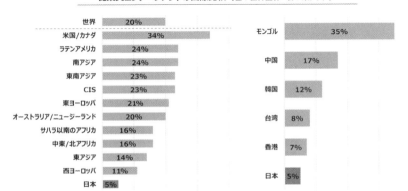

従業員エンゲージメントの国際比較（左：世界全体　右：東アジア）

世界	20%
米国/カナダ	34%
ラテンアメリカ	24%
南アジア	24%
東南アジア	23%
CIS	23%
東ヨーロッパ	21%
オーストラリア/ニュージーランド	20%
サハラ以南のアフリカ	16%
中東/北アフリカ	16%
東アジア	14%
西ヨーロッパ	11%
日本	5%

モンゴル	35%
中国	17%
韓国	12%
台湾	8%
香港	7%
日本	5%

出典：GALLUP「State of the Global Workplace 2017」より作成

年３月期決算以降の有価証券報告書及び有価証券届出書にサステナビリティと人的資本、多様性に関する企業の取り組み（戦略、指標及び目標など）の開示が義務づけられた。サステナビリティに関する情報については文脈に応じて様々だが、国際的には環境（CO_2排出量など）、社会への関与（地域への貢献など）、従業員（教育投資額やエンゲージメント指数など）、人権の尊重（女性管理職比率、育児休暇取得率、給与格差是正策など）、腐敗防止、贈収賄防止、ガバナンス（教育や第三者による監査の仕組みなど）、サイバーセキュリティ、データセキュリティなどに関する事項が該当する。これらがいよいよ本格的に企業の評価尺度に取り入れられ、2023年はサステナブル経営元年となるだろう。

　従業員やその家族、取引先、地域社会や地球環境、そして未来を担う世代など、会社を取り巻くステークホルダー全体に幸せや価値をもたらすことがこれからの持続可能な経営においては不可欠となる。

●日本の生産年齢人口の見通し

● 日本の生産年齢人口は、2050年には現在の３分の２程度まで減少。

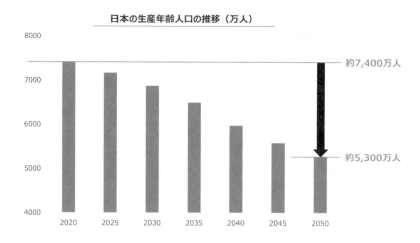

日本の生産年齢人口の推移（万人）

出典：国立社会保障・人口問題研究所「日本の将来推計人口（平成29年推計）の出生中位（死亡中位）推計」をもとに作成

ガバナンスの限界

　では、サステナブル経営の実現のために、何をすれば良いのだろうか。ガバナンスや監視を強化するということは、不正を防ぐ1つの有効な予防策ではあるが、リモートワークの導入が増えている昨今では、ガバナンスに頼ることが真の持続可能な経営対策かというと限界はあるだろう。当然、経営者としては「こんなに誠意を持って会社を守るために経営をしているのに、なぜ各所でひずみが生まれるのか」と悩まれる方も多いのではないだろうか。それは、残念ながら一生懸命さが一方通行だったと言えるのかもしれないし、一生懸命さがゆえに周囲からの異なる声や反対の声を聞こえにくくさせていたとも言える。誰かの我慢の上に成り立っている経営では、やはりそこからほころびが生まれやすい。

　特に内部不正に関して難しいのは、誰が悪いと追及できる事例は意外と少なく、多くの場合は表に出ない真意がある。私も過去にメーカーのコンプライアンス教育に関わらせて頂いたことがあるが、問題が発生するまでには、それなりに長い歴史と文脈があり、複雑な事情が絡み合い、経営に近い層も含めた個々人の一見ちょっとした自己保身や視野の狭さが連鎖して引き起こしていることがわかる。関わった人たちがドラマに登場するようなずる賢い悪人だったのかというと、そうではないことも多い。むしろ、「まさかこんなことになるとは…」と自分自身の甘さを咎め苦しむような、苦々しい状況だったりするのである。実は「どこかおかしい」と気づいている人が数名いたとしても、上司や他部門に対して強く言えなかった、ラインを停滞させられなかったという理由で黙秘してしまう、「保身」が見え隠れする点も特徴的だ。保身は、分断やサイロ化（縦割り体質）を生み、見えていたかもしれない色々なことを他人事に追いやり、不祥事や不正などに発展する可能性がある。このように、事象は氷山の一角であり、ことは意外と複雑で根深いのである。

複雑な問題

　もちろん、経営判断においては、三方よしを維持するのが難しい対立構造も大いにあり得る。それぞれの利害や見解が対立し、行き詰るケースだ。例えば、従業員のワークライフバランスの維持が生産ラインの停滞を起こし、顧客からのクレームが入るという可能性もある。また、従業員の価値観や欲求も多様化し、一方を立てると一方が不満になるといったこともあるだろう。良かれと思ったソリューションも、時間差で別の問題を生み出すといったこともあり得るだろう。

　このように、正解のわからない曖昧な場面もたくさんある中で、サステナブル経営は言うほど簡単ではないのが現場感覚ではないだろうか。マニュアルとなるような策は少なく、結局は経営に近い層の人たちが、自らの認識の限界を認め、真摯にみんなのニーズや声に向き合おうとする必要がある。対話を心がけているか、意識や関係性など、見えにくいことを見える化させているか、誠意が相手に伝わっているのか、痛みを分かち合っているかなど、きわめて人間臭い側面もとても重要になってくる。真のサステナブル経営に着手することを目指すのであれば、一見遠回りに感じられるが有効な方法をご紹介したい。それは、経営に近い人達やマネジメント層の「人間力向上」である。

02

企業存続のために必要な従業員の成長とは

人間力とは何か

　複雑で曖昧な経営環境においてサステナブル経営を実行する
上で実はとても重要なことの１つは、経営層をはじめ影響力の
強い人たちの人間力である。人間力と言うと抽象的な響きだが、
例えば、次のようなことである。

・自分への影響（過去の経験などの心理的影響）に振り回さ
　れず、自らの心の動きを俯瞰的に捉えられているか？
・先入観で判断していないか？
・自らのエゴや見栄、利己的な欲求に支配されていないか？
・周囲の耳の痛い声に寄り添えているか？
・自分の判断を揺るがす情報にも目を向けられるか？
・自分の弱さや間違いを認められるか？
・自分の言動の影響力を認識できているか？
・埋もれがちな少数派の声に共感を持って耳を傾けられる
　か？
・感謝や思いやり、謙虚さを持っているか？
・信頼や粘り強さを持っているか？

など

　これらは、心の知性、内面的な成長とも言える。
　日本で内面的な成長と言うと、どこか胡散臭い我流の自己啓
発を想像する人もいるかもしれない。1980年代に自己啓発セ
ミナーが大ブームとなり、人々の生活に支障を起こすような社
会問題を引き起こしたため、カルト集団のようなネガティブな

15

イメージを持たれる人もいるだろう。しかし、大人の内面的な成長を研究する学術分野があるのをご存知だろうか。「成人発達心理学」や「成人発達理論」と呼ばれる専門領域である。著名な学者では、元ハーバード大学教授のロバート・キーガン（Robert Kegan）などがおり、いわゆる、意識の変化のステージを体系立てた研究である。多くの人が知っているアブラハム・マズローの欲求5段階説なども成人発達理論の発展に貢献している。人としての「器」の大きさや心の成熟の研究である。

　例えば、身体的成長は、身長・体重・筋肉量・骨の強さなどで表すことができるし、学力の発達は記憶力や計算力、分析力などのテストで測定することができる。しかし、人としての成熟はどうだろうか。周囲を見渡すと「この人は器が大きいな」とか「人間力が高いな」という人はいるかもしれない。そういった人は、年齢や役職に関わらず存在する。しかし、なぜそうなのかを明確に定義するのは難しい。また、その人の人間力が高いと認識するには、あなた自身がそれなりの発達を遂げている必要がある。つまり、ある程度の発達段階にいないと、発達を遂げた人の視点を認識するのは難しい。実際、当時は嫌いだった上司でも、数年後に上司の意図や深い計らいに気づき感謝するというのはよく聞く話で、これも、発達したがゆえに見える景色である。

人は成長によって他者視点を持つ

　成人発達理論によると、人間の発達とは、「世界の複雑性を認識できるようになるプロセス」とされている。複雑性とは、例えば、人生の勝ち組、負け組などと言うことは、実際には白か黒かで表現できる世界ではなく、複雑性を含むことをみなさんはおわかりだと思うが、発達の初期段階の場合は年収○○○万円が勝ち組だと著名人に言われるとそれを鵜呑みにしてしまうかもしれない。敵か味方かも同様に実際には複雑なものなのだが、発達初期では、言動1つで白黒決めてしまうことがある。

盲目的に正解不正解、敵味方、使える使えない、勝ち負けを決めてしまう。これらの思考は、例外（不協和）が生じることで覆され、葛藤と共に次第に洞察が深まり、複雑性を認識し、包容力を得はじめる。不協和とは、例えば、「目指していたことが叶い、これで幸せになれるはずなのに、幸せどころか虚しさや孤独を感じているのはなぜか」「敵のはずなのに、一番親身になって助けてくれているのはなぜか」「弱い相手のはずなのに、一番恐れを感じるのはなぜか」など、やりすごせなくなるくらいの矛盾や葛藤を味わうことである。発達を遂げると、自分が信じる価値観だけで良し悪しを決める世界観から、他者にとってはどうなのかと相手の目線で物を見ることができるようになる。他者視点と自己の視点を行き来することも複雑性の認識である。この他者の枠も広がっていく。さらに、自分の価値観を得るに至った経緯を客観的に認識し、様々な複雑さを包含した上で選び取ることができるようになったりする。複雑性を認識した上で、あえてシンプルさを選び取ることもできる。

インテグラル理論という発達モデルを提唱したアメリカの思想家ケン・ウィルバー（Ken Wilber）は、以下のように述べている。

発達において自己中心性が減少していくのは確かである。それぞれの発達段階を進むごとに、自己愛は減少し、意識は拡大していくのである（言い換えれば、それまでよりも広く深い視点を活用できるようになるのである）。

『インテグラル理論』ケン・ウィルバー

内面の成長を扱うことの限界

ここから、さらに内面の成長について深く述べる前に、2つ残念なお知らせをしなければならない。1つは、内面の発達の段階を測定するシンプルかつ簡易な方法は今はまだ存在しないということである。訓練を受けた専門家が状況インタビューや

文章完成法といった手法を使って分析し、発達段階を判定するというのが現在のやり方である。発達とは、何を言ったかやったかではなく、どのような背景や意図（倫理観や感情や価値観）をもってそうしたのかに現れるため、深く理由を聞く必要がある。発達した「ふり」をしても意味がないので、安易な測定が広がることは避けたいところである。

　もう1つは、発達は一朝一夕に得られるものではないということである。発達段階とか発達ステージと聞くと、上昇意欲の強い人はすぐに駆け上がりたくなるだろう。しかし、仮に発達段階を5段階に分けた場合、1つの段階から次の段階に発達するには一般的には5〜10年はかかると言われている。また、発達は無理に促せるものでもない。その段階を体験し、味わい切ってこそ次の段階にシフトする。つまり、先回りして学んでも、なかなか次の段階には行けないのである。例えば、自己中心的な段階にいた場合、その段階をすばやく通り抜けて次に進むのは難しい。その段階を十分に生き、良さも痛みも味わい、不満足感に心が乱され、複雑性を味わい、次のステージに進むことができる。また、自分の成功のために人を「道具」のように扱って成果を出して表彰されてきた人が、周囲から嫌われ、気づいたから孤独を感じ、自分の成功を望むことの何が悪いんだと絶望を感じ、思い通りに行かない複雑性に葛藤する中、たまたま出会った人の親切心や信頼に心打たれ、他者への労りや思いやりを知るというのは映画でもよく出てくる話ではないだろうか。少し古いが、トム・クルーズ主演映画「ザ・エージェント」なども主人公の発達プロセスを描いていると言える。このようなプロセスを経ることで次の発達段階に進んで行くのである。また、段階は階段のようにシンプルに進むわけではない。行きつ戻りつというゾーンに留まったり、強いストレスで退行したりすることもあることを知っておく必要もある。さらには、単純に考えられた時の方が幸せだったなんてこともあり得るだろう。一度複雑性を知れば、以前の単純な視点には戻れない。ただ、わかった上で単純さを楽しんだり使ったりすることはできる。

内面の発達のためにできること

　発達の測定は難しく、発達段階を駆け上がることはできない。では、内面の発達や人間力向上のために何もできないのかと言うと、そうではない。

　先述したキーガン博士によると、人は何もしなくても自然と成長する。つまり、誰でもほっておけば自然に成長するのである。では、私たち（企業）にできることは何か。それは、発達の邪魔をしないことだとキーガン博士は言う。成長を邪魔する要因とは何だろうか。それは、「問う」ことや、深く考え続けることを諦めさせるような閉鎖的かつ機械的に扱われる環境（教育やしきたり、暗黙のルールなど）である。例えば、威圧的に「黙って従え」「余計なことを考えずにただやれ」と言われ続ける環境であっても、人は自然に疑問を持ち始める。これは本当に正しいのだろうかと。複雑性を受け入れるプロセスである。しかし、それに対して罰による恐怖心が植えつけられ、考えることへの無力感を学習してしまうと、問うことをやめてしまい、強固な防衛心と共に発達に停滞が生まれる。一方、自分が感じた問いを深める機会、例えば「なぜそう思ったの？」と好意的に問われたり、「その感覚を信じてみてはどうだろうか」と勇気づけられたりする環境があると、自分の考えを耕し、俯瞰的に整理・認識する力が生まれる。仮に、結果的に従うことを選択したとしても、この葛藤のプロセスそのものが内面の成長につながっていく。深く考えることを阻害する環境は、何も上意下達の強い世界だけではない。仲が良いがゆえの同調圧力や、同質性の高い人としか接する機会がないことも、問う機会を奪い、成長の妨げになり得る。例えば、はじめて海外に行き、自分の当たり前が通用しない世界を目の当たりにし、自分の生きてきた環境を俯瞰的に捉えて問い直した経験のある人は多いのではないだろうか。これも発達の瞬間である。または、集団に異質な人材が入って来ることも、自分たちの当たり前を問い直すきっかけになり得る。

また、問うことと同時に重要となるのは、自分の感覚を信じて聴いてくれる他者の存在である。個より集団に従うことを是とする日本においては、自身の違和感を言語化することを難しく感じる（時には恐れを感じる）人はとても多いので、否定せずに安心して聴いてくれる相手（友人や支援者、信頼できる上司、同僚など）を発達の局面で必要とする人も多い。

　ここまでを読んで、人によっては「多様性（ダイバーシティ）教育」や「越境学習経験」などの言葉を思い出す人もいたかもしれない。イノベーションや強い会社になるためにも多様性や多様な経験を重視することが必要だと言われているが、まさに、成人発達の観点からも理に適っている。また、「1on1」や「キャリアコンサルティング」「コーチング」なども同様に、自分自身を取り巻く影響を客観的に振り返ったり、自身の考えを言語化したりする上でとても効果的な施策と言える。

— scene —

03

世界の複雑性を認識するとは

　では、ここから内面の成長についてもう一歩深めていきたい。本章では、膨大な研究や実践手法及びプログラムをご紹介することは難しいため、人と組織の成長のために役立てられるであろう２つのものの見方をご紹介したい。世界の複雑性を認識するため、物事を俯瞰的に捉える２つの地図となるだろう。さらに深めたい方のために末尾に参考文献もご紹介するのでぜひ読んでほしい。

氷山モデル

　１つ目は、氷山モデルである。科学と生物物理学の博士号を持ち、持続可能な開発の著者でもあり、世界のサステナブルの火付け役として、MITの特別研究員も務めたドネラ・メドウズ（Donella H. Meadows）という人物はご存知だろうか。彼女の名前を聞いたことのない人でも、「世界がもし100人の村だったら」という本や文章を見たことのある人はいるかもしれない。私も、高校生の時に友人からこの文章がチェーンメールのように送られてきて、何気なく読んだというのに一生忘れられない強烈な印象を受けたのを今でも覚えている。このメールの作者はドネラ・メドウズだと言われている。その内容はタイトル通り、世界を100人の村と仮定し、より捉えやすい規模に縮尺を変えて俯瞰的に見るという内容である。今では当時（1980年代）とは若干違う数字になるかもしれないが、こういったことが書いてあった。

　（前段省略）村に住む人びと100人のうち、20人は栄養がじゅうぶんではなく、1人は死にそうなほどです。でも15人は太り

21

過ぎです。すべての富のうち、6人が59%をもっていて、みんなアメリカ合衆国の人です。74人が39%を、20人が、たったの2%を分けあっています。すべてのエネルギーのうち、20人が80%を使い、80人が20%を分けあっています。75人は食べ物の蓄えがあり、雨露をしのぐところがあります。でも、あとの25人はそうではありません。17人は、きれいで安全な水を飲めません。（中略）

『世界がもし100人の村だったら』池田香代子他

そして、最後にこう書かれていた。

もしもこのメールを読めたなら、この瞬間、あなたの幸せは2倍にも3倍にもなります。なぜならあなたにはあなたのことを思ってこれを送った誰かがいるだけでなく、文字も読めるからです。けれどなによりあなたは生きているからです。昔の人は言いました。巡り往くもの、また巡り還る、と。だからあなたは、深々と歌ってください。のびやかに踊ってください。心をこめて生きてください。たとえあなたが、傷ついていても、傷ついたことなどないかのように愛してください。まずあなたが、愛してください。あなた自身と、人が、この村に生きて、ある、ということを。もしもたくさんのわたし・たちがこの村を愛することを知ったなら、まだ間にあいます。人びとを引き裂いている非道な力から、この村を救えます、きっと。

『世界がもし100人の村だったら』池田香代子他

ドネラ・メドウズは、様々な出来事の裏側では何が起こっているのかを表すべく、氷山モデルを提唱した。
氷山の一番上は、起こっている「出来事」である。例えば、今日は忙しくてお昼ご飯が食べられなかったとか、会社の会議で大事な判断が先送りになっているなどという身近な出来事から、世界の貧困や温暖化など、様々な出来事が起こっている。個人のミクロレベルから、政治経済、国際情勢、環境問題などのマクロレベルまで幅広い出来事を指す。1つ下の階層には「行

● ドネラ・メドウズの「氷山モデル」

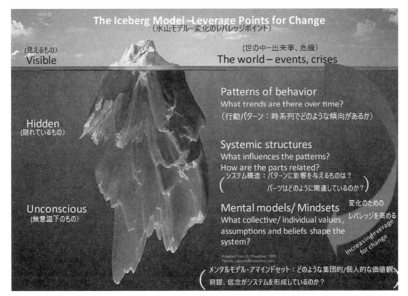

出典：Donella Meadows,Iceberg Modelをもとに作成

動パターン」とある。出来事の奥には、一定のトレンドや流れ
があり、時間軸を伸ばしてみると、パターン、つまり繰り返し
起こる作用・反作用が見えてくる。どこかの１つの力が高まる
と反対勢力が働くとか、何かが起こると雪だるま式に増幅する、
などのパターンがある。さらに第３階層まで深めると、そこに
は「システム構造」がある。第２階層で見えてきたパターンの
中には、つながり合うパーツや、それらの影響や関連性などの
一定の要素や法則が見えてくる。

　少し話が抽象的になってきたので、ここでシステム構造の一
例を見てみよう。
　ある会社で新商品が売れ出した。新商品は何度か登場したが、
毎回その好影響は長くは続かない。ヒットしては数年で停滞す
るというパターンがあった。深く見ていくと、そこには、「商
品が売れ出す」→「社員は多忙になる」→「人手不足になる」
→「育成が間に合わない」→「人が疲弊し、離職やメンタル不

23

● **商品の売れ行きが伸び悩むシステム構造**

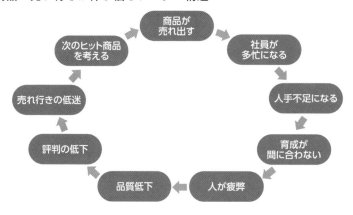

全が増える」→「品質やサービス低下につながる」→「評判が下がる」→「売り行きが低迷する」→「次のヒット商品を考える」というシステム構造が見つかった。

　再びヒット商品が誕生すると、システムの振り出しに戻る。このシステム構造は、経営活動をはじめ、政治や環境活動など様々な場面で発見できるだろう。同じようなパターンが見られるのであれば、そこにはシステム構造がある。パターンはネガティブなもの（振出しに戻るものや悪化していくもの）ばかりではない。社員のやる気が高まっていくパターンや、会社が成長していくパターンもある。

メンタルモデル・マインドセット

　これらのシステムが見えていれば、望ましくないシステム構造を改善したり、成長のシステム構造を導入したりといったことが簡単にできそうだが、ここにはさらに第4階層の「メンタルモデル・マインドセット」がある。

　メンタルモデルとは、集団や個人の内面を指す。価値観、前提、信念などの認知領域と言える。先ほど記載したヒット商品を出した企業の例を見てみよう。悪いパターンに陥らないようにするには、商品が売れ出したことに対して、連携や人手の補

充があれば良いことは一目瞭然である。繁忙期のルールや仕組み、監視システムをつくっても良いかもしれない。しかし、それが上手く行かないのはなぜか。それらのルールが形骸化したり、反発が起こったり、不満が蔓延することもある。なぜシステムの改善が図られないのか。そこで目を向けるに値するのが「メンタルモデル・マインドセット」である。部門間の、または個々人の無視できない前提である。例えば、商品開発におけるライバル意識、保守的な理由からの専門知識の囲い込み、助けてほしいと言えない文脈や風土、過去に複雑にもつれてしまった人間関係、評価への不満、無関心・無気力さなどが影響している可能性がある。

　そして、メンタルモデル・マインドセットは、組織内のあらゆる層、つまり新人社員から経営者まで全員が影響を受け、影響を与え合っている。社長が新商品のヒットだけを喜び評価すればするほど、過去に不遇な目に遭った社員は面白くないと感じ、協力したがらないなどということも起こり得る。当然、成果に対して良い評価をすることは一般的には悪いことではないし、それによりやる気や挑戦意欲が高まることはあるだろう。しかし、同時に会社内で分断が起こり、協力体制が生まれにくくなるという副反応も考えられるのである。このように、内面の複雑な作用も視野に入れる必要がある。そして、メンタルモデルもやはり変化する。例えば、たった１人の一生懸命な新人が、専門知識を長年共有しようとしなかったベテランの心を開き、構造が変化することもあるのである。

　先ほどは、氷山の階層の上の出来事から下のメンタルモデルに目を向けたが、下から上へ目を向けても興味深い。例えば、働く意義や意味など、従業員のメンタルモデルが変わってきたとする。昨今のＺ世代などは、金銭よりも社会的な意義や仲間意識により動機付けされやすいという傾向もあるようだ（1章参照）。そうなると、これまで「収入アップのために働く」というメンタルモデルでは上手く機能していた、成果に対する報酬アップという動機付けが機能しなくなる。現場のユーザーの声に触れられる仕組みや、仲間意識を醸成する仕組みなどが必

要となる。また、「転職したら不利だ」という考えから、「嫌なら辞めたって良いし、転職はチャンスだ」という考えへのメンタルモデルの変化により、これまで機能していた力関係が崩れることもある。これらにより、氷山の上に現れる出来事として「若手の離職」が増えることになる。

　この氷山モデルを見ると、改めて氷山モデルのすべての階層へ意識を向けることの大切さが理解できるのではないだろうか。また、想定以上に、個々人の内面へ関心を向けることと、内面の成長が重要であるということもわかるだろう。この4つの階層は影響を及ぼしあっている。また、あなた自身も含めて、そこに属するすべての人が、構造の維持や変化の一躍を担っているのである。極論を言うと、地球上にいるすべての人が地球の状況に何らかのかたちで参画しているのである。例え何もしなくても、何もしないというかたちで関与しているのである。

インテグラル理論の四象限（AQAL）

　2つ目にご紹介したいのは、ケン・ウィルバーが提唱したインテグラル理論で用いられる観点である。人の体験しうる領域を俯瞰的に捉える地図と言える（通称AQAL＝All Quadrants All Levels）。AQALという概念を紹介する前に、私たちにとって多少馴染みのある「真善美」という言葉を思い出してほしい。真善美の語源は、プラトンにたどり着くらしいが、カント哲学として知られており、人の普遍的な理想の在り方として用いられる。

　「真(truth)」とは、客観的な事実である。嘘や偽りのないこと。誰から見てもそうだと言えることを探求する姿勢である。

　「善(goodness)」とは、何が道徳的に正しい事なのか？である。集団や組織、社会において、それぞれの立場やニーズ、関係性に配慮しながら、対話し、善を見出そうとする姿勢である。

　「美（beauty）」とは、何が自分にとっての本物なのか？である。自分の価値観のレンズ、心のコンパス、自分の感性や気

持ち、意味や意義・パーパスに嘘のない姿勢とも言える。

　真善美はいずれも大切であり、1つの出来事に対して人は3つの視点で認識することができると言える。例えば、次のような話を3つの視点で考えてみるとどうだろうか。病に苦しむ子どもに飲ませる薬がなくて薬を盗んだ男性がいた。その男性は不慮の事故でけがを負い、失業中で薬を買うお金がなかったという。この男性に対して3つの視点で見ると何が言えるだろうか。

　まず、1つ目の「真」で見てみよう。事実として、どのような状況だったのだろうか、子どもの病気とは何だったのか、薬はなぜ必要になったのか、どうやって盗みを働いたのか、その男性の置かれた境遇はどういうものだったのかなどに意識が行くだろう。正確に事実を偽りなく理解しようという意識である。2つ目は「善」である。法律や倫理に照らし合わせ、盗みや不法侵入は法律違反でよろしくないとか、その男性にどれくらい悪意があったのかなど正しさや正義を問う視点である。人によっては、文化によって善も異なるだろうから、この男性の文化的・社会的背景を知った上で判断したいという人もいるかもしれない。そして3つ目は「美」である。盗みはいけないことはわかるが、自分は1人の親の気持ちに共感し、この男性の刑罰がせめて軽くなってほしいという願いや、なぜこのようなことをしてしまったのかという嘆きたい気持ちなど、極めて個人的な想いである。愛や感覚的なものも含まれる。私たちは、多くの場合、慣れていたり得意としていたりするものの見方を採用しがちである。例えば、科学者は真、弁護士は善、そして詩人は美が特に発達しているかもしれない。それを客観的に理解しておくことが大切である。自分が見落としがちだが、そこにしっかりと存在する世界を認識に含むことにつながる。また、この真善美という全方位的なものの見方がわかると、あえて得意としない領域も意識して伸ばすことが可能となるのである。

　これらをもとに、AQALを見ていきたい。AQALも、全方位的に自分の視点や視座を観察・探究しようとするときに役立つ考え方である。AQALでは、上半分が個人を扱う領域で、

下半分が集団や組織、社会を扱う領域を示す。

　個人の領域には内と外があり、個人の内側（左上）は、より内面的な側面であり、「気持ち」や「価値観」などが属する。個人の外側（右上）は、個人の「能力」や「スキル」などが属する。集団側にも内と外があり、集団の内側（左下）は、目に見えにくいものである「組織文化」「文脈」「関係性」などが属する。組織の外側（右下）は、「システム」「構造」や「ルール」、「契約」など可視化しやすいものや定量的なものが属する。

　各象限には、さらに細分化された領域がある。左上で言うと、「感情」や「価値観」「道徳観」「利他性」「欲求」「死生観」「恋愛観」などである（実際には各領域に10以上の項目がある）。これを「ライン」と呼ぶ。そして、そのラインには、発達していく段階がある。これを「レベル」と言う。繰り返しになるが、発達の段階は、階段や梯子のようにパキッと分かれたシンプル

●インテグラル理論の四象限（AQAL）

個人の内面 （思考・感情）	個人の外面 （身体・脳機能、行動）
集団の内面 （場の雰囲気、人間関係）	集団の外面 （システム、物理的環境）

●AQALの各象限における細分化された領域（レベル）

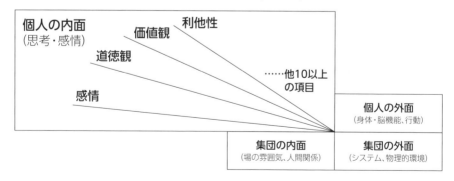

なものではなく、玉虫色のスペクトラルな領域があり、流動的
である。

　では、これが何の役に立つのだろうか。１つに、個人も組織
も偏った発達を遂げている可能性があるので、それに対して俯
瞰的にセルフチェックをすることができる。例えば、右側の領
域の「IT技術」と「経営手腕」のラインが独立して発達した
Ａさんがいたとする。Ａさんは起業し、上場まで成し遂げよう
と躍起になった。一方、Ａさんは「（自分の）感情」や「共感」
のライン、また「関係性」のラインの発達段階が低かった。も
ともとの性格もあり、育った環境としても自分の内面や関係性
について話す機会は少なかった。すると、何が起こるだろうか。
Ａさんは、他者の気持ちに気づきにくいために相手の気持ちへ
の配慮が行き届かず、上手く行っていると思っていても、気が
ついたら社員は気持ちが離れてしまっており、Ａさんは苛立ち
と不信を募らせた。自分の感じていることへの認識も得られな
いと、ただイライラした気持ちが募り、素直になれず、人をさ
らに遠ざけてしまった。このようなケースは、決して珍しいこ
とではない。実際、多くの人が不均衡な発達を遂げているとい
う。そして、壁にぶつかることは、周囲との関係性のラインを
伸ばすチャンスにもなる。特に、人の意識や内面は何歳になっ
ても成長できる。先ほどの例とは逆のパターンもあるだろう。
左側の「関係性」や「共感」のラインの発達は十分に高いレベ
ルでも、右側の「計算処理の能力」や「仕組みをつくる力」と
いうラインが低いという人もいる。あの人はいい人なんだけど、
ルールや体制づくりができないので、周囲が困ってしまうとい
う例も思い当たることだろう。

　もう１つ、この四象限は、組織や社会、国の発達の傾向を見
ていく上でも役立つ。詳しくは、２章に紹介されているティー
ル組織についての説明も参考になるだろう。会社であれば、自
社の社員は、何によって動機付けられる人が多いのか、どのよ
うな価値観に響く人が多いのか、どのような世界観や仕事観な

のか、各能力レベルはどうなのか、どのようなルールや仕組み
があるのかなどの視点で俯瞰的に確認することができる。例え
ば、右下の象限にあるような「仕組み」は整っていたとしよう。
「制度」は平等性を担保し、育児休暇制度などは充実している
という会社があったとする。しかし、左下の「関係性」は競争
的で、かつ男女の性役割意識が強い場合、その組織内の男性は
育児休暇を取りにくいという現象が起きる。性役割意識のレベ
ルが低く、古く非科学的または非合理的な認識に基づいたもの
であれば、そのレベルを上げていく必要があるだろう。

地図をサステナブル経営に活かす

　人の意識の成長、そして成長を俯瞰的に見る「地図」につい
て理解を深めた上で、話を再びサステナブル経営に戻そう。サ
ステナブル経営とは、自社の存在が会社の持続可能性はもちろ
ん、社会や世界の持続可能性に寄与する取り組みである。極端
に言うと、短絡的な儲け主義に走り、たとえ社員やその家族が
疲弊したとしても、たとえ顧客を操作したとしても、バイア
ウトして自分が儲かれば良い、という発想がなぜ問題なのか
が、構造的にわかるのではないだろうか。システム思考を用い
て、様々な連鎖やつながりがわかれば、捨てたゴミの影響がま
わりまわって自分に戻ってくることが理解できるだろう。心身
共に不健康な人が増えることが、まわりまわって自分の生活を
脅かすことがわかるだろう。何もしなかったことが、問題を維
持させる勢力になっていることがわかるだろう。ではどうすれ
ば良いのか。自分や社会をAQALを使って眺めてみることで、
自分が見落としがちな、無自覚な領域がわかるだろう。そして、
組織に当てはめてみると、組織内で光の当たりにくい、軽視さ
れがちな領域もわかる。サステナブル経営のために、たとえ制
度や仕組みなど外形的なものを充実させても、内的な側面が未
熟で追いつかなければ、意図通り運営されないだろう。

— scene —

04

サステナブル経営を通して得られる 個人と組織の成長

「葛藤」することでサステナブル経営が促進する

　サステナブル経営は一見大変な作業に見えるかもしれないが、この取り組みを通して、個人の成長と組織の成長をより意図して進められることになるだろう。先述した通り、内的な発達とは、複雑性を増していくプロセスなので葛藤はつきものである。自分のあり方、考え、関係性、他者との協働、自らの影響力や行動などについての葛藤は経営者のみならず、多くの人が味わう葛藤だろう。葛藤は確かに苦しい。できれば避けたいと思うかもしれない。

　しかし、サステナブル経営を進めようとする経営者や担当者は特に、この葛藤を「成長痛」のように歓迎してみてほしい。視野の拡大のプロセスとして捉えることで、葛藤と向き合ったり、見守ったりしやすくなるだろう。昔の経営者やマネジャーであれば、すべてを把握してスマートに指揮を取る姿が主流だったかもしれない。そのマネジメント像からすると、自分に対する反対意見は、恥ずかしいことと受け止めてしまうだろう。そして、耳の痛い言葉よりも耳あたりの良い言葉を歓迎したくなる気持ちになるだろう。しかし、今の私たちにはそれ以上に知恵がある。私たちは自分の視野や力には限界があることをわかっている。VUCAの時代、本当に安心できるのは、耳の痛い話であっても、葛藤を生むような現実も早く正確に共有し合い、知恵を集め、集合的に対応できる力である。環境問題や平和の問題は特に複雑なシステムが絡み合っている。まさに、内的な成長プロセスが地球人全員に必要と言えるだろう。

経営者がつくる「心理的安全性」の実際

　「心理的安全性」という概念がある。組織において、自分の考えや気持ちを安心して話せる雰囲気や風土を指す。心理的安全性づくりにおいて大切なのは、影響力のある人が自ら率先して葛藤を体験する姿を従業員に示すことである。自分だけが安全な場所から指揮を取るのではなく、自らの弱さや未熟さ、視野の狭さと向き合う姿勢こそが、他者のロールモデルとなり、変化への安心感を生む土壌づくりになり、人を動かすことにつながる。2015年に大手ビール会社の組織開発について聞く機会があった。驚いたのは、全社員向けにつくられた経営者からのメッセージ動画である。動画の最初に出てきたのは、シェアで他社に負けた数字と、それに対して力不足や視野の狭さを反省する社長のメッセージであった。今こそ、みんなの力を貸してほしいという想いと目指したいビジョンで締めくくられていた。社員ではない私でも何かしたいと思えるような胸が熱くなるものだった。その後、対話集会を40か所近くで開催し、1,000名近い社員との対話が行われた。

Z世代が導く未来とは

　私たちを取り巻く変化は激しく、グローバル化などの外部環境をはじめ、目に見えにくい組織文化もめまぐるしく変化している。SNSネイティブは、価値観や「当たり前」が上の世代とは違うと言われている。マッキンゼーが2018年にまとめたZ世代（おおよそ1995〜2010年生まれ）についての調査レポートによると、Z世代はエシカルやサステナブル思考が強いだけでなく、自分自身について表現はしたいものの、ラベルを貼られたり特定の枠組みに分類されたりしたくないという意識が強い傾向を持つらしい。あなたは、唯一のあなたという感覚を持たれたいということのかもしれない。それぞれの違いを尊重されることを好み、対話的な解決を重視する。かつ、意外と

合理的で現実を重視したい傾向にあるそうだ。つまり、Ｚ世代にとっては強がって綺麗事を言っている人や、自分だけ主張して周囲に関心を持たない人よりも、素を出して本音を見せてくれる人や、相手に関心を持って接してくれる人の方が信頼に値すると捉える傾向にあるとも言える。

　これからの時代、50代以上のベテランが20代の若手から学ぶことも多くなるだろう。組織内では既に役職の逆転現象も起こっている。年下上司の下につくという時代だ。後継者育成・ナレッジの継承も大きな課題となっている。改めて、ここで四象限のラインを思い出してほしい。人は多様に発達しているので、自分自身の発達しているラインを用いて貢献・活躍し、発達していない側面は他者を頼り教えてもらう姿勢を持つことを学ぶ必要がある。
　それぞれが、役職や年齢に関わらず高いラインや低いライン持っていることに自覚的になることが益々求められるだろう。
　資生堂が2017年に取り入れた「リバース・メンタリング」という仕組みも大変興味深いものである。この仕組みを最初に考案したのはＧＥの元ＣＥＯ・ジャック・ウェルチ氏とのこと

● Ｚ世代の行動原理は「真実の追求」

The search for the truth is at the root of all Generation Z's behavior.

未定義のID	コミュニケーション包容力	対話者	現実的
'Undefined ID' "Don't define yourself in only one way"	'Communaholic' "Be radically inclusive"	'Dialoguer' "Have fewer confrontations and more dialogue"	Realistic "Live life pragmatically"
Expressing individual truth	Connecting through different truths	Understanding different truths	Unveiling the truth behind all things

McKinsey&Company

出典:「"True Gen": Generation Z and its implications for companies. McKinsey & Company, November 12, 2018 ¦ ArticleBy Tracy Francis and Fernanda Hoefel」より作成

で、Ｐ＆Ｇも導入し、調べると日本でもいくつかの企業が導入していることがわかる。リバースとは、「逆」という意味である。メンタリングというと、通常はベテラン社員が見習い社員や若手社員の話を聴き、指導・助言をする仕組みだが、これを逆転させるというのが「リバース・メンタリング」である。資生堂では社長を含むマネジメント層などが、20代からＩＴ技術や美容のトレンドを学ぶ取り組みに活かしたという。年功文化が根づいている会社において従来の「当たり前」を壊すのは大変な作業だが、仕組みによって日常の景色から変えようという試みである。これからは、技術の発展や産業構造の変化もめまぐるしく、リスキリングなど、学び直しも益々必要になってくる。あんなに偉かった人が、握りしめていたプライドや見栄を手放し、0から学んでいるといった姿もサステナブルな社会には必要な景色である。意識が成長していくと、そのプロセスの尊さがわかり、失敗やもがいている姿が逆にかっこいいことだと思えるのではないだろうか。

　心や意識が発達していくということは、利他性が高まり、視野の拡大につながる。2章で説明する通り、経営者は特に、広い視点で主観を磨きながら経営におけるパーパスを決定していかなければならない。発達を無理に促すことはできないが、発達を妨げない環境づくりは意図することができる。また、俯瞰的視点を得る地図を使うことで、偏った視点に陥ることなく、自分自身や組織の状態を確認することができる。普段は聞きなれない言葉もたくさん紹介したので抵抗のあった方もいるかもしれないが、この章を通して、サステナブルな経営の実現において内的な成長は不可欠であるということと、そのプロセスの

幅広い可能性に触れてもらえたとしたら幸いである。

IDGsとは

　外側の世界と内側の世界がつながっていることを理解してもらった上で、最後にサステナブル経営の最もハイエンドな取り組みをご紹介したい。今、スウェーデンを中心に進めている「IDGs」という言葉を聞いたことのある人はまだ少ないだろう。SDGs実現のために必要な内的成長目標（IDGs = Inner Development Goals、インナー・デベロップメント・ゴールズ）を推進する動きである。

　IDGsは、2022年に国連にも認められ、発展を遂げている。成人発達理論の提唱者であるロバート・キーガン博士、「心理的安全性」の第一人者として知られるハーバード大学のエイミー・エドモンドソン博士、MITのオットー・シャーマー博士、システム思考を含む学習する組織を提唱するピーター・センゲ博士など、人と組織、社会の成長における最前線を生き抜く理論家や実践家によって推進されている。IDGsの説明は4章に詳しく紹介されているのでぜひご覧頂きたい。

第 **1** 章

「サステナビリティ」
が求められる
現代社会

今、どんな時代へと向かっているのだろうか。

企業は、消費者や従業員から何を求められているのだろうか。

働き方改革によって従業員は選択する自由が増え、
デジタル技術の発展によってAIという新たな知が生まれ、
データによる市場調査が充実するようになった。

変化し続ける時代。
フロムの示すように「to have（持つ形式）」ではなく、
「to be（ある形式）」を重要視するようになった
消費者や従業者からは、企業はどう「ある」のかが問われている。

どうあり続けていくのか、
企業はトランスフォーメーションを続けなければならない。
絶えず、動的であれ。

移りの早い状況の変化

　移り変わりの早い時代である。社会や経済的環境が予測不能で急速に変化する状況のことを変動性（Volatility）、不確実性（Uncertainty）、複雑性（Complexity）、曖昧性（Ambiguity）の頭文字をとってVUCA[1]というが、少し先の未来さえも見えない現在はVUCAの時代であると言えるだろう。

　自分の生活を見渡してみても様々な変化が見られる。職場に出向かずリモートワークをし、オンラインで買い物をし、QRコードで決済をして、サブスクリプションで音楽を聴き、オンラインで飲み会を開き、スマホに向かい音声で情報を検索し、いらなくなったものはフリマアプリで売るなど、生活のほとんどすべての場面で変化が見られ、これからもっと様々な分野で大きく変化していくだろう。自分の周りだけではない。コロナ禍は変化を加速させ、少し先の未来さえ見渡すことができないくらいに、世界規模で未だかつてないスピードで目まぐるしい変動がいたるところで起こっている。今まで当たり前だったことが当たり前ではなくなり、新たな価値観やスタイルが生まれている。その目まぐるしい動きをよく見てみると、色々な領域でバラバラに見える動きの奥底に、同じ方向へと流れが向いているようにも見える。この章では、まず様々な領域の変化を中でも変革の動きを追っていきたいと思う。

　まずは、大きなマクロレベルでの変化を見るために、PEST（ペスト）分析の枠組みで考えてみよう。ペスト分析とは、企業の外部環境を分析する方法としてマーケティングの有名な経営学者フィリップ・コトラー（Philip Kotler）によって提唱されたものであり、PESTとは、政治的（P＝political）、経済的（E＝economic）、社会的（S＝social）、技術的（T＝

● PEST 分析

Political 政治的な要因	政治や法規制などが与える影響 法規制（規制の強化や緩和）、税制、政治の傾向
Economic 経済的要因	経済情勢が、当該市場に与える影響 景気、物価（インフレ、デフレ）、金利、為替、株価など
Social 社会的な要因	社会の意識や、文化、人口動態やその国の文化などが与える影響 世論、流行、教育、生活習慣、自然環境、宗教、人口動態など
Technoligical 技術的な要因	市場に影響を及ぼす新しい技術が与える影響 新技術の開発、技術への投資、特許、DX 化の度合いなど

technological）から、マクロ環境を分析するためのフレームワークである。この 4 つの視点で、外部環境を俯瞰してインパクトを与えるであろう要因を見つけ出すものであるが、ここでは生活をする個人が持つ 2 つの側面、「消費者」と「従業員」に関わる領域での動きを中心に見てみたい。

政治的動向

まずは最初に political、政治的な環境要因から考えよう。これは主に法規制や政治に関わる領域であるが、政府や地方自治体の方針は企業や生活者に圧倒的に大きな影響を与える。世界規模での動きが世界中にある環境問題・差別・貧困・人権といった社会的問題を解決し、持続可能な社会を実現しようという SDGs の動きであろう。SDGs の動きに連動して、各地方自治体もその地域が持続的に成長し、安心して暮らし続けられる場所を目指して行動方針を決め、未来へつながる都市づくりをしたりと、大きな規模での変革が起こっている。

また生活に密着し、個人の人生に大きなインパクトを与えるのは、「働き方改革」である。2019 年 4 月より、働き方改革関連法が順次施行され、副業や兼業を促進する働き方改革は企業の大小を問わず取り組まなくてはならない経営課題であり、また、コロナ禍で大きく働き方が見直されている。さらに副業や兼業の促進のためのガイドラインがつくられたりと、自分がよ

り自由な働き方を主体的に選べるような法整備が進んでいる。

働き方改革の背景

　働き方改革へと至った背景には、深刻な労働力不足が指摘されている[2]。日本の将来推計人口を見ればよくわかるように、人口が減少が進んでおり、政府の将来人口予測によると、2050年には日本の総人口は1億人にまで減り[3]、少子高齢化が進むと、労働人口は大幅に減少し、労働力が不足してしまう。この労働不足を補うために、働き手を増やし、出生率を上げ、また、労働における生産性の向上を目指すために、働き方の改革を行う必要があるのだ。

　それ以前から、日本は会社に対する忠誠心が高く、仕事を理由にして家庭での生活を犠牲にすることが指摘されており、仕事と生活のバランスを重視しようという「ワークライフバランス」の概念が内閣府の「仕事と家庭の調和」の推進と共に広まっ

● 日本の将来推計人口

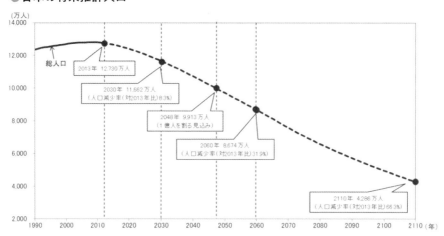

(備考)
1.1990年から2013年までの実績は、総務省「国勢調査報告」「人口推計年報」、厚生労働省「人口動態統計」をもとに作成。
2.社人研中位推計は、国立社会保障・人口問題研究所「日本の将来推計人口（平成24年1月推計）」をもとに作成。合計特殊出生率は、2014年まで概ね1.39で推移し、その後、2024年までに1.33に低下し、その後概ね1.35で推移。

出典：内閣府「選択する未来－人口推計から見えてくる未来像－」より作成

　ていた。少し掘り下げて考えてみると、「ライフ（生活）」と「ワーク（仕事）」を、どちらかを優先するとどちらかが犠牲になるというような２項対立するものとして考えるのではなく、本来なら「ライフの中にワークをどう位置づけるのか」という枠組みで考えるべきであるが、長らく日本では、生活を犠牲にしたとしても仕事を中心に人生を設計するべきという価値観が強く、仕事を重視して、仕事以外の生活が犠牲になることも多かった。この傾向は、「仕事は何よりも大事」とか「自分の時間を犠牲にしても仕事に集中するべき」といった社会の中に根づいた価値観や個人の労働観や人生観に基づいているところもあるが、企業の経営や雇用方針によるところも大きい。例えば女性が子育てや介護をしながら働くことが不可能な労働環境によって仕事を継続できなくなったりと、自分の人生のデザインを自分ができず、人生のあり方を企業によって決められてしまうことが多いにあったのである。また、長時間労働により仕事以外の生活の充実が妨げられたり労働の生産性が下がるといった事態が生じてきた。この背景には終身雇用制が定着し、転職が少なかった日本の状況も指摘できる。生涯を１企業で過ごすために、その企業の基準が人生の基準となってしまうのである。

　そのような背景を踏まえ、働き方改革への流れとなり、働き方改革関連法によって、労働基準法、労働時間等設定改善法、労働安全衛生法など働き方に関連する法律の改正が行われた。

　働き方改革が目指す大きな目的として以下の３点が挙げられるだろう。

(1)働き方改革は、労働時間を見直すため

　まず第１点としてはフレキシブルな働き方の促進や長時間

●**働き方改革関連法で改正された８つの労働法**

・労働基準法	・じん肺法	・労働契約法
・労働時間等設定改善	・パートタイム労働法	・雇用対策法
・労働安全衛生法	・労働者派遣法	

労働の抑制である。多様な働き方が認められずに女性が出産を諦め少子化につながり、また自分のキャリアを断念してしまうことは、労働力不足とも関連するし、また企業側も負うデメリットが多い。また、長時間労働によってストレスとなり、身体的精神的に疲弊し、やる気を喪失し、それが病気や自殺の原因となっていることも指摘されている。職場におけるストレスは、健康問題から休職してしまうアブセンティーズム（absenteeism）と、出勤はしているが健康問題によって職務遂行能力が下がっている状態であるプレゼンティーズム（presenteeism）[4]に強く関連することがわかっており、生産性の低下の大きな原因として指摘されている。また、休職や離職によって生じる採用の手間や人件費の増大も指摘できる。さらに「ブラック企業」という評判がつき、SNSが広く使われている現在においては、すぐに評判が広まり、会社のイメージの悪化は免れなくなる。

(2)働き方改革は、雇用形態による不公正を是正するため

　第2点として正規社員と非正規社員の格差是正である。一般に、日本は正規社員と非正規社員の賃金格差が大きいと言われている。この格差は仕事へのモチベーションを低下させ、労働生産性の低下を招く。同じ労働で同じ価値をもたらすのであれば、正規非正規に関係なく同じ賃金を払うべきであるという「同一労働同一賃金」の考え方の取り入れである。同一労働同一賃金（equal pay for work of equal value）はSDGsの開発目標8のターゲット8.5にも明記されている目標であるが、そもそもは、1951年にILO（国際労働機関）において、男子及び女子労働者においての同一労働においての同一賃金の原則という男女間での同一賃金の法制化であった。その後、賃金格差を是正するものとして男女間だけではなく広まっている。しかし、日本は終身雇用を前提として年功序列による職能給の考えが広まっており、何をもって同一労働とみなすのかの判断も難しい現状である。

⑶働き方改革は、労働人を増やすため

　そして第3の目的が「労働力の確保」である。高齢者が働ける環境づくり支援として定年雇用の延長や再就職支援、そしてまた出産、子育てをしながらも就業を継続しやすい体制の確立などの取り組みが進みつつある。

<h3 style="text-align:center">働き方改革と個人の主体性</h3>

　厚生労働省が働き方改革を『働く方々が、個々の事情に応じた多様で柔軟な働き方を、自分で「選択」できるようにするための改革』と述べているが、ここで着目しなくてはならないのは、「自分で選択できるようにする」という点である。どの程度働くのか、リモートワークを含めてどこで働くのかなど、働き方を自分で決められる自由があるのは素晴らしいことのように思えるが、よくよく考えてみると、そこにはすべて自分で決めなくてはならないという自己決定の責任を伴う。その働き方を選択しても暮らしていける、充実した生活が送れるというのは別問題である。それ以前に自分が好きな働き方を自分で選べるようになるには、それに対応できる能力や適性を持っていなければ、所詮、選択できる土俵にも上がれない。つまり、自由に生きることを選べる自分づくりが必要となる。終身雇用で会社が定年まで会社が面倒を見てくれて、会社が能力開発をしてくれるわけではなく、自分で成長していかなくてはならない。自己成長し、自己決定して自分で責任を取れる人材になってこそ働き方改革の恩恵を十分に受けられることができる。

経済的要因

　さて、次の項目に行こう。経済的（E＝economic）要因であるが、これはマクロ環境での経済動向であり、具体的な分析項目は、景気や為替、金利政策などであるが、指摘するまでもなくコロナ禍において経済指標は軒並み悪化している。いわゆるコロナショックからの立ち直りの見通しは不透明で、IMF

は世界経済は前途多難と[5]指摘している。不透明な経済状況は個人の資産にも影響を及ぼしている。日本全体の各家庭に家計金融資産は2,000兆円を超えているが、この20年間で日本人の個人の金融資産とアメリカの個人の金融資産の伸びは日本が1.4倍に対してアメリカがおよそ3倍となり、大きく差が開いている。その原因として日本人が預貯金で金融資産を管理している割合が高いに対して、アメリカでは株式や債券の割合が高く、運用により資産を増やしていることからこの差が生まれたと指摘されることもある。アメリカに比べ、投資や資産運用の度合いが低いのは、日本の国民性も影響をしてのことであるが、終身雇用制によって先が見える制度が長く続いたため、あえてリスクがある投資をしなくても、将来の給与や退職金の見込みがついたからであろう。

　しかしながら、職務に対してのスキルや能力によるジョブ型の雇用形態が増えると退職金も大きく変わり、従来のように勤続年数によって決まる退職金や給与ではなくなり、未来の収入の予測も難しくなり、自分で老後の資金の運用をしなくてはならなくなる。今でも加入者自らが運用する確定拠出年金制度が広がっているが、自分で資金を運用して資産管理をしていかざるを得なくなる。つまり、自己決定及び自己責任の部分が増えていくのである。

　今後の経済状況がどうなるのか、為替や株の動きはどうなのか、先の状況は誰にもわかるものでもない。高校の授業のカリキュラムに「資産形成」が加えられたように、今後必要となっていくのは、投資を含め自分で自分の資産の管理と運営ができる能力である。

社会的要因

　次はS＝social、社会的な環境である。

　社会的環境全般はコロナ禍によって大きく変化した。それは消費やレジャー、生活や就労、教育など生活のすべての分野において変化を引き起こしている。

　大きな流れとしてはオンライン化などのDX（デジタルトランスフォーメーション）が挙げられる。コミュニケーションの手段としてSNSやメール、LINEといったツールの定着はもはや説明する必要がないだろう。働き方もリモートワークが定着しつつあり、コワーキングスペースやシェアオフィスの利用も増加し、働く場のバリエーションが増えている。どこで働くのかという自由度が増したわけである。働く場としての会社と生活の場としての家庭という分離が曖昧なものとなってきた。

　また、教育の場においても、オンライン授業やe-ラーニング、そして、IT技術を用いた新しい教育システムであるエドテック（テクノロジーを使って教育を支援する仕組み）も様々な形態のものが広がりはじめている。これは従来の学校へ行って学ぶという学ぶ場と生活の場が別という空間的乖離を失くすものであり、どこでも学べるという状況を生み出している。日本にいながら、海外の大学のオンラインコースに参加して学位が得られるようになったのである。また、オンライン化は地理的な制約をなくすのと同時に、「いつでも学べる」という時間的な制約も消滅させている。つまり、働きながらや子育て中でも、というように教育を受ける機会が開かれている。

「リカレント」は学び続けるということ

　学校教育を離れて社会に出た後で、自分のタイミングで必要に応じて教育を受けるリカレント教育も、エドテックの普及によって機会が増えている。学び直しとも表現されることもあるが、社会に出てから自分にとって必要なスキルや、またキャリアアップのために必要となる知識に気づくことや、新しい知識にキャッチアップしていく必要性に気づくことは多く、「学び直し」よりも、「学び続ける」という言葉のほうがリカレント（recurrent＝循環する）という言葉に近いだろう。

　リカレント教育の受講者の目的として、文部科学省は、職業に必要なスキルなどを身につけることやキャリアチェンジの支援や人的ネットワークの構築、そして、出産や介護や病気など

のライフイベントで一旦、離職していた人の復職を目指すなど
を挙げているが、このように自分の意思だけではなく、勤務先
からの派遣という従業員教育の場としても活用されるものであ
る。

　教育の場がオンライン化される以前は、例えばプログラムが
大都市部でしか開かれていないとか、昼間しか開講されていな
いので働きながら受講できないなどの地理的、時間的な制約に
よって受けられないことが多かったが、オンライン化すること
によって、それらの制約なしに受講できる環境が整ってきた。

　また、MOOC（Massive Open Online Courses）のように、
オンライン上で教育機関が提供する講座を受講し学べる仕組み
も登場してきた。これは国を問わず、世界に広まっている仕組
みであり、世界中の大学レベルの高度な教育を受けられ、企業
の研修や人材育成の場としても使われている。MOOCは、一
部、有料のものもあるが、たいていが無料で受講ができるので、
場所と時間だけではなく、経済状況の制約さえもなく、教育を
受けることができる。地方に住んでいるから、子どもがいるか
ら、まとまったお金がないから、という理由は教育を受けられ
ない理由とはならず、年齢や性別、職業や学歴に関係なく教育

●従来型の教育とリカレント教育の違い

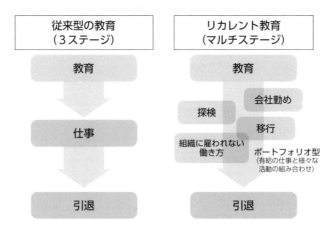

出典：政府広報オンライン（2021年8月20日）より作成

のチャンスが広がったわけである。しかし、オンライン上という相手や仲間の存在感のなさ、そして無料だし、いつでも学べるという手軽さが逆にマイナスに働き、学習の途中での離脱を多くしている。つまり、主体的に学ぶと意思がなければ学習のプラットフォームが整えられていても学びにはつながらないのである。

オンラインでの消費活動

　また、オンライン化の動きとして活発なのがショッピングの場である。コロナ禍の影響でオンラインショッピングは増えている。経済産業省による「電子商取引に関する市場調査」を見てもわかるように、物販系、デジタル系ともに市場を大きく拡大し、サービス系分野はコロナ禍において外食や旅行の自粛が見られてはいるものの市場は拡大している。

　モノを購入する時に、実際の店舗だけではなくオンラインショップという選択肢が増えて、いつでもほしい時にお店に行かずに注文できるし、国を超えての買い物、いわゆる越境ECも簡単にでき、世界中からほしいモノが手に入るようになった。

　オンライン上でモノを買う場合は、同じモノを買う場合でも、どこでいくらで売っているのか価格を簡単に比較できるようになり、またそれぞれのショップの対応や商品に関するクチコミや評価を参考にしながら自分に合ったものを選択できる。選択

● BtoC － EC の市場規模及び各分野の伸長率

	2019 年	2020 年	2021 年	伸長率 (2021 年)
A. 物販系分野	10 兆 515 億円 (EC 化率 6.76%)	12 兆 2,333 億円 (EC 化率 8.08%)	13 兆 2,865 億円 (EC 化率 8.78%)	8.61%
B. サービス系分野	7 兆 1,672 億円	4 兆 5,832 億円	4 兆 6,424 億円	1.29%
C. デジタル系分野	2 兆 1,422 億円	2 兆 4,614 億円	2 兆 7,661 億円	12.38%
総計	19 兆 3,609 億円	19 兆 2,779 億円	20 兆 6,950 億円	7.35%

出典：経済産業省「電子商取引に関する市場調査」の結果概要

肢が広がったのだ。

　さらに小売りの場では、オムニチャネル化が進行している。オムニチャネルとは実際の店舗やECサイト、スマホアプリ、SNSなどすべての顧客と企業のタッチポイントを統合して、顧客にとってスムーズに買いやすい環境と整えていく戦略のことで、リアルとオンラインの区別なくチャネルがつながっていく。例えば、SNSで見て気に入った商品をそのままECサイトで購入し、それを実店舗で受け取るというように顧客が自分の好きなように買い物ができるのだ。またインターネット上につくられる仮想空間、メタバースでの店舗展開も広まりつつあり、新たな次元でのビジネスもはじまりつつある。

デジタル生活における働くことへの意識変化

　このように生活のあらゆる場面がデジタル化されていくことによって、それ以前は考えられなかったほど多くの選択肢の中から、自分に合ったものが選べるようになり、いつでも、どこからでも、好きなように買い物ができる。時間と距離と、そしてリアル（対面）とオンラインという次元の乖離も取り除いている。教育、買い物、コミュニケーションこのようにデジタルが生活全体を包み込むインフラとして欠かせなくなってきている。

　生まれた時からデジタルな環境が整い、インターネットを使える時代に生まれてきた世代をデジタルネイティブと呼ぶが、人口動態的にみても、このデジタルネイティブなZ世代の影響力が増している。Z世代を何年生まれ以降とするのかについては様々あるが、おおよそ1990年代中盤から2010年代中盤までに生まれた世代をZ世代という。Z世代は2020年には世界の消費者の40%を超えると言われ、世界の最大のコーホート（同世代の人口の集団）となり、購買力は440億ドルを超えるとされ(Shin et al., 2021)[6] 世界人口の30%を超え、消費市場への影響力を増している。先にも述べたようにZ世代はデジタルネイティブであり、はじめて持つ携帯電話がスマート

●各世代の特徴

	ベビーブーマー	X世代	ミレニアル世代	Z世代
生まれた年	1946-1964	1964－1980	1981－1996	1997－
コンテクスト	経済成長 冷戦	資本主義と 能力主義による支配	グローバル 経済的安定 インターネットの 登場	モビリティと複数 のリアリティ SNS デジタルネイティブ
行動	理想主義 急進的な変革 集団的	物質主義 競争的 個人主義	グローバル 懐疑的 自分志向	決めつけない つながる意識が強い 現実的
消費傾向	イデオロギー レコードと映画	ステータス ブランドと自動車 高級品	体験中心 フェス、旅行	ユニークさ エシカル サブスクリプション

出典：Francis&Howefe (2018) より作成

フォンであった人たちが多く、またコミュニケーションの基本がSNSであることからソーシャルネイティブと呼ばれることもある。また、グローバル化が進む中で成長をし、その過程で2011年の東日本大震災や地球温暖化などを経験しているので、社会的課題に対して関心が高く、教育の中でもインクルーシブやLGBTqなどを含むダイバーシティ、SDGsの考え方が浸透し、社会的な関心が高い世代である。また2008年のリーマンショックなどの経済的なインパクトを親が受けていたことを見ている世代であり、お金に対する考え方も、それ以前の世代とは違うといった行動の特徴が指摘されている。

このZ世代の影響を受けて、消費の意識だけではなく、生活全体生き方に関する意識の変化が起こりつつある。働く意識も、仕事中心ではなく、プライベートや家庭を優先したいという意識が強い。

技術的側面

PEST分析の最後が、テクノロジー＝technological、技術面である。私たちの生活に関するテクノロジーの動きとしてはDXの進展とAIの進化と浸透であろう。経済産業省（2019年7月の「DX推進指標とそのガイダンス」）は、DX（デジタル

トランスフォーメーション）を、「企業がビジネス環境の激し
い変化に対応し、データとデジタル技術を活用して、顧客や社
会のニーズを基に、製品やサービス、ビジネスモデルを変革す
ると共に、業務そのものや、組織、プロセス、企業文化・風土
を変革し、競争上の優位性を確立すること」と具体的に指示し
ている。つまり、企業がデジタル化によって競争力をつけるこ
とをDXと捉えている。もともとは2004年にスウェーデンの
ストルターマン（Erik Stolterman）が提唱した概念だが、そ
の時は「デジタルトランスフォーメンションはデジタルテクノ
ロジーが生活のすべての側面に引き起こしたり、影響を及ぼし
たりする変化」[7]としているように、ビジネス領域だけで考えら
れているものではなかったが、企業のDX化が私たちの生活の
DX化につながるので、現象としては同じものであろう。

データ量の増加とDX、AI

　DXとAIの関係を簡単に考えてみよう。デジタル化が進む
とデータの量が増える。これはデジタルでのやりとりは、すべ
てデータとして残るので、データの量はアナログの時代と比較
すると格段に多くなる。スマートフォンやタブレット、スマー
トウォッチなどの携帯端末だけではなく、Iotにより様々な機
器や家電がインターネットに接続されるデバイスが増えると、
機器の仕様の状況、検索データ、ユーザーが何をしているのか、
何を検索しているのか、購入したもの、誰とやりとりをしたの
かなどの行動のデータと、どこにいたのかなどの位置データな
ど、活動量計での運動量のデータなど、生活の多くの面や、ま
た、ビジネスに関わるやりとりの多くがデータとして残り、そ
こで生成されたデータをAIなどの技術を用いて分析しながら、
ビジネスでの優位性をつくり上げていこうというものだ。
　例えば、睡眠を例にとって考えてみる。睡眠を客観的なデー
タにすることは難しく、ただ個人の「よく寝られた」とか「眠
りが浅かったようだ」というように主観で捉えるしかなかった
ので、睡眠を改善しようと何かを行ったとしても、それに効果

●データ総量（エクセルバイト）の推移

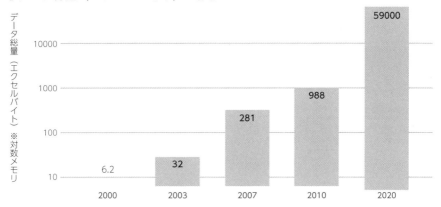

出典：情報通信白書平成26年版、IDC's Global DataSphere Fprecast Shows Continued Steady Growth in the Creation and Consumption of Data

があったのかを判断するのは難しかった。しかし、スマート
ウォッチやスマートフォンのアプリを起動することで睡眠の計
測ができ、客観的に計測されたデータとして睡眠時間や睡眠の
質を知ることができる。そのデータをAIで分析することによっ
て、例えば、睡眠の改善や生活習慣の見直しなどを提案する新
たなサービスが生まれる。今まで個人の中だけに感覚として埋
もれていた主観的な感覚が、様々なデバイスを通じて可視化で
きるビッグデータとして生成され、それがAIなどの技術によっ
て分析されて、新たな知を生み出していくのである。

ソサイエティ5.0と企業

　日本は2016年に政府の第5期科学技術基本計画の中で「サ
イバー空間とフィジカル空間（現実社会）が高度に融合した「超
スマト社会」であるソサイエティ5.0への取り組みを打ち出し
ている。ソサイエティ5.0とは狩猟社会（Society 1.0）、農耕
社会（Society 2.0）、工業社会（Society 3.0）、情報社会（Society
4.0）に続く、新たな社会を表す言葉である。現在の情報化さ
れた社会で、リアルな空間で生活する私たちが、必要に応じて、
インターネットにアクセスして必要な情報を探すことができる

が、たくさんの情報が見つかり過ぎて、その中から本当に自分に必要な情報を探し出すのに、大きな手間や時間がかかってしまう。またデータが入手できたとしても、分析がされていないものなので、それをどう活用していいのかわからない。それがソサエティ4.0の問題であり、ソサエティ5.0では必要に応じて必要なタイミングで最適なかたちになった情報が得られるようになることを目指すものである。

　そこではインターネットやIotによって生成される多くのデータ、いわゆるビッグデータを活用するためのAIが必要となってくるのだ。

　DX化、AIの活用とソサイエティ5.0へ向けた動きは進みつつあり、AIが仕事や生活の様々な場面において登場してくるようになってきている。話しかけることで情報を教えてくれたり、指示に従って作業をしてくれるAIアシスタントを搭載したスピーカーも広く生活の中に溶け込みつつある。

　企業でも人材管理や採用面接、人事評価システム、勤怠管理といった人事管理部門でもHRテックと呼ばれるテクノロジー

●人類社会の発展

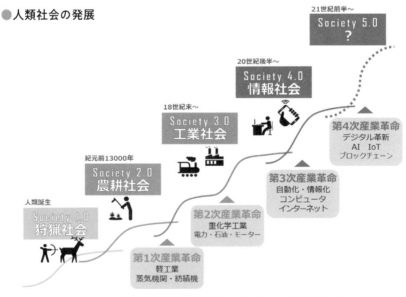

出典：日本経済団体連合会「Society 5.0 −ともに創造する未来−」(2018年11月13日)

が使われ始めている。今まで経験と勘でなんとなくなされていた作業が数値となって客観的な指標として人事戦略に使われるのである。

このようにAIが社会に浸透をしていくと、AIが私たちの日常を支配してしまうのではないか、AIによって仕事が奪われるのではないかという不安が広まっていく。

最近、いつも耳にするテクノロジーにChatGPTがある。ChatGPTとは、2022年11月に公開されたAIのチャットボットである。チャットボットとは自動会話システムであり、あらかじめ準備しておいた応答でしか対応できないことから「人工無能」と呼ばれたりもしていた。例えばLINEなどのSNSや仕事で使うプラットフォーム上でチャットボットを使い、ほしかった情報が得られなかったという経験がある人も多いだろう。しかし、オープンAIが公開したチャットGPTは、各段に優れており、回答の精度も高く自然な言葉を使い、また、多くの言語に対応をしている。ChatGPTはインターネット上にある情報から学習をし、情報を整理し要約してわかりやすく提示してくれる。また、小説を書いたり、プログラミングもでき、様々な使い方ができる。

これについては、すでにアメリカやフランスなどでは利用についての扱いが定められていたりと対応がはじまっている。インターネット上で弁護士が無料で相談に対応してくれる「みんなの法律相談」を運営する弁護士ドットコムはChatGPTを使った無料相談を始めるように、日本でも各所で動きが出始め、ChatGPTは生活の中でのAIの浸透において、大きなターニングポイントになることは間違いない。

一度、ChatGPTを使用してみると、以前とは格段に違う情報の提示に驚き、誰でも簡単にAIが使用できる時代が到来したことに驚愕する。情報を探し出して整理し、まとめ、わかりやすいように提示してくれる。エクセルで今まで手間取っていた複雑な関数も自動で作成してくれて、複雑な計算式での処理も簡単に行ってくれるし、専門的な知識もたどりつくことができる。

AIに仕事を奪われるという恐れていた未来が簡単に登場してしまうのだろうか。確かにChatGPTを使うと、その能力の高さからそのような不安が生じるのは仕方がないだろうし、事実として多くの仕事が影響を受ける。だからこそ、ChatGPT、そしてそれに続いて活性化してくるAIツールを活用していく能力を身につけるべきなのである。

　ここで注視しなくてはならないのは、情報と知識は違うという点だ。ChatGPTは情報を集め整理して提示してくれる。しかし情報は事実やデータを並べたものであり、それを理解して活用でできる知識として構築し、意思決定に活用するのは人間の能力である。同様に作業と知的生産は違う。タスクを消化していく作業とそこから新しい知見を見い出して活用し、次のフェーズを創造していく知的生産とは別のものである。つまりChatGPTなどのAIを活用して得たデータから知を引き出して、意思決定をして活用していくという知的生産ができる能力が必要となる。つまり、よりデータから何を読み取るのか、それをどう考えればいいのか、どう行動に結びつければいいのかというより考えて導き出すという能力が必要となってくるのである。

　ChatGPTに未来はつくれない。だからこそ、AIを活用して得られたものを俯瞰したり、掘り下げたりしながら知識を見出して活用できる能力が必要となってくるのである。そしてAIが生活に実装されるからこそ、AIについて学び、それを活用できる人材が望まれる。AIを利用するのはAI中心の生活をつくるためではなく、人間を中心とした生活がより便利で快適であることを目指すためである。長時間労働や肉体的な危険な労働をなくしたり、介護の手助けや病気の発見、ゴミやフードロスを減らし、台風や干ばつなどの自然災害を予測したりと、人間の生活と世界がより快適に持続可能となることを目指すものである。AIを脅威であると考えるのではなく、それを活用して、より人間らしく生活できる社会のために、AIに対する理解や知識がきる社会のために、AIに対する理解や知識を広くもたれることが望まれるのである。

— scene —
02

変化に対応するための「あるということ」

　以上、外部の大きな変化をざっくりと見てみたが、領域が違っても同じ方向を示していることは、なんとなく見えてきたと思う。

　まずは、すべての人に開かれた環境を目指すという変化の方向性である。個々人は性別や年齢、住んでいる場所や学歴、国籍や身体的な特徴など、基本的には生まれついて持っている属性が異なる。それらは、あらかじめ与えられているものであり、本人が選択したものではないが、その属性が、その人の人生にとって大きく影響を与えるものだ。例えば地方に住んでいるから教育の機会が少ないといった地域による差や、経済的な理由で教育が受けられないといった経済的な要因、女性だから機会が与えられないといた社会的要因などのことである。この属性は、例えば、教育を受ける場がなかったから、という１つの局面だけに影響をするものではなく、その結果、就職先がなかった、資格がなくて転職ができなかったなど、積もり積もってその人の人生の範囲を決めてしまうことが多い。

　それらのあらかじめ与えられた属性の格差をなくすために、すべての人に機会を均等にすることを目指す社会実現しようという方向性が様々な動きの底流にある。

　もちろん、このような環境の実現が可能となるのは、まだまだ先のことかもしれないが、この動きには、ジェンダーや年齢や国籍の違いなどを多様な属性を認め会い受容しようというダイバーシティ＆インクルージョンの動きも連動し、大きなうねりとなっている。

自分の未来は自分で決める

　そして次に指摘したいのが、均等なチャンスが開かれるようになると、主体性によってすべてが決まるようになる、つまり自分の意思がすべてを決めるという方向性である。すべての人が均等な環境になるからこそ、個人の能力の差が開いていく。個人の意思と努力によって知識や資格を得ることが自由にできるようになるので、持って生まれた環境の違いがその後の人生に及ぼす影響が小さくなるのだ。その違いは今後変わると指摘されている雇用システムの変化と相まって大きな差を生み出す。現在の日本で前提となっている終身雇用を前提として、年功序列に従い勤務年度によって給料が上がっていく職務による給与体系から、能力によって給与が変わる職能給への移行により、能力の有無がダイレクトに雇用や給与に大きな差をもたらすし、転職のチャンスもまるで違ってくる。

　つまり、環境が平等に整備されていくということは、その後の個人の行動によって差が生まれていくということだ。環境が平等になると実力での評価となっていく。性別や学歴、国籍といったそれまでは優位にウェイト付けされていたかもしれないものがなくなり、素の実力で評価されていくのだ。仕事だけではなく、例えば、どこで何をいくらで買うのかという買物などの生活での行動も、選択肢が多くなってきた状況において最適な行動を見極めなくてはならない。資産運用をどうするのかも自分で情報を集め意思決定し、どんな資格を取るのか、どんな人生を送るのかをすべて自分で決めていかなくてはならない。

持って生まれた属性から「ありたい」自分へ

　広がる選択肢の中で、主体性が求められるようになり、自己決定し、その結果に対して自己責任がついてくるわけである。

　この動きを俯瞰して見ると、生まれついて「持っている」属性の影響力を減少させている。例えば、ジェンダーレスやジェ

ンダーフリーの動きなどは顕著なものであろう。ジェンダー（性別）というその人を決定づける最大の「持って生まれた」要因である属性からフリー、つまり解き放し、自由なものとし、ジェンダーによって分類することを無効化する。

　このような流れは、それは持って生まれた属性から「どうありたいのか」を目指す主体性への動きとみえる。

　ドイツ出身の心理学、精神分析学者であるフロム（Erich Seligmann Fromm）は、その代表的な著書「生きるということ」の中で「持つ形式（to have）」と「ある形式(to be)」の対比によって、産業社会での人間の生き方を論じている。フロムは、産業社会の進行と共に、高級なモノを所有することに躍起になり、またモノにあふれた無駄遣いをし、またモノやお金だけでなく、どういう人間関係や社会的地位を持っているのか、というように「所有」するということが目的となっている社会を危惧し、それはなく、「ある」ということに焦点を当てた生き方を提唱している。つまり「持つ形式」での生き方では、社会は持続可能ではないと言っているのである。

　「ある」ということの意味の捉え方は難しいが、フロムは、「ある」ということを、目的の結果ではなくその過程として捉え、能動的、主体的であり、いつも自分を新たにして変化し、成長し関心を持って耳を傾け、与えることと述べている。

変化するモノの価値と自分の内面の強化

　モノや地位を所有することを目指す社会では、無限の欲求がつきまとってくる。何かを手に入れても次のものを手に入れたい欲求に駆り立てられることになり、無限に消費を繰り返すことになる。変動が激しい社会では、モノの価値も絶えず変動する。何かを手にしたとしても、その次の瞬間には、また新しい魅力的なものが登場し、手に入れたものは即座に陳腐なものになってしまう。それを絶えず繰り返すのは心理的にも経済的にも、環境的にも問題が生じる。変動が激しい時代だからこそ、自分の外に何かを手に入れようとするのではなく、自分自身に

内在するものに視点を向け、主体的に取り組んでいくプロセスにシフトしようというのがフロムの指摘であるが、今の外部環境の変化が激しく、先が読めないVUCAの時代にこそ、指針となるべき考え方であると思える。また、このような動きが見られ始めている。

　「have」から「be」への移行と似た変化が市場においても起こっており、それは「モノからコトへ」とか「コト消費」という言葉で言われる現象である。これは、モノを所有することに価値を置いていた時代から、経験や体験をすることに人々の価値観が移ってきたことを指すもので、モノを持つよりも、ライブを観たり旅行へ行ったり、友人と楽しい時間を過ごしたりと体験することに価値を置くようになった傾向である。この動きの背景としては、市場が成熟しモノがあふれ、モノに価値が見出しにくくなったこと、また、豪華なものを所有しても、幸せになるわけではないことがわかってきたからかもしれない。モノを持つことではなく、逆にモノを捨て、所有するものを少なくすることで幸せを感じる断捨離の意識も広く浸透し、所有に代わり、経験することに価値を置くようになったのである。

　旅行したり、マッサージを受けたり、また、観劇や留学などのコト消費は、自分自身のメンテナンスやアップデートとなる。つまり、素の自分自身を強化することに価値を置くようになってきたことが、コト消費なのかもしれない。

● 「モノ」から「コト（経験）」への移行

Product	▶	Experience

「モノ消費」時代
（70 ～ 80 年代）

モノを所有するために消費を行い、ブランド・機能・価格の優位性によって購買商品・サービス利用を決める。

例）高級車、ハイブランドアクセサリー

「コト消費」時代
（90 年代～ 2000 年代初頭）

コト＝体験を得るために消費を行い、ライフスタイルが充実するかによって購買商品・サービス利用を決める。

例）旅行、エクササイズ

「モノ」を持たない次世代

　モノを持つことへのこだわりの薄れは、サブスクリプションの広まりやCtoC市場の活性化などからもわかる。

　サブスクリプションとは、商品を購入するのではなく、一定期間の使用に対して料金を支払うビジネスモデルのことで、音楽配信サービスが有名である。1曲1曲を購入するのではなく、一定期間の音楽の聴き放題に対してお金を支払うのである。自分の所有とはならないが、多くの曲が聴きたい時に聞けるとなると、別に自分の所有物とする必要はないという意識だ。サブスクリプションは、音楽だけではなく、雑誌や映画などのコンテンツ財、そして自動車やカフェの利用など、所有ではなく、利用に対して支払うという感覚に変化している。

　CtoC（Consumer To Consumer）とは、消費者同士がインターネット上でモノやサービスを売り買いする個人間取引のことであり、メルカリなどのフリマアプリの利用は、不要になったものを売ったり、購入する場として多くの世代に広がってきている。また、新品を購入する場合でも、使用後は売ることを前提として買う人も増加している[8]ことからわかるように、所有にこだわる意識は薄くなってきているのである。モノの所有にはこだわらない特徴がある。持つことよりも、それを自分が利用して、役に立ったり、楽しかったりと、どのように自分が「ある」のへの興味への移行とも読み取れる。

Z世代の台頭による意識の変化

　モノを持つことへの意識が低下してきたのは、ミレニアル世代と言われ、さらにZ世代は、エシカル、社会意識が強くなっている。このZ世代の意識や行動が注目されるのは、市場が大きいからだけではなく、Z世代の意識が今後の市場や生活の意識の方向性を示しているからである。

今後の職業選択基準

　ここでは消費者としての側面から見られていることが多いZ世代の、彼らは消費者であると同時に、多くが就業をしている従業員であるので、就業に関する側面も考えてみよう。

　マイナビが2022年度に行った就業に対しての価値観の違いを見てみよう。これは2017年の大学卒業から2023年に卒業する予定者に対して行った「人生において優先度が高いもの」を調べたものであるが、7年間の間に、仕事への優先度が激減しているのがわかる。

　仕事が生きがいであったり、仕事が大切といった価値観は少なくなり[9]、それとは逆に志向が強くなっているのは、「自分」や「趣味」や「友情」であり、「仕事」よりも「趣味」や「友情」が重視する傾向がみられる。つまり、仕事よりもプライベートという意識が強く出ている。その傾向は色々なところでたびたび指摘されているが、ここで注目したいのが、大切にしたいものに「自分」の比率が増えていることである。

　仕事や家族は、「自分」の外側にあるものである。フロムの分類に従えば、「持つ」ものである。お金もそうである。しかし、自分は「ある」ものであり、自分がどうあるのかについての意

● 2023年卒大学生の人生における優先度の高いもの

	17年卒	18年卒	19年卒	20年卒	21年卒	22年卒	23年卒
回答数	3,350	3,924	4,640	4,656	4,849	3,938	3,756
仕事	31.8%	24.4%	24.4%	19.8%	20.7%	19.2%	17.0%
家族	54.2%	43.0%	45.2%	44.6%	41.4%	47.3%	44.8%
友情	19.4%	23.9%	24.1%	26.2%	27.6%	26.7%	24.5%
恋愛	13.3%	17.1%	14.2%	15.6%	17.5%	14.2%	11.0%
自分	22.0%	27.8%	25.9%	26.8%	28.0%	30.1%	32.9%
プライド	1.9%	2.2%	2.1%	1.9%	1.3%	0.9%	1.4%
周りの評価	3.4%	3.8%	4.7%	3.4%	3.0%	3.8%	3.2%
お金	18.4%	21.0%	22.0%	24.8%	23.0%	21.5%	22.2%
趣味	22.9%	22.4%	22.0%	21.4%	23.3%	22.5%	28.0%
遊び・息抜き	12.7%	14.4%	15.4%	15.5%	14.2%	13.7%	14.9%

出典：マイナビ『2023年卒大学生のライフスタイル調査』

識が強くなってきているのかもしれない。そして、「家族」や「友情」が「仕事」よりも自分がどうあるのかに近い要素であるとも考えられる。

　また、Z世代の大きな特徴にSNSネイティブが挙げられる。SNSは国や地位や年齢といった属性に関係なく、誰とでもフラットにつながれるプラットフォームだ。小さなころから、国や性別を関係なく情報を入手していた彼らの価値観は、従来の日本型そのままであるはずがない。日本の情報も海外の情報も同じように流れてくるのだ。そんな世代が従来の日本型の考え方を持つはずもなく、価値基準が大きく変容しているのである。

03

企業の社会貢献活動

　このように「ある」ことを重視する意識の変化は、もちろん、個人だけではなく、企業を見る視線にも変化を及ぼしている。企業の不祥事やコンプライアンス問題、労働環境などへのコロナ禍において、企業が社会的側面を重要視する意識は強くなってきている。企業の不祥事や劣悪な労働環境がニュースになったり、SNS上で暴露されて炎上するなど、企業のレピュテーションや企業価値が下がるケースは多い。SNSつながって、即時に情報が伝達される時代には、何も隠し事ができないのである。となると、企業もどのようにして「ある」のかが問われている時代であると言えるだろう。

求められる企業のあり方とは

　それでは企業は社会的責任とは何なんだろか。
　アメリカの経済学者、フリードマン（Milton Friedman）は『資本主義と自由』[10]の中で、企業に社会的責任があるとするなら「利潤を増加させるために資源を使い、そのための活動に従事する」ことと述べている。つまり、企業は利益の最大化を目指すために、自分の会社の事業に専念すべきという主張であり、社会貢献やボランティアなどをする余裕があるのなら、利益を追求して株価を上げるべきという主張だ。フリードマンはこのようにおよそ50年前に述べているが、その後の社会の意識の変化の中で、この伝統的な考えにそのまま同意する人は、現在では少ないであろう。

フィランソロピー活動

　環境破壊や働き方の問題など環境・社会的な問題を背景として、企業も社会の一員「企業市民（コーポレート・シティズンシップ）」として企業人格を持った存在として、地域社会やコミュニティーの中でどう存在するのかが問われるようになる、企業の社会貢献活動、いわゆる「フィランソロピー活動」が登場してきた。フィランソロピー活動が何を示すのかは明確ではないが、そもそもフィランソロピーが「人類愛」という言葉であることから、具体的な定義や行動について明確にするのは、難しい。

CSRとは

　さらに、同時期に登場してきた概念にCSR(Corporate Social Responsibility)がある。CSRとは企業が企業を活動を行うに当たっての社会に負う責任のことであるが、ISO26000の社会的責任に関する手引きによると、「組織の決定及び活動が社会及び環境に及ぼす影響に対して、透明かつ倫理的な行動を通じて組織が担う責任」とされている[11]。この「透明かつ倫理的な行動」の１つとして、「健康及び社会の繁栄を含む持続可能な発展への貢献行動」が挙げられているようにCSR活動は、社会の持続的な発展を支えるものとして考えることができる。

古来日本の商人精神

　持続可能な社会のためへの行動を企業が行うというのは、日本のビジネスでは古くからあった視点である。「買い手よし、売り手よし、世間よし」という売る方と買う方にとってもいい取引で、また、それが社会にとっても貢献できることをビジネスの基本であると問いた江戸時代の近江商人の理念は広く浸透し、日本の商習慣の土台となっており、また、それ以前には、

江戸時代の倫理学者である石田梅岩が、商業の隆盛の時代に商業者の心得を説いているが、その中には、「御法を守り、我が身を敬むべし」と決められた法律を守って慎みなさい、また「生まれながらの正直」といったコンプライアンス遵守や誠実な経営を解き、「誠の商人は先も立ち、我も立つことを思うなり」とビジネスは相手も自分も立つということを考えるべきだと社会とのつながりを大切にすることを説いている[12]。

このように日本のビジネスは、昔から社会貢献及び持続可能性の視点を持っていたのである。

企業のCSRへの取り組み

さて、話をCSRに戻そう。企業のCSR活動が求められるようになり、また、消費者の社会的な意識も強くなってきて、CSR活動に取り組む企業が多くなってきた。工場において有害な煙や汚水やCO2排出量削減のための取り組みをしたり、森林伐採を行った山への植林活動などの自然環境を守る活動、歴史的建造物や地域の祭りや伝統工芸などの保護といった文化的支援、子どもたちへの教育や居場所の支援など多岐にわたり様々な取り組みが見られている。

企業の活動の評価の際に経済的側面・環境的側面・社会的側面の3つの軸から評価をする「トリプルボトムライン」での見方も定着をしはじめ、企業のCSRへの取り組みも広まってきた。

しかし、企業を継続していくためには、やはり業績という経済的な指標が重要となっていき、CSR活動が利益につながるのか、CSR活動することが逆に利益を損なっているのではないかという問題がつきまとう。CSR活動で企業イメージが向上して、それによって企業に利益をもたらすという考え方もできるし、CSR活動によって従業員に会社に対する誇りや満足度が上がるというような研究報告もあるが、積極的にCSRに取り組んでいる企業ほど、利益率が低くなるといった結果もある[13]。CSRに取り組むためにはコストもかかるし、そのために従業員の手間も必要となり、経済的なコストだけを考えるとマ

●企業の CSR の例

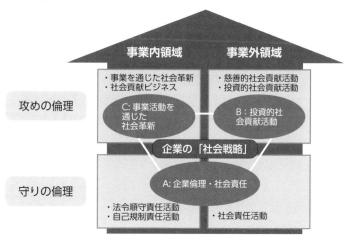

出典：野村総合研究所『知的資産創造』2003年9月号より作成

イナスとなってしまうというのである。

　競争戦略研究の第1人者であるポーター（Michael Porter）は、このような従来型のCSRは、道徳的義務や企業の評判から行われてきて、このような考え方は、企業と社会は対立関係にあることを前提にしていると指摘した。ポーターによると、従来のCSRは道徳的義務、持続可能性、事業継続の資格及び企業の評判の4つの理由から議論されてきたことを示している[14]。しかし、いずれの理由でも、企業と社会の対立関係に注目し、CSRを事業を展開している地域と無関係に捉えられていて、企業の戦略とまったく関係のないCSR活動が選択され、社会的意義のある成果も得られず、長期的な企業競争力に貢献しないと主張する。

　つまり、企業が社会的な貢献をしなくてはならないという外圧を受けた結果なのボランティア的なCSRから、CSRを将来の機会や市場の拡大のための投資と考えて取り組んでいく戦略的CSRの考えが登場してきた。CSRをフィランソロピー的ではなく、CSR活動自体が利益をもたらすように、自社の競争優位性に結びつけ、より戦略的に考えていこうとするものである。

CSVとは

　CSRの考えを推し進め、ポーターはCSV（共通価値；Creating Shared Value）という概念を提案していく。CSVとは、企業が競争力や経済性の向上を追求しながら、かつ社会的な課題解決に取り組むための考え方である。これは、企業の社会貢献は、企業市民の役割として行うものであるから、利益が出なくても仕方ないという、つまり、社会的価値を重視すると経済的的に損をするというトレードオフの考え方ではなく、社会的価値も経済的価値も両方とも実現をするというトレードオンの関係で考えるようにするのである。

　そのため、CSVを成功のためには、企業だけではなく、地域コミュニティやNPOなどの関連団体や地方自治体のなどとの連携が重要となっていく。

企業のCSVの実際（ネスレ）

　ポーターらがCSVの紹介の中で、ネスレ（Nestlé S.A.）が行っている例を簡単に紹介しよう。ネスレはブラジル、コロンビアなど世界中のコーヒーの栽培地に農業、技術、金融、ロジスティックの関連企業のプロジェクトを立ち上げ、すべての農家への教育プログラムを支援し、品質を守るための施設の建設を支援、農業組合を強化したりと生産性と品質を上げることに取り組んだ。再生農法によって、二酸化炭素を削減し、また、環境保護へとつながりその地域の持続可能性へとつながる。労働者や環境を守り、地元のコーヒー農家の生産性が上がると、農家の利益にもなり、流通やコミュニティにも利益をもたらすという新たなバリューチェーンができる。そして、そのコーヒーを使って生産をするネスレ自体にも利益が出るという社会価値と経済価値が両立できるわけである。

● CSR と CSV の比較

CSR (Corporate Social Responsibility)	CSV (Creating Shared Value)
・企業に存在する社会にとっていいことをする。 ・行動は外圧、もしくは自発的による。 ・利益は重視しない。利益の最大化は考えない。 ・テーマは担当部署の嗜好や経営理念などによる。 ・CSR 報告書などで報告。	・経済的便益と社会的便益を両立させる。 ・企業と地域社会を含むステークホルダーたちで協働。 ・新たな価値や利益の源。 ・テーマは企業により異なる。内発的に決まる。 ・企業価値や企業利益に反映。

　このようなCSVの動きは、多くの企業の取り組みが見られ、社会的価値と経済的価値が両立しないという考え方は薄れてきている。

　CSVを進めていくには、企業だけではなく自治体やNPOなどの立場の違うプレイヤーたちと一緒にプロジェクトを進めていくことになる。営利企業と非営利団体の区別も曖昧となっていくことも指摘されているように、新しい枠組みでもビジネスモデルとなるために、企業だけでなく、地方自治体も社会起業家もそれ以前の常識からブラッシュアップしていかなくてはならない。また、プレイヤー間の溝を埋めるためのお互いの勉強や知識の教授なども必要となる。そのための学びもまた必要となってくる。

企業における「パーパス」

　CSRやCSVといった企業と社会貢献の関係が進化していくのと同時に、消費者、生活者の意識もより社会的な意識が強くなっている。先にも述べたようにZ世代を中心とした社会的意識の強さもが、それらの消費者の意識の変化がビジネス全体、特に、消費者との接点となるマーケティングの領域に大きな変化をもたらしている。

パーパスの旗の下に集う

　そんな中、ビジネスの世界に新たな言葉「パーパス（purpose）」が登場してきた。直訳すると「目的」となるが、パーパスという概念を提案した世界最大の資産運営会社であるブラックロック（BlackRock Inc.）は、パーパスをマーケティングのためのキャッチコピーではなく、企業が存在する根本の理由とした上で、パーパスは社会的価値と経済的価値が両立するものであり、従業員や株主、消費者や地域住民や地域コミュニティといったステークホルダーたちに貢献し続けるためには、利益を創出していくことが必要であり、そのためにも、企業がその意義に則った行動するための指針やチェック能としてパーパスが役立つと述べている[15]。

　その後、パーパスや、パーパスによって駆動するといったパーパス・ドリブンといった言葉がビジネスにおいて広まっている。これはZ世代と中心とした消費者だけではなく、従業員がパーパスを指示していることや、企業評価で環境・社会・ガバナンスのESGを取り組み視点が広まっていることなどが挙げられる。企業理念とどのように違うのかに関しては、色々な意見があり、同一のものとして考えられるケースもあれば、企業理念と並列に置かれることもある。

企業のパーパス・ドリブンの実際（パタゴニア）

　パーパス・ドリブンな動きとしては、例えば、アウトドア用品の会社であるパタゴニア（Patagonia Inc.）は、「私たちは、故郷である地球を救うためにビジネスを営む。ビジネスを手段として、環境危機へのより良い解決策を実行していく」というパーパスを掲げており、創業者であるシュイナード（Yvon Chouinard）は、保有する全株式を地球の気候変動と戦う環境保護団体に譲渡したことは有名である。また、ブランドごとにパーパスを置く「ブランドパーパス」を掲げるブランドも多

くなってきた。ブランドパーパスのエバンジェリストである
マーケターのステンゲル（James R.Stengel）によると[16]、ブ
ランドパーパスは、ブランドの上位となる概念であり、パーパ
スを実現すべくブランドが能動的に行動する指針となるもので
あるとしている。つまり、ブランドパーパスが、顧客の共感を
生むと同時に市場を啓蒙するだけでなく、そのパーパスに共感
して、有能な人材が集まり、また、従業員たちのモチベーショ
ンや結束を高めて行動を起こして能動的にブランドが展開され
ていく。ブランドパーパスが従業員の 1 人ひとりの心の中に共
有化され、浸透することで従業員たちのモチベーションや結束
を高めると述べている。

企業のパーパスの実際（ソニー、花王）

　さて、それではパーパスの一例を見てみよう。
　企業理念やブランドパーパスの多くは、創業者や開発者の思
いが反映されていることが多い。例えば、ソニーは、「クリエ
イティビティとテクノロジーの力で、世界を感動で満たす」を
パーパスとして掲げている。ソニーの創設者,井深大氏はソニー
の前身となる「東京通信工業株式会社設立趣意書」の中で、会
社設立の目的を「真面目なる技術者の技能を、最高度に発揮せ
しむべき自由闊達にして愉快なる理想工場の建設」と記してい
る。ソニーの誕生以前から、技術力と自由な想像力で人々に感
動を与える企業でありたいというソニーの遺伝子が感じられる
ものである。
　また、花王は、企業理念として「花王ウェイ」を表し、ビジョ
ンや行動原則などを明確にしているが、企業理念とは別にパー
パスとして「豊かな共生世界の実現」を挙げ、「何一つ無駄に
させない」「消費する暮らしから、再生する暮らしへ」「誰ひと
り取り残さない、着実な一歩」などの約束を掲げている。こ
のように具体的な約束を示すことによって、モノづくりの方向
性や、誰がユーザーとなってくれるのかといった軸もぶれるこ
となく、企業としての活動の方向性が決まり、それに基づいて、

それぞれの部署が従業員たちの行動が決まっていく。

コンサルタント企業の「エデルマン」の調査[17]によると、将来の仕事を決める上で、「大きな社会的意義を持っている」「未来の社会を形成する機会のある企業」などの社会的影響を半数以上の人たちが重視しているという結果を明らかにしている。また、「社会的意識に同意できなければ働きたくない」や「社会的責任を果たしている企業で働きたい」といった企業のパーパスに基づいて就職先を選びたいという「パーパス・ドリブン」な企業を望む意識も強くなってきている。

パーパス・ドリブンと消費者

さて、次は消費者市場ではどうであろうか。

NRF（全米小売協会：National Retail Federation）は、米・IBMと一緒に、世界29か国に住む19,000人以上を対象に調査を行った結果を発表しているが、その結果からは、「健康とウェルネスを提供する製品を探し、環境への影響を減らすために買い物の習慣を変えることに前向きであり、持続可能性とリサイクルに関心がある」と答えたパーパス・ドリブンな消費者は44%となり、以前の調査よりも増加しており、今後パーパ

● **将来の就職先を決定する上で、重要だと判断した要素**

キャリアアップ	個人のエンパワーメント	社会的影響
68% (+3)	**63%** (+4)	**54%** (+5)
物価の上昇に伴って従業員の賃金も上がる 自分にとって興味深く重要な仕事の経験を提供してくれる 自社内で多くの昇進の機会がある	企業内で起きていることについて、経営陣は従業員に定期的に伝えている 経営陣は常に従業員に真実を伝えている 従業員は、容易に経営陣に意見やフィードバックをすることができる 計画や戦略策定のプロセスに、従業員を関与させている CEOは自社の価値観に沿った行動をしている 企業内のあらゆるレベルの従業員層には、自社の顧客や地域社会の多様性が反映されている 従業員が良い業績を上げていても、自社のバリューに反するものであった場合、昇進させなかったり報酬を与えない	私の価値観は、勤務先の事業運営の方法に反映されている 勤務先は、私が共感し支援できるような大きな社会的意義を持っている 意義のある方法で社会の未来を形成するような仕事をする機会がある 私には、社会問題に取り組んだり、地域社会を支援するための活動に参加する機会がある 従業員から反対があった場合、勤務先では、特定のビジネス慣行を中止したり、特定の企業との取引をやめている 私が懸念している、論争の的となっている社会的・政治的な問題について、CEOは公に話している

出典：エデルマン・ジャパン「2021エデルマン・トラストバロメータースペシャルレポート：『ビリーフ・ドリブン』な従業員」

●パーパス・ドリブンの消費者の台頭

パーパス・ドリブンの消費者が、価値志向の消費者を抜いて、最大の消費者層となった。

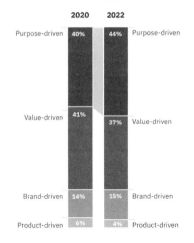

パーパス・ドリブン(Purpose-driven)の消費者(44%)
自分の価値観に合った製品やブランドを求めている。健康やウェルネスに貢献する商品やブランドを求めている。彼らは環境負荷を軽減するために買い物習慣を変えることをいとわない。持続可能性とリサイクルに関心がある。
価値重視(Value-driven)の消費者 (37%)
価値、利便性、そして生活を簡素化する製品やサービスを求めている。環境負荷低減のために生活習慣を変えようとは思わない。環境負荷低減のための生活習慣の転換には消極的。
ブランド志向(Brand-driven)の消費者 (15%)
ブランドを信頼し、購買の意思決定においてブランドを優先させる。購入の意思決定をする際にブランドを優先します。他のグループと比較すると、彼らは他のグループと比較して、平均所得が最も高く、新しいトレンドに敏感である。
製品主導型(Product-driven)消費者 (4%)
主に製品の機能性と価格に見合った価値を重視する。価格に対する価値を重視します。ブランドや商品の属性にこだわりがなく、購買意欲が最も低い消費者。

(注)四捨五入の関係で、合計が100%にならない場合があります。

出典:IBV　Research Insights「Consumers want it all」より和訳作成

　　ス・ドリブンな消費者が今後増えていくだろう傾向がうかがえる。さらに同調査では、パーパス・ドリブンなの費者は、持続可能なブランドに平均 67%、健康とウェルネスの利益に73%の価格を上乗せをして支払う意思があると答えている。つまり、社会や環境への取り組みを表明し行っているブランドのものは、より高いお金を支払ってもいいというのである。

マーケティング活動の変化

　　また、ブランドのマーケティング活動においても、そのブランド持つパーパス、ブランドパーパスを前面に打ち出したパーパス・ドリブンマーケティングが登場してきた。
　　これはマーケティングにおいて大きなパラダイムシフトである。パラダイムとは、見方や考えの意であり、マーケティングは、その時代の要請によってパラダイムがシフトしている。それではマーケティングパラダイムの大きな流れを、ペスト分析を提唱したマーケティングの神様、フィリップ・コトラーの枠

組みで見てみたいと思う。

コトラーのマーケティング3.0への流れ

　図はコトラーのマーケティング3.0への流れを提示したものである。現在は、その後のITの進化を踏まえ、マーケティング5.0までが提唱されているが、4.0、5.0はテクノロジーの進展による変化なので、今は変化の方向性がわかりやすい3.0までの変化を見てみる。

　まず、大量生産が可能な時代となり、企業がモノをつくって売る時代が到来した。この時代は、誰に買ってもらうのかよりもより多く売れることを目指し、その製品がほしいと思っている大勢の人たち、マス市場をターゲットにする製品中心の時代、マーケティング1.0である。その製品の価値を消費者がお金を出して買うという製品の価値をお金と交換する「交換」の視点で取引が考えられる。

　その次に2.0の「消費者志向」へシフトする。これは、消費者が満足するモノをつくり提供をする「顧客満足」という考えが中心となる。顧客満足は、現在でも大きな評価基準であり、顧客満足度ナンバーワンといった言葉を聞いたりする。顧客の

●コトラーのマーケティング3.0への流れ

マーケティング	1.0	2.0	3.0
中心	製品中心	消費者志向	価値主導
目的	製品を販売すること	消費者を満足させ、つなぎとめること	世界をよりよい場所にすること
可能にした力	産業革命	情報技術	ニューウェーブの技術
市場に対する企業の見方	物質的ニーズを持つマス購読者	マインドとハートを持つより洗練された消費者	マインドとハートを持つ全人的存在
主なマーケティング・コンセプト	製品開発	企業と製品のポジショニング	企業のミッション、ビジョン、価値
価値提供	機能的価値	機能的・感情的価値	機能的・感情的・精神的価値
消費者との交流	1対多数の取引	1対1の関係	多数対多数の協働

出典:「コトラーのマーケティング3.0 ソーシャルメディア時代の新法則」

ほしいものを提供し、さらに顧客に対応しようとさらに顧客志向へと向かうと、時として、過剰なサービスとなってしまうこともある。既存のものよりも高いサービスを提供や、より多くの機能を持たせようとしてオーバースペックになったり、サービス過剰となったりする。おもてなしの心としてのホスピタリティの高さが例えば、タオルも歯ブラシもその人専用の使い捨てであったり、商品を保護する目的であっても、必要以上の包装になったりなどである。

　また、この顧客志向は、マスとしての市場ではなく、1対1の関係とあるように、顧客との関係を築き、関係を継続させていくことも重要視する。一度限りの取引、つまり「交換」ではなく、「関係」が企業と消費者の間をつないでいくことを目指す。

　そしてマーケティング3.0の価値主導であるが、コトラーは社会的な意識が広まってきたことや、SNSによって人々が簡単につながれるようになり、消費者が連携して動きを起こしたり、コミュニティを形成して価値を創造してきたりと、企業から与えられるだけではない企業とフラットな関係にいる市場を考えている。それ以前の考え方との大きな違いとして、消費者のニーズではなく、社会の視点を取り入れ、社会をよくするための企業のミッションやビジョンを中心に据えてきたことである。

消費者に寄り添うのか、消費者を導くのか

　つまり企業のマーケティング活動は企業の視点（1.0）から消費者の視点（2.0）そして、社会（3.0）へとシフトするわけだが、1.0から2.0へのシフトは企業と消費者の2者の関係だが、3.0では社会の視点が入ってくると、今までの提供価値とは両立できない価値への変化が伴う。

　消費者志向は先にも述べたように、消費者の心理を掘り下げて望むものを提供していく顧客満足の最優先を考える。つまり消費者の要望に応える。例えば、個別の美しい包装や持ち帰るためのバッグを毎回提供したり、その都度、新しい箸を用意し

たりと顧客がより便利で快適であるようなサービスを提供し、それが満足へとつながればそれはホスピタリティ（おもてなし）の高いよいサービスとなる。しかし、それらのサービスによって資源やエネルギーが使われ、ゴミが増えることは社会志向的ではない。消費者志向と社会志向がトレードオフになるになってしまう場合もある。

　消費者志向から社会志向への変化は、実は企業と市場の向き合い方のベクトルの向きが反転している。

　消費者志向は、企業が消費者の意向を聞き提供する、いわばコンシュエルジュ的であったが、社会志向は、企業がビジョンを示し、それに共感した人たちがその企業の顧客となっていく。つまり、そのビジョンに消費者がついていくといういわばカリスマと賛同者や、リーダーと共感者という関係となる。

　消費者に企業がもてなすのか、消費者が企業についていくのか、まるで正反対のアプローチとなるわけだ。そのついていきたいと消費者に思わせるものが、パーパスに基づいた企業の動きである。

社会を動かす企業のマーケティング

　それではパーパスを掲げたマーケティング事例を見てみよう。

　パーパス経営企業として知られるＰ＆Ｇが展開するヘアケアブランド「パンテーン」は、「さあ、この髪でいこう。#HairWeGo」というスローガンのもとでのキャンペーンを展開してきた。人が生まれながら持つ髪は本来、人それぞれだ。ストレートな人もいれば、生まれつきカールした髪の人もいる。日本人は遺伝子的に黒髪が多いが、それでも明るい髪色であったりとみんな少しずつ違う。そして、髪は本来が好きにしていいものである。ところが、ヘアカラーやパーマを禁止している学校などで、明るめの髪色が染めたものではなく、本来の髪色であることやカールした髪がパーマしたものではないことを証明する「地毛証明書」を提出させる学校が多いことなどから、なぜ、生まれつきの髪を証明しなくてはならないのか、と不自

由さを感じていること、そして、大学生の就職活動の際に、それまでの髪色を変えて黒く染め直し、みんな同じような無難なヘアスタイルにしなくてはならないのか、という同調圧力に対して、「自分らしい髪でいこう」と訴え、個性を認め合う動きのきっかけをつくったものである。

　さらにトランスジェンダーの元就活生を取り上げ、就活で「男らしさ」や「女らしさ」を求められたときの気持ちから、ジェンダーの規範や固定観念がその人が「自分らしく」いることを難しくしていることに問題提起を # pride hair というタグで情報収集や情報発信を行っている。

　自分の好きな髪でいること、という本来は簡単なことができないこと、その人らしくいることを難しくしている社会をおかしいと問題提起しているパンテーンに対して、異論を唱える人はいるだろう。「女は女らしくしているべきだ」とか「就活だから、みんなと同じ髪型をするべきだ」と考えてる人たちは、パンテーンのこのメッセージに対してネガティブな感情を抱くかもしれない。パンテーンも、従来型のように「髪が綺麗になります」といったような立ち位置やポリシーではないものだけを伝えていれば、敵をつくらないだろうが、ブランドの存在理由を前面に押し出し、社会に対して考えるきっかけをつくっている。個性を認め合う社会をつくりたいというブランドの意思を伝え、その思いとパンテーンの行動に賛同をする人たちは、その後もパンテーンを応援したいと思うのであろう。

企業の「ある（be）」様式

　市場が社会志向になっていっているのは以上で述べてきた通りである。従業員としても同様の傾向が見られることもエデルマンの調査をもとに述べた。

　一方で、パーパスや社会志向なんて、「一部の人に過ぎないだろう、日本はまだまだ多くの人がそんな意識を持っていない」という声もよく聞く。高齢化が進む日本の人口構成比の中でZ世代が占める割合は小さく、その世代よりも大きな集団である

●従業員の社会志向の高まり

従業員の約6割が、信念に基づいて雇用主を選んでいる

個人的価値観や信念に基づいて雇用主を選んでいる人の割合（%）

61%

個人的価値観や信念に基づいて
**仕事を選んだり、辞めたり、避けたり、
検討したりしている**

根本的に道徳に反していると思うため、いくら給与をもらったとしても決して働きたくない業界がある

重要な社会問題に対する姿勢に同意できなければ、その組織では働かない

私は多くの社会的・政治的問題について強い意見を持っている。
その組織で働く、働かないという選択は、**組織に対する意見を表明する重要な手段**のひとつである

財務や市場での成功を自負する組織よりも、
業界で最も社会的責任を果たしていると自負する組織で働きたい

他の組織よりも、ある**組織の価値観が気に入った**ため、転職したことがある

論争の的となっている社会的または政治的問題に対する組織の立場を理解したいという理由だけで、
その組織で仕事をしたことがある

公に言及する義務があるにもかかわらず、**社会的または政治的問題について沈黙を守った**という理由だけで、
仕事を辞めたことがある

出典：エデルマン・ジャパン「2021エデルマン・トラストバロメータースペシャルレポート:『ビリーフ・ドリブン』な従業員」

●日本の2022年1月1日の人口構成（住民基本台帳ベース総人口）

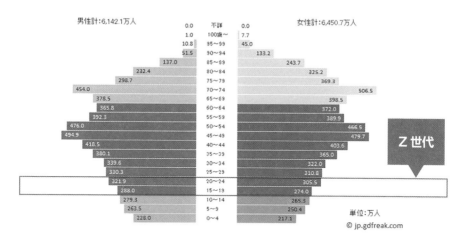

出典：GD Freukウェブサイトより作成

　年齢層が高い世代をターゲットとして考えたほうがいいのでは
という指摘もあるが、現在は構成比としては少ないコーホート
（ある時代に生まれた人口集団）であっても、その集団が経済
を動かす中心となり、また、家庭を持ち、その価値観が広まっ
ていくようになると、その価値観が中心をつくっていく。

　また、パーパスも一時のバズワードだという意見もある。し
かし、そうであったとしても、それは言葉が使用されるかどう
かだけの問題であり、意識や行動の傾向は変わらないだろう。
パーパスの下で企業が動き、そして、その企業の姿に消費者や
社員、支援者、周辺の団体や企業が集うという図式である。
　企業の評価も変わる。大企業だから、伝統があるからという
「持つ」ではなく、何を目指しているのか、社会にどんな働き
かけをしているのかという「ある」姿で共感を得るようになっ
ていくのである。

企業の「ある」姿の実際

　またマーケティングで共感を得る以外にも、市場に企業が「ど
うあるのか」の姿を示せるものは多くある。
　例えば、資材の調達先などの取引先をCSRの視点から選ぶ
CSR調達や、環境（Environment）、社会（Social）、ガバナ
ンス（Governance）を配慮している企業への投資、ESG 投
資への取り組みなどがまずは考えられるだろう。このような取
り組みには、取引先の情報としてＣＳＲ報告書などの企業の非
財務情報によって取引先を選ぶことが必要となる。非財務情報
とは、財務諸表などで開示される情報以外の情報で、経営理念
やコーポレートガバナンス、CSRへの取り組みなどの情報で
ある。例えば、社会問題にどのように取り組んでいるのか、サ
スティナビリティに対してどういう方針を持っているのかなど
のCSR報告書やサステナビリティレポートといったものでま
とめられていることが多い。これら非財務情報は本来は開示す
る義務がないが、社会的視点から企業を考える流れの中では、
社会的要請として、非財務情報の開示が望まれてくる。お互い
に非財務情報を開示して取引を行う。また、それらの情報を見
て消費者が企業を判断するようになる材料となる。つまり、企
業の「ある」姿を見せていくことが重要となってくる。
　以上、変動する社会の変化の方向性をフロムの持つ様式
「have」とある様式「Be」の比較によって捉えてみたように、

何を持つのかより、どのように「あるのか」が今度、重要視されるものとなる。

サステナビリティへの意識を定着させる

　新型コロナの突然の蔓延や地球の気候変動や様々な社会課題やテクノロジーの進展によるDX化などの企業環境の変化など、先の読めない未来に対して企業が持続的な利益を上げていくために、サステナブル・トランスフォーメーション（SX）という新たな視点からの企業の取り組みが提案されはじめている。SXは、社会環境の持続可能性と企業の持続可能性の両方を連携させて事業を進めていくことであるが、社会課題が複雑になればなるほど、それは自治体や関連するNPO、他企業などのステークホルダーたちと協業が必要とされるようになり、よりコミュニティの一員としての企業の役割が求められるようになる。そのために、まず企業が取り組まなく得ればならないのが、企業内部にサステナビリティへの意識を醸造させて、定着させることであろう。

サステナビリティの外部へのアピールと内部シェアの実情

　例えば、その企業がなんらかのパーパスをもとにした行動方針や理念を掲げ、それに向かっての行動の指針や目標ができたとしても、それをただ経営者や経営陣だけが意識し、外向きにアピールしているだけの企業も多い。立派なCSR報告書を作成し、スチュワードシップ・コード（金融機関を中心とした機関投資家のあるべき姿や行動を示した指針）に則った責任ある投資家としてESG投資を行い、なんらかの認証評価を取得するというように、取り組みとしては素晴らしいものであるが、外からの評価のために整えて、その意識を企業内でシェアすることが二の次になってしまっているような場合である。
　その傾向は大企業だけではなく、中小企業に多く見られる。企業の意識や活動について尋ねても、「それは社長が考えてい

ることなので」「会社の方針でそういうことになってるから」という企業はとても多い。

　経営方針を決め、ビジネスモデルを設定し目標を決めるというのは、経営者に近い人たちや部署が担うことが多い。一般的な仕事をしている人たちは、指示された自分のノルマをこなしたり、業務を行うことが多いだけだと、会社が掲げたパーパスを共有していくのは難しい。

　特に先にも繰り返し述べたように、人生における価値観が仕事中心ではなくなり、転職する人も多くなってくると、企業へのロイヤルティは下がってくる。その中でどのように組織をつくっていくのかに取り組まないと、パーパスもＳＸもすべてが砂上の楼閣と化してしまう。企業からの押し付けになり、ノルマとなってしまうのも避けたい。単に契約書に書かれた労働条件と外的な報酬によって行動を遂行するだけでは、組織が目指していく未来の目標のための行動はなされない。

サステナビリティ意識を内部シェアするために

　まず組織としてパーパスや企業の持続可能性への取り組みを企業内に浸透させ、共有するためにはどうしたらいいのだろうか。パーパス・ドリブンな組織をつくるためにパーパスの必要の根拠を必要性を認識し、一貫性のあるメッセージを伝え、従業員が心から考えたい、学びたいと思うように個人の学びを奨励し、従業員をパーパスに結びつけるなどのステップが提示をされていたり[18]、従業員が自分の働く企業の社会的意義について、自分事にしなくてはならないのである。そのために何をしたら良いのかのポイントを以下3点を示したい。

（1）物語ること

　パーパスの実現のために、突飛にも思えるような困難で独創的だが、実現すれば大きなインパクトやイノベーションをもたらす目標のことを「ムーンショット」ということがある。不可能で無鉄砲な夢物語と思われていた「月へ行く」ことを、アメ

リカのケネディ元大統領が「アポロ計画」を立て、有言実行したことからこう呼ばれるようになったらしい。

この「ムーンショット」という言葉をそのままタイトルにした本で、通常は何年もかかるとされるワクチンの開発を9か月で成し遂げたファイザー社（Pfizer Inc.）の科学者たちとパートナーのビオンテック社（BioNTech SE）の取り組みの舞台裏をファイザー社の会長兼CEOのアルバート・ブーラ（Albert Bourla）がノンフィクションで明らかにしている。世界規模で猛威を振るう新型コロナウィルスのワクチンを常識では考えられないスピードで生み出すためには、偶然ではない。時間短縮のためにそれぞれのプロセスの目標を明確にし効率よくプロジェクトが動くようにした。そして、メンバーのモチベーションや使命感が継続するように、ブーラはファイザー社のパーパスである「患者さんの生活を大きく変えるブレークスルーを生み出す」という言葉と患者の写真を貼り、自分たちの決定が患者にとってどんな意味を持つのかを常に忘れないようにしていたという。

また、パーパスの下に「勇気」「卓越」「公平」「喜び」というキーワードを設定し、これらがパーパスを実現するために重要であることを語り合っていたことが、9か月でのワクチン開発の成功という快挙につながった。

パーパスや企業の取り組み、どんな企業でありたいのかをみんなで共有する。そしてそのために語り合う。患者の写真を貼ってその人たちの人生の物語を語る。物語は論理ではなく、感情に作用する。数字や理性的な言葉では入ってこない事柄も、物語ではすんなりと入ってくる。ファイザーのように「力になりたい人」の物語でも、創業者の物語でも、経営者の熱い思いでもいいだろう。ムーンショット「夢物語」を語ることによって、自分がその物語の中のどの登場人物なのかがわかる。そうすれば、自分が何をすればいいのかわかるだろう。

物語るのは、企業だけではなく、従業員も物語ることが大事だ。世界4大会計事務所の1つであるKPMG[19]は「社会に信頼

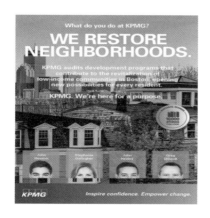

を、変革に力を」という企業のパーパスがあるが、このパーパスを従業員1人ひとりが自分と関連づけて考えることができるように、従業員が顔写真と共に、自分はそのために何をするのかというポスターをつくった。自分と企業のパーパスを関連づけることで、自分が何をするのかが具体的に考えられるようになる。

　自分は何をするのかを物語ることによって、理念が共有できるのである。物語るのは、外に対してだけではなく、企業内に対して物語ることでより、絆が深まり、サステナブルへとなっていくのだろう。

（2）つながること

　企業とは人であり、その知識、能力、絆であるとドラッカー（Peter Ferdinand Drucker）が言ったように、企業は建物や施設や製品のことではない。この言葉からも企業は「have」の様式のものではなく、「be」あるものであることがわかる。そして、その企業にいる人たちがどんな思いでいて、どうつながっているのかというが大切となってくる。

　しかし、リモートワークが進んでいくと、物理的に顔を合わせる機会も減り、立ち話もそれによって生まれてくる交友関係も減ってくる。GAFAの企業が、リモートワークによって、逆に対面での仕事でのイレギュラーな偶発的な価値が生まれて

いたことを認識し、オフィスへの出勤を促すなど、リモートワークに対する取り組み方は企業によって異なるが、同僚たちと接することによって、1人での仕事の総和以上のものが生まれることは明らかだ。

　リモートワークでも一緒にお昼ご飯の時間をオンライン上で過ごしたり、雑談の機会やスペースをつくったりと、つながる機会を損なわないようにする試みも多くみられる。

　つながることにより情報や意思は共有され、組織はまとまっていくが、意識的につながる場をつくらなければ、今後のリモート化、そして、流動的でダイバーシティを意識した組織になると、なおさら、個人の働き方が重要視されて横のつながりが希薄となる。そのために、意識的につながる場をつくる必要がある。

　「できるだけつながりましょう」と声をかけるだけではつながりは広がらない。つながるためにはつながるためのコミュニケーションの設計が必要である。先ほど紹介したファイザーの例でも、会議室の机を円卓にし、「パーパスサークル」としてフラットに話し合える場としての設計をした。また、アウトドア用品のブランドのスノーピーク（株式会社スノーピーク）が自社キャンプ場にテントを張り、そこで焚火を囲み車座となりミーティングを行うことで、役職に関係なく話ができるという。

　今や1on1ミーティングの導入する企業も多いが、上司と部下という縦のつながりだけではなく、横のつながりをつくる場も必要だ。

　ERGs(Employee Resource Group)という考え方が最近広まりつつある。日本語にすると、従業員リソースグループであるが、これは、似ている立場や境遇や状況の人たちが社内でつながり合い、お互いを助けるグループである。発端はアメリカのゼロックスが黒人の社員たちがポジティブに働けるように、社内にグループをつくったのが発端であるが、同じような状況にある人たちがグループになることで、お互いに助け合い、また、その人たちが声を上げやすくなる。人種やジェンダーを基準としたマイノリティのグループや、例えば、育児や介護と仕事を両立させている人たちのグループなどができれば、お互

いに情報を共有し、助け合い、そこでの声を会社に反映できるかもしれない。また、同じ状況の仲間がつながることによって、社内への定着率も高まることが予想できる。

（3）参加の枠組みをつくること

　物語ろう、つながろうと言ってみたところで、そのために何をしていいのかの具体的施策に落とし込むのは大変だ。そのためにはどうしたら参加できるのか、どうしたら自分がパーパスの役に立てるのか、そのために自分はどう成長すればいいのか、その手掛かり足掛かりを準備することは大事である。

　それは、単なる研修ではなく、できれば、身体的・感覚的に体験できることほうがいいだろう。例えば、先ほどのスノーピークは、スノーピークの顧客と社員が一緒にキャンプを行う「スノーピークウェイ」が同社のシンボリックなイベントとなっているが、顧客だけではなく社員の体験イベントとなり、それが社員の企業への意識の深化となっていく。

　リモートワークの社員も増え、顔を合わせての参加の場づくりは難しいという場合も多いだろう。オンラインは簡単な参加の場をつくるのは、実はリアルよりも楽で適している場合も多い、ゆるいつながりなのか、それとも深いつながりをつくりたいのかは、大規模なのか小規模なのかなど、目的や意図によって場のデザインを変えることができる。

　それはオンライン上でのコミュニティなどのプラットフォームであってもいいし、実際に会って話し合い、触れ合える場であってもいい。また、企業サイドから色々なプグラムやキャンペーンを準備し、ゲーミフィケーション化するなどして、気軽に楽しく参加できるような工夫も必要である。つながりたい、参加したい、誰かと共有したいと思っている人たちが多くても、その手段や場所がなければ、どうしていいのかわからないままになってしまう。つながれる場や参加の枠組みを色々と提示し、それが見えるようにしておくことが必要だ。参加しつながれることで、社員同士の一体感や共に取り組んでいく仲間であるという同志意識の源となるのである。

企業に必須の「心理的安全性」

　さて、3点ほど企業内部へのパーパス意識の浸透のポイントを挙げたが、そのポイントの土台となるものが必要である。それは心理的安全性であろう。

　心理的安全性とは、ざっくり言うと、「言いたいことを言っても大丈夫と思える雰囲気」のことである。言いたいことを率直にいっても、雰囲気は悪くならないし、後々、こそこそ陰口を言われたり、自分だけ省かれたりすることはないと思える環境である。そこでは自分らしくいても大丈夫と思える安全地帯が、職場のチームの生産性向上の大きな要因である。

個人の能力ではなく、個人の心理的安全性が結果を出す

　アリストテレスの言葉である「全体は部分の総和に勝る」という言葉から、チームが生産性を上げるための要因を見つけ出すGoogleのアナリティクスグループ「チームアリストテレス」[20]は、効果的なチームはチームメンバーが誰かというよりも、チームがどう協力しているのか、というチームの状態に影

●心理的安全性と仕事の責任の関係

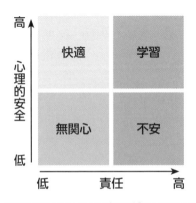

出典：Edmondson, C.Amy (2008)「The Competitive imperative of learning」より作成

84

響があることをつきとめた。そして、その影響要因として、心理的安全性という概念にたどりついたのである。「こんなことを言ったらバカにされるんじゃないだろうか」とか「叱られるかもしれない」といった対人的な不安があると、ストレスやプレッシャーが増してしまう。

　上記の図は、心理的安全性と仕事の責任の関係を表したものであるが[21]、心理的安全性がない場合は、仕事の不安がのしかかったり、また、仕事やチームへの関心がなくなってしまうわけである。心理的安全性があるからこそ、責任があることにも挑戦して学習していこうとすることがわかる。安心して、働ける雰囲気が大事なのだ。チーム「アリストテレス」は心理的安全性以外にも、目的意識や仕事の重要性（インパクト）やチームメンバーへの信頼、役割や構造が明確になっていることなどの要因も上げている。また、Googleでのチームのパフォーマンスにそれほど影響がない要因に、「メンバー同士が近くにいること」「メンバーの能力」「チームの規模」「仕事時間」などのいわゆるチームのスペックではないことを指摘している。それよりもチームが「安全な心理状態である」、つまり、チームメンバーの気持ちが通じ合っている「ある」状態が大事なのである。

　今後、よりダイバーシティが進み様々な違ったバックグラウンドを持つ人たちと一緒に、VUCAの中で、先の読めない未来において前例にはない事態に対処しなくてはならないことも出てくるだろう。そのような社会に企業として立ち向かうためには職場における心理的安全性がより必要とされるのである。

絶えず、動的であれ

　以上、不確実性の増す社会の動きを見ながら、その根底で移りつつある「have」から「be」への流れを指摘してきた。未来予想ができない今後の社会に向けては、何をどう持つのかではなく、どうあり続けていくのか、自然や社会環境の持続可能性と相互作用しながら、企業がトランスフォーメーションをし

続けなくてはならないのである。

　ここでは、企業を主体として考えてきたが、企業が自らを新たにして変化し、成長する「ある様式」でいるためには、そこで働く人たちも絶えず自己を新たにする「ある様式」で成長し続けなくてはならない。

アジャイル組織

　ソフトウェアやシステム開発の場において「アジャイル開発」という方式をよく聞くようになってきた。アジャイル開発とは、アジャイル「素早い」という言葉通りの開発方法で、大まかな仕様と要件を決めておいて、途中で変更があるのは当たり前という前提のもとに開発を行う。途中で実装し、テストを行い、また、改良を行うというサイクルを細かく繰り返していく。最初に全部の仕様を決めないので、途中で状況やニーズが変わっても対応できるというメリットがある。従来は、最初に

●SX（サステナビリティ・トランスフォーメーション）

社会のサステナビリティ	企業のサステナビリティ

気候変動や人権への対応等、
社会の持続可能性の向上

同期化

社会の持続可能性に資する
長期的な価値提供

企業が長期的・持続的に成長原資を
生み出す力（稼ぐ力）の向上

「SX」
社会のサステナビリティと企業のサステナビリティの同期化
そのために必要な経営・事業変革（トランスフォーメーション）

出典：経済産業省『伊藤レポート3.0』（2022年8月）より作成

　細かな仕様をすべて決めてから、工程を順番に１つずつこなしていき、前の工程には戻らないウォーターホール型の開発が主であり、どちらが優れているとかの比較ではなく、プロダクトの特性や状況などによって違うだろうが、アジャイル開発という状況と呼応しながら、開発を進めるプロセスは、VUCAの時代の企業の立ち位置と相似を感じる。先行きが見えない中で、絶えず動きながら、環境との調和を図りながらも、目標に向かっていき、また、その目標自体も状況や環境の変化に伴い更新されていく。つまり取り巻く環境をインタラクションしながら動的に問題を設定して遂行をしていくのである。

　これらは上記のSXの図が指し示すように、企業が絶えず環境と同期して、ビジネスモデルを決め、価値をつくり出すサイクルに入っていくSXでの企業の動きは、外部と同期しながらサイクルをまわすアジャイル開発と同様の動き方である。それはいつも自分を新たにして変化し、成長をするというフロムの「ある」の様式そのものである。

　そして、その企業で働く人もいつも自分を変化させ、成長する「ある」様式の中で、成長をしていくことで、組織の成長と自己の成長がシンクロしていくべきであろう。

　目標や方向を決め、動的であり続ける。組織も人もその相似形において、いかに自分のサイクルをまわしていけるのか。そしてそれが自分にとっても組織にとっても、持続可能なのか。

　社会のサステナビリティと企業のサステナビリティを視野に入れたSXの図式の中に、企業のサステナビリティと働く自分のサステナビリティを組み入れた入れ子構造で考えていかなくてはならないだろう。企業が絶えず自己成長をしながら企業と社会のサステナビリティを目指し、その企業の中で個人も自己成長のサイクルを動かし、企業の成長を支える。すべてのレベルにおいて「ある様式」でいることが問われてくる。絶えず、動的であれ、ということだ。

第2章

サステナビリティ時代の経営戦略

今の時代、企業はどうすれば生き抜けるのだろうか。

ドラッカーは企業の果たすべき役割として、
①企業特有の使命を果たすこと
②働く人を生かすこと
③社会課題へ貢献すること
だと指摘している。

そのための経営戦略とは何か。
その答えは、
経営者がぶれない軸を持ち、
柔軟な組織を段階的につくり上げ、
社会課題や働く人を自社の組織を超えて
活躍させることにある。

この一連のシステムを機能させることができるのは、
あなたの志と実践次第である。

01

VUCAの時代に経営者が
生き残るためにすべきこと

　日本の企業数は350万社と言われる。その350万社のうち99％は中小零細企業でありGDPの7割を担っている[1]。この章は、そのような経営者に向けた経営戦略について述べる。

　経営者とは企業の方向付け、経営の実践について責任を負う人である。企業は経営者の器以上に大きくなれない。経営コンサルタントの小宮一慶は「GoodはGreatの敵である[2]」とよく言う。経営者個人が「なれる最高の自分」を目指さない限り、組織全体が向上することはないのである。そこで、これからは一個人としての「経営者」と、会社組織のリーダーとしての「経営者」の2つの視点を持ってこの章に没入してほしい。

　経営者として、コロナ禍やウクライナ問題、米中デカップリングなど、この変化が激しく未来が曖昧な時代に企業を経営し続けていく難しさを痛感しているのではないだろうか。少子高齢化による労働力不足など構造的にも先行きが明るくない日本を拠点として経営を担うことはとても大変である。

　中堅中小企業の経営コンサルタントとして中小企業の経営の伴走を行い、かつ、私自身も中堅中小のコンサルティング会社において新規事業の立ち上げを経験した身として、経営を継続的に実践するための考え方とその具体的実践についてお伝えしたい。

企業とは何か

　経営者としてすべきことは、企業を健全に発展・継続させることである。すなわち、自社のサステナビリティを実現するこ

とだ。VUCAの時代だからといって、経営者が行うべき仕事
や経営のあり方の根本までが変わってしまうわけではない。こ
の当たり前の経営の根本目的を外してしまっては、時代の変化
に単に浮足立って自分を見失うだけになってしまう。

　経営の根本目的は、今から50年以上前にピーター・F・ドラッ
カーが喝破している。経営者として、迷うことがあればこの経
営の根本目的に立ち返ってほしい。

　ドラッカー（Peter Ferdinand Drucker）は、企業に成果を
もたらすマネジメントの目的について「組織に成果をもたらす
こと」だと述べている。その成果とは、次の3点である。

　①企業特有の使命を果たすこと
　②仕事を通じて働く人を生かすこと
　③自らが与える社会への影響を取りのぞき、社会の課題を解
　　決すること

　誤解を恐れず端的に言えば、企業はこの3つの成果を実現す
るために存在するということである。これが変わらない「経営
の根本目的」である。

　ドラッカーは、企業だけでなく公共機関や学校などあらゆる
組織を対象に書かれているが、本書においては、企業経営のた
めに絞り込んで解釈する。そして、マネジメントとは「経営者」
とあえて読み替える。本来はもっと広い意味だが、わかりやす
くするために絞り込むことにする。さらに、ドラッカーは次の
ようなことも述べている。

　組織が存在するのは、組織自体のためではない。自らの機能を
果たすことによって、社会、コミュニティー、個人のニーズを満
たすためである。組織は、目的ではなく手段である。したがって、
問題は、「その組織は何か」ではない。「その組織は何をなすべき
か。機能は何か」である。

『マネジメント〔エッセンシャル版〕基本と原則』ピーター・F・ドラッカー

つまり、企業は企業のために存在するのではなく、企業の機能を果たすことによって、顧客や社会、従業員などに貢献するために存在するということである。

企業にとっての「利益」と「目的」とは

　では、利益はいらないのかと言うと、もちろんそんなことはない。利益は、目的ではなく、経営の根本目的を果たすための条件である。以下のドラッカーの言葉をかみしめてほしい。

　企業とは何かと聞けば、ほとんどの人が営利組織と答える。経済学者もそう答える。だがこの答えは、まちがっているだけでなく的はずれである。経済学は利益を云々するが、目的としての利益とは、「安く買って高く売る」との昔からの言葉を難しく言いなおしたにすぎない。それは企業のいかなる活動も説明しない。活動のあり方についても説明しない。利潤動機には意味がない。利潤動機なるものには、利益そのものの意義さえまちがって神話化する危険がある。利益は、個々の企業にとっても、社会にとっても必要である。しかしそれは企業や企業活動にとって、目的ではなく条件である。

『マネジメント〔エッセンシャル版〕基本と原則』ピーター・F・ドラッカー

　また、自分がいい生活をしたい、贅沢をしたい、地位と名誉がほしい、というような欲求も人間として持っていると思う。「それをなくせ、禁欲して奉仕せよ」と言っているわけではない。ただ、それらの欲求は企業の目的を実現した先にあるということなのだ。目的達成の原動力になるのであれば、欲求は利益と同じく重要な条件であるとも言えるだろう。それを先に取ろうとすると、色々上手くいかなくなる。「利をもって行えば怨み多し」と論語にもある。

　経営の根本目的は、経営の基本的な目的とあなた自身の今までの目的意識とを照らして考えるきっかけになるはずだ。

経営の根本目的を達成するための3つの成果とは

では、経営で果たすべき3つの成果について、少し掘り下げて見てみよう。

①企業特有の使命を果たすこと

あなたの企業も含めて、すべての企業は顧客に商品・サービスを提供することで貢献をするために存在をしている。であるならば、企業にとっての特有の使命とは、自ら特有の商品・サービスを顧客に提供することになる。ドラッカーは企業の目的についてこうも言っている。

企業の目的は、それぞれ企業の外にある。企業は社会の機関であり、その目的は社会にある。企業の目的の定義は1つしかない。それは顧客を創造することである。

『マネジメント〔エッセンシャル版〕基本と原則』ピーター・F・ドラッカー

つまり、企業の目的は顧客の創造なのである。企業は2つの、そして2つだけの基本的な機能を持つことになる。それがマーケティングとイノベーションである。

真のマーケティングは顧客からスタートする。すなわち、現実、欲求、価値からスタートする。「われわれは何を売りたいか」ではなく、「顧客は何を買いたいか」を問う。（中略）

● 経営の根本目的と3つの成果

```
経営の根本目的
(=3つの成果を出すこと)
 ── ①企業特有の使命を果たすこと
 ── ②仕事を通じて働く人を生かすこと
 ── ③自らが与える社会への影響を取りのぞき、
      社会の課題を解決すること
```

企業の第二の機能は、イノベーション、すなわち新しい満足を生みだすことである。（中略）

　イノベーションとは、発明のことではない。技術のみに関するコンセプトでもない。

『マネジメント〔エッセンシャル版〕基本と原則』ピーター・F・ドラッカー

　企業の成果はマーケティングとイノベーションのみによってもたらされる。顧客が求める商品・サービスを自社の強みを活かして提供すること（顧客の創造）が、企業の目的となる。そのために、内部資源（人・モノ・金）を創出し、短期的にも中長期的にも、商品・サービスを通して顧客への貢献を行うことが経営における「特有の使命を果たす」ことであると言えるだろう。

　経営戦略では、差別化が重要だとよく言われるのは、差別化は企業の「特有の」使命を果たすことにつながるからである。企業は、その提供している商品・サービスについて、顧客の選択基準の差別化が重要になる。そのためには、顧客のニーズは何かを知り、顧客が求める価値を生み出すことが大切である。これこそが、「マーケティングとイノベーション」なのだ。独自の商品・サービスによって顧客に選ばれる（マーケティング）商品・サービスを生み出す（イノベーション）ことで、組織の成果に結実する。

　そして、企業はそれを継続（サステナビリティの実現）しなければならない。継続させるためには、利益を上げて人を採用し、設備投資などを行い、将来においてもマーケティングとイノベーションを継続できる組織を残していくことである。

　ファイナンス戦略、人材戦略、投資戦略などの様々な経営戦略があるが、それらの戦略は単体では存在しえず、企業が顧客に商品サービスを通して貢献し続けるための手段であるということを、改めて認識してほしい。

②仕事を通じて働く人を生かす

　現代において人と社会との接点は企業である。従業員は、企業を通して顧客や社会に貢献している。そのため、従業員を生かすことは、個人と社会をつなぐ企業の社会的な使命だと言える。仕事を通して従業員を生かすためには、従業員に働きがいを与えて活躍してもらう必要がある。

　当たり前ではあるが、企業が「特有の使命を果たす」ためには、今までも、これからも、人材が最重要であることは疑いの余地がない。特にマーケティングとイノベーションにかかる洞察については、顧客と接する現場の従業員が敏感に感じ取り、または洞察し、商品サービスに落とし込む必要がある。後述するが、働きがいを高める（≒TOMO指数を高める）ことで、より顧客のニーズを洞察し行動できるようになることが示されている。

　企業が従業員を生かすことができなければ、社会全体が幸せにならない。考えてほしい。ここ30年ほどの日本は、十分に働く人を生かしてきたのだろうか。この30年のGDPの停滞は、働く人を生かし創造力を発揮してきた結果とは言い難いのではないだろうか。

　GDP（個々の企業などが特有の使命を果たした結果生まれる付加価値の合計）は上がらず、給与も上がっていない。今、改めて、働く人を生かすということについて、社会的に考え直す必要が生まれているのではないかと思う。

③自らが与える社会への影響を取りのぞき、社会の課題を解決する

　過去も現在も、社会への害悪の除去及び社会課題について企業は大きな責任を追う。中小零細企業においては、自らの組織が社会に与える影響はそれほどないと考えているかもしれない。確かに私自身、社会貢献については中小零細企業において重要な課題ではなかったと感じるし、私自身も彼らの社会課題の解決を顧客に強調して伝えたことは数えるほどしかなかった。あるとすると、「業界で共通の課題」の解決が、企業の大きな成長につながるということであった。

　しかし、これからは、企業の社会貢献の有無は大変重要になっ

てくる。SDGsが世界注目の課題であり、地球環境の変化は止まらないからである。

　以上、変わらない「経営の根本目的」となる３つの成果について述べてきたが、いかがだっただろうか。組織の経営者として、今まで取り組んできた経営に照らし合わせて思うところはあっただろうか。言われてみれば当たり前の話だと思うが、逆に、これができていなければ企業として意味をなさないと言うほどにこれらを意識したことがあっただろうか。

経営の根本目的となる３つの成果の関係性

　マーケティングとイノベーションを継続的に行って企業特有の使命を果たすためには、商品・サービスが「今」売れていること、これにより「売上」と「利益」が十分に生まれていることと、商品・サービスが時代と顧客の価値観の変化に適応して売れ続けて「売上」と「利益」が十分に生まれて続けること、そして企業として存続する（マーケティングとイノベーションを行う人材とモノを充実させながら企業が存続できるカネを確保し続ける）必要がある。
　利益から生まれたカネを人やモノに投資をして顧客の欲求を満たす商品サービスを生み出し続けることが、自社と顧客のサステナビリティである。さらに、従業員、社会のサステナビリティの向上に貢献するために、働く人を生かし、社会課題へ貢献することが必要になる。

　近年、企業がマーケティングとイノベーションを継続して特有の使命を果たすことの難易度は上がっており、働く人を生かして社会課題へ貢献することの重要性がますます増している。

ローカル事業を行う企業の商品・サービスの寿命

　ここで少し、国内のローカル事業が置かれている社会状況について、かいつまんで見てみたい。

　以下の図は、プロダクトライフサイクルと呼ばれる商品・サービスの一般的な生涯の流れを示すものである。一般的に商品・サービスは、導入期から成長期、成熟期を経て衰退期に入る。導入期から成長期の初期段階については利益もほとんどなくむしろマイナスで、そこから成長のピークに向かってキャッシュフローも徐々に改善し利益も計上できるようになってくる。そして、成熟期に入り利益を安定的に積み上げてキャッシュフローを蓄積していく。この頃には商品サービスの認知度も高まり競合企業や代替品も増えていき、競争激化により徐々に利益幅を落としていく。衰退期に入りいずれ顧客ニーズの移り変わりにより売上が低下していき（選ばれなくなっていき）利益も低下していく。

●プロダクト・ライフサイクル（PLC）

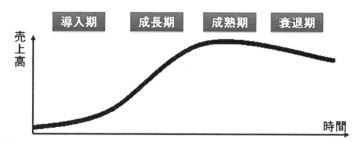

〈特徴〉

	導入期	成長期	成熟期	衰退期
売上高	低い	急成長	低成長	低下
利益	マイナス	ピークに達する	低下へ	低下
キャッシュフロー	マイナス	プラスへ	プラス	マイナスへ
競合企業	ほとんどなし	増加	多い（特徴あり）	減少

出典：GLOBISウェブサイト「プロダクトライフサイクル(PLC)とは?マーケティングの基礎用語を動画と記事で解説」より作成

このプロダクトライフサイクルは商品・サービスの内容に
よって様々なスピードだが、技術革新が進み情報伝達のスピー
ドが増してグローバル化が進んだVUCAの時代は全体的に早
まっている。顧客の価値の多様化や、気候変化、コロナ禍の影
響を受けた顧客の価値観の激変などによって成長期にあったも
のが突如衰退に追い込まれたり、その逆も生じているのである。
特に成長期から成熟期に入る段階において競争段階に入るス
ピードが早まった。商品・サービス情報が早期に世界中に伝播
されて、国内のみならず中国をはじめとして代替の商品・サー
ビスがもっと安価で提供されるようになってきた。特にトレー
ダブルグッズと言われる製造業などについては、輸送コストや
リードタイムなどのハードルを乗り越えればどこからでも競争
相手が参入してくる状態になった。そのため、国内の製造業の
うち品質と価格を合わせた競争力でグローバルに勝てないとこ
ろは淘汰され、国内においても一定以上の規模のある世界を相
手に勝負できる企業だけが生き残り、その下請企業となった中
堅中小企業は、グローバル企業と共に海外の製造拠点などへの
展開を進めてきた。グローバル企業が主要な取引先とする中小
零細企業は、海外の様々な同業他社との競争にさらされること
になり、厳しい競争環境となっている。

　一方、サービス業や運送業など、サービスを受ける顧客とサー
ビスを提供する事業者が近接していることで事業が成り立つ場
合には、立地・地域性によって参入障壁があるため競争環境が
一定以上激化しない。これらの事業は先ほどのグローバル製造

●グローバル事業とローカル事業の比較

グローバル（G）事業	ローカル（L）事業
・モノ、情報が対象 ・持ち運びが可能なトレーダブルグッズ（インフォメーション） ・生産拠点の立地選択が、必ずしも商品の消費地に依存しない（目的に応じて最適な立地を選択可能）	・コト、サービス（原則、対面型）生産と同時にその場で消費される（同時性・同場性） ・不完全な競争市場のため、市場による規律が働きにくい（顧客の商品選択の自由が限定的）

業やIT産業のような提供する商品・サービスを生み出す場所が問われないグローバル事業（G）に対してローカル事業（L）と表現することができる。

　比較的競争環境が緩やかで守られてきた事業においては、大きな変化をせずに衰退期に入った中でも企業規模をそれに合わせて縮小するなど、我慢して経営することでなんとか事業を維持することができていた。実は、日本の企業の中ではグローバル事業を営む企業は1割にも満たず、そのグローバル事業の取引先も含めてローカル事業を営む企業が全体の9割以上を占めている。

<h2 style="text-align:center">ゾンビ企業の実際</h2>

　この章で説明する中小零細企業はローカル事業を行う企業であることを前提とする。企業の立地と顧客の所在地、それらが隣接しており、いきなりグローバル企業が競争相手にならない事業ということである。

　ローカル事業は立地・地域性によって穏やかな競争環境だと述べた。しかし、FAANGなどによってもはやそうも言えなくなってきた。AmazonやNetflixなどオンライン配信事業の参入などによって小売業はECによる浸食を痛感しているだろう。例えば本屋の店舗はこの10年で数を半減した。商圏エリアが限られていたのでその商圏エリアで一定の需要があれば守られていた業界が、一気に浸食され始めている。飲食宿泊サービス業は、ECによる浸食はないものの、新型コロナウイルス感染症の影響を大きく受け経営状態の悪化が免れない状況に陥った。物流業については、需要はひっ迫しているものの、ドライバーの確保が構造的に難しくなっており、また顧客であるローカル企業の経営悪化が価格の低位安定につながっており2024年問題と言われるドライバーの残業規制による環境変化が経営を大きく圧迫する。

　このような環境下でローカル事業を行う企業の中には、プロ

ダクトライフサイクルの成熟期の終盤から衰退期にあるような商品・サービスを事業規模を縮小することによってなんとか維持しているところもあるだろう。しかし、残念ながらそのような企業の中には、ゾンビ企業と言われる企業も出てきてしまっている。ゾンビ企業の定義はもろもろあるが、ICR（インタレスト・カバレッジ・レシオ＝（営業利益＋受取利息＋受取配当金）÷支払利息・割引料⇒企業が支払い利息の何倍の利益を稼いでいるかを表す）が3年以上にわたって1倍未満、かつ設立10年以上という国際決裁銀行（BIS）の基準を用いると、日本には16.5万社が該当するという[3]。

環境変化要因

　日本のGDPはここ30年間ほどほとんど成長していないため、日本の給料も上がっていない。このような日本の特有の経済環境から「コスパ＆タイパ（コストパフォーマンス（費用対効果）とタイムパフォーマンス（時間効率））」がキーワードとなっている。限られた時間、限られた所得で、より費用対効果の高い価値を求める消費者の動きである。この点を踏まえて、ローカル事業を行う企業を苦しめる社会環境の変化を具体的に見ていく。様々な社会的変化があるが、経営者が最も認識しておくべき構造的な変化は以下の3つである。これらの3つの変化が、従来の経営環境とこれからの経営環境を大きく分けることになる。

①VUCAで変化のスピードが早い状態が「常態」化すること
　VUCAの状態は常態化するだろう。その上で世の中の変化のスピードが早く、顧客の欲求の変化も早い。VUCAはいつか解消されるような一時的なものではない。技術革新により情報の伝達スピードが上がり、その伝達された情報により個別の人・企業が動く結果、さらに変化が促進される。出来事が様々な解釈により伝播され、それに基づく人・企業の行動がさらに変化を誘発するいわゆる複雑系の動きが加速している。

　企業経営で言えば、顧客のニーズの多様化と変化を促しプロダクトライフサイクルの短縮・変化につながる。また、儲かる事業の情報は瞬時にグローバルに伝わるので、特にローカル事業でない場合には競争環境へ入るスピード早まることになる。

　先が読めず変化が早い時代においては、マーケティングとイノベーションのスピードを上げていかないと、商品・サービス及び事業そのものが短命化することになる。また、綿密に計画を立てても先が読めず、変化も早いので修正が常態となる。つまり、計画にそって予定調和的に経営を進めることのメリットが減少していくことを、常に念頭に置いておく必要がある。

②地球と人類社会のサステナビリティにリアルな危機感が醸成されていること

　異常気象・新型コロナウィルスのパンデミックなどによる地球の危機の実感、ロシアのウクライナ侵攻や北朝鮮のミサイルの危機、米中の対立をはじめとする戦争・紛争など、環境や人類社会への危機意識が高まっている。世界レベルで「本当にこのままでは地球や人類はもたないのではないか」というリアリティが高まっている

　これらは顧客の商品サービスの選び方や従業員の働く価値に影響がある。先にも述べたように企業は企業自体のために存在するわけではなく、社会や個人に貢献するための存在である。その貢献の方向性の中に、環境や人類社会の課題への関わりがあるか否かによって、商品・サービスや経営そのものに対する共感に大きな影響が出ることになる。

③人生100年時代は、個人がマルチステージの人生を求めていること

　少子高齢化や年金の支給開始が遅れることなどを勘案すると、人が働き続ける期間が長期化することが想定される。その中で、1つの仕事、1つの企業で生きる人生が終焉し、個人がいくつかのステージで生きる人生を送ることになる。40年間企業に勤めていれば老後は安泰だという時代ではなくなったのである。

世の中の多くの人がマルチステージの人生を送る、すなわち中長期の働き方・環境を意識する中で、世の中全体の価値観の変化が起こる。変化は個々人が自身の健康や価値観、企業への向き合い方、環境問題など中長期の人生の土台といった様々な分野に及ぶ。個人が主体的に、自身を社会に対してマーケティングとイノベーションしていき、自ら選択していくことになる。

　経営においては、少子高齢化におけるニーズを把握することが重要になる。従業員は自分のマルチステージの人生を考える内省により、自分自身の価値観を大切にして働く場所を考えるようになる。経営者は、従業員の人生のサステナビリティを発揮させるために、マルチステージの人生を送れる従業員を育てる責務が生じると言えるだろう。

　このような社会環境の変化により、企業特有の使命を果たすこと（マーケティングとイノベーション）が難しくなっている。そこで、働く人を生かすことと、環境・社会課題への貢献が、商品サービスを生み出すマーケティングとイノベーションを促進することになると言えるのである。

　経営の目的ややるべきことは変わらないが、どのように経営に向き合うか、という部分で大きな差が生まれることになる。

小さな生命体の生存戦略

　サステナブル経営に向けた取り組みの方向性は、サステナブルの前にサバイバル、生き残ることでもある。この点、生命体としての生存戦略が大変参考になるので、「小さな生命体」の生存戦略について、橘玲の著書『幸福の資本論』をもとに触れてみたい。生命体を比喩にした企業体としては、後述する「ティール組織」や「学習する組織」がある。これらを端的に言えば、生命体のような種の保存という目的ではない進化の目的を踏まえて主体的な個人が全体を意識して生命体のように動いていく組織のことである。

　小さな生命体（弱者）と大きな生命体（強者）では当然、最

適戦略に違いがあるため、弱者は生存するために「小さな生命体（弱者）の戦略」を取る必要がある。強者が自身のシェアを浸食することを防ぐための弱者の生存戦略は以下の3つのポイントがある。

①小さな土俵で勝負する

　強者は物理的に大きい。そこで弱者は強者が入れない小さな穴で生活することで強者の侵入を防ぐことができる。ローカル事業を行っている企業は、エリア的な限界点をついて小さな土俵で勝負している。しかし、近年は技術革新によってAmazonなどの強者が入り込める限界点が広がっていることに注意が必要である。

②複雑さを見方につける

　戦国時代の合戦では、平地での戦いは多数の軍勢を擁する強者が圧倒的有利であった。そこで弱者は、険しい山や谷のある場所に城を構えて、複雑な地形を利用して逆転のチャンスを伺う。「ルールがシンプルなゲームは強者に有利になる」ということである。

　書店などもシンプルに書籍を販売するだけであれば、強者が有利になる。ゆえに、カフェやサロンなど書店だけでない価値提供など複合的に組み合わせることによって、複雑な価値提供を実現することで生き残っている企業もある。

③変化を好む

　地形の複雑さではなく、時間軸の複雑さ、予測の困難さで勝負することである。生き物の置かれた環境が安定しているのであれば、強者は時間をかけてその複雑さを乗り越えてくる。ゆえに安定した複雑さは、時間の経過と共に浸食される。

　例えば薬局における規制や調剤という複雑さも、変化がなければ時間の経過と共に浸食されるのだ。

小さな生命体の生存戦略の実際

　これから説明するサステナブル経営におけるポイントは、この3つの戦略を生かすことである。ローカルビジネスは、地域性である程度守られている。小さな土俵であるため、守られてきた隠れ家のようなイメージであろう。そのため大手企業がなかなか入り込めない、または本気で入り込んでも利益が得られない。立地・地域性によって、商品・サービスの特定を変えることで複雑さを発揮しているローカル事業も少なくないだろう。地域に合わせた複雑で細やかな変化については、小回りの利かない大手企業にとっては厄介な隘路である。また、規制等で守られているケースもあるだろう。この規制についても、生物的に言えば隠れる場所がいっぱいあるようなものである。

　ローカル事業を行う企業が日本社会を支えてきたことは確かであろう。しかし、現在、日本全体で見ると、生産性の低さは、このような隠れる場所がたくさんあることによって、根本的な問題から目を背けてきたローカルビジネスが足を引っ張っている可能性がある。ゾンビ企業の存在も問題視されており、端的に言えば、隠れる場所はどんどん少なくなってくる可能性がある。そして、そのようなローカルビジネスの担い手が、後継者不足から次々と廃業に追い込まれる状況がすでに起きているし、今後も加速することが想定される。私自身も、過去に立ち上げを行ったが、M&Aのマッチング事業がここまで隆盛をきわめているのも、このような経営者資源の枯渇という事情があることによる。

　このような状態で、先程のAmazonの例のように、大手企業が入り込んでくる可能性もある。規制や隠れる場所がなくなる中で、どのように変化に対応していくのか、経営の根本目的を見直すことが必要になる。

— scene —

02

経営者に必要な 3 つの要素とは

　経営の根本目的を継続して実践することが経営者の使命である。ただ、特に今とこれからの時代において経営の根本目的を「継続して」実践することは難しくなってきている。理由としては、ここまで述べてきた通り、技術革新や変化が早い世の中になっていること、世界規模の社会的な価値観の変化などによる。そこで、経営の根本目的を継続して実践していくために、次の 3 つを行うことをお勧めする。

　①ぶれない軸を持つ
　②柔軟性を高める
　③主体的な人材を育成する

　変わらざる経営の根本目的を継続して実践することを「サステナブル経営」と呼ぶこととする。「自社」はもちろんのこと、そこで働く「従業員」、そして「顧客をはじめとする企業の外部の社会、地球・人類」に至るサステナビリティ（健全な継続）に貢献をすることを目的とした経営である。

　VUCA の時代、経営のスタイルも様々に変化しているからこそ、まずは、ドラッカーの「経営の根本目的」を意識してほしい。その上で、この経営の根本目的をどのように実践をしていけばよいのか、どのようなことを意識して経営を進めていくと成果を上げることができるのか、社会に貢献していくことができるのかについて、3 つの要素をもとに考察したい。

　上記 3 つの要素は経営に向き合うために必要である。経営者がサステナブル経営を実現するためにやったほうがいい事は山ほどある。時間と人と金が無尽蔵にあればすべてやるべきだろうが、ほとんどの経営者は様々な制約の中にいるだろう。その

ために、なるべくシンプルで使えるものでなければ、日々戦っているあなたが意識して取り組むことができないと思う。

「ぶれない軸」を持つ

経営者にまず必要なのは、「ぶれない軸」を持つことである。VUCAで変化が早い時代に、ただひたすら柔軟に変化に対応するだけでは疲弊する。そこで、「私は、何のためにこのような時代に変化に対応しながら苦労して経営をしているのか」と自問し、ぶれない軸を経営者自身の中でまずは育んでいくことが必要になる。そのために、経営者自身が、心の内にある価値観を見つめることが必要だ。

ぶれない軸とは、例えば「どんな時にも経営者としてカッコよく生きる」というようなシンプルな価値観からスタートしてもよい。このようなシンプルな信条を持ちながらその経営者としての道の中で企業のパーパス・ビジョンに向き合い格闘する

● **サステナブル経営の概要**

サステナブル経営とは、外部環境によって変化するお客様のニーズを内部環境によって生み出す商品・サービスで満たし続けて、中長期にわたり選ばれ続ける経営をいう。

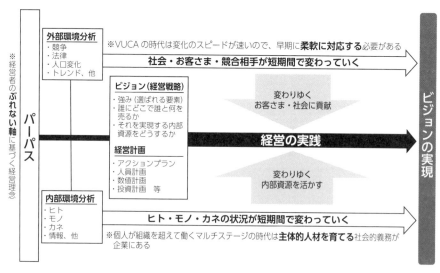

のである。自分の価値観・志がぶれているときは、VUCAの時代には特に、日々の経営を必死で行い生き残ることで精一杯になってしまう。経営に悩んでいるとき、苦しいとき、何か大きな負荷を負っているときに必死で考えた思いや価値観こそ、その先の経営のぶれない軸となり経営者であるあなた自身の心の支え・エネルギー源となる「ぶれない軸」になる。

そして、このように生み出した経営者個人の「ぶれない軸」が企業の経営方針となるパーパスに昇華していくのである。

「パーパス」を「ビジョン」として伝えていく

経営者は、ぶれない軸をより社会性を高めた価値観であるパーパスをつくり上げていくが、パーパスは組織で共有しなければならない。その共有方法として、「ビジョン」というかたちでパーパスの先にある未来を具体的に示す。変化の対応の先に目指したい姿がイメージとしてそれぞれの従業員にも共有され、行動の指針になるのだ。

例えば、「経営者としてカッコよく生きる」というぶれない軸を持った経営者が「あるべき最高の姿を創造するお手伝い」というパーパスを生み出し、それが具体化されたビジョンとして「1000億企業のグループ企業となり、各社が主体的に連動して様々な最高の姿の創造をお手伝いしている。結果として各従業員が生き生きと仕事をして付加価値が上がり、1人当たりの給与も今より3割上がっている」とすることで、経営者の未来像を従業員も共有できるようになる。パーパスである「あるべき最高の姿を創造するお手伝い」は素晴らしいのだが、それだけでは伝わりづらい。企業の具体的な未来像に従業員が自分自身の人生を重ねられる具体像としてのビジョンを示す必要があるのだ。

このように、「ぶれない軸」のあとは、それを昇華して「パーパス」と「ビジョン」をつくり上げて組織を引っ張っていくことが経営者の役割である。

● パーパス・ビジョンの概要

パーパス	ビジョン
企業の存在目的・方向性、企業をもって成し遂げたい志。ミッションや経営理念と同義。（様々な定義があるがあまり難しく考える必要はない。） この目的・志を実現するために組織として存在し、日々の苦労に耐えられる。 経営者の「ぶれない軸」を昇華したのもの。	パーパスの実現のために経営を実践した先の具体的な姿。自分の自社の将来像・到達地点。「そこに向かっていくとこのような未来が実現する」とみんながイメージできて、そうなりたいとワクワクするもの。策定するには、どのように自社の商品サービスを磨き・変革することで貢献していくのか、その自社の商品・サービスをどのような内部資源（人・モノ・カネ）によって実現していくのか、といった戦略的な検討が必要。

● パーパスに向かった角度をつけた経営
※「角度」をつけた経営とは、パーパス・ビジョンに向かう経営をいう。

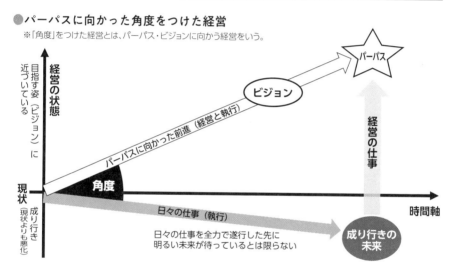

柔軟性を高める

　変化が早い世の中が常態化するVUCAの時代に企業の外部環境の変化を完全に読むことは不可能である。そもそも、今までも外部環境の変化を完全に読むことなど誰もできた試しがない。現実問題として、社会の変化のうちに自社の経営に直接影響を及ぼすものは一部である。例えば、ロシアのウクライナ侵攻があなたの企業や生活に具体的にどのような影響を及ぼした

だろうか。おそらく直接的には、資材やコストの値上がりの要因の一部になったくらいではないだろうか。今後、中国や北朝鮮、その他の国の行動に大きな影響を及ぼすかもしれず、複合的な危機につながる可能性はあるだろうし、そうなった場合の経営への影響は計り知れない。しかし、それでも実際にそうなるかはわからないし、なったときのための完璧な準備などもできない。むしろ小さな企業にとっては特に、高コスト体質になるだけなのでやるべきではないだろう。

だとすると、経営者としてぶれない軸を持ちつつも、いざ変化が起きた際に対応できる柔軟性を経営者自身が高め、さらにパーパスに基づきつつ変化に臨機応変に対応できる組織の柔軟性（状況変化への組織の対応能力：OC（Organizational Capability）を高めることが最適解になる。有事やパンデミックなどの事態が起きるかは不明だが、中長期で見れば何かが起きることは確実だろう。それらの事態に対応する能力は必要である。しかし、OCは一朝一夕には身につかない。だからこそ、覚悟を決めて日々鍛えてほしい。

主体的な人材を育てる

一番最初に変化が現れるのは現場であり、変化をダイレクトに感じる現場の従業員が主体的に対応できなければならない。

主体的な人材（従業員）とは、「学習する組織」でいうところの自己マスタリーの道を歩んでいる人のことである。つまり、自身の人生における目的とビジョンを持ち主体的に自身を向上させる道を歩んでいる人材である。「なれる最高の自分」に向

●**主体的な人材とは**

①「なれる最高の自分」に向けて歩んでいる人（自己マスタリーの段階にいる）
②企業のパーパス・ビジョンが「なれる最高の自分」と共鳴している人
③パーパス・ビジョンに向けて変化を感じて主体的に臨機応変に行動する人

けて歩んでいる人材であり、パーパス・ビジョンのもとで臨機応変に行動することができる人材である。

　主体的な人材の育成は、組織の変化への対応能力を上げることにつながる。企業のパーパスに共鳴した臨機応変な個々の行動の集積によって、経営の根本目的を継続的に実践することができるからだ。

　なお、従業員個人がなれる最高の自分に向けて歩んでいることが前提となる。と言うのも、人は変化に対応できないのではなく、人から無理やり変化させられることには抵抗が生じるため、企業のパーパス・ビジョンを個人の価値観に先行して押しつけては逆効果になるからである。

　つまり、企業のパーパス・ビジョンに共鳴してくれる人材を育てるためには、まず、従業員個人に自身の人生の価値観を明確にしてもらう必要がある。マルチステージの時代の個人は主体的に生きる必要があるため、企業としても、それに貢献することがサステナブル経営の実現となると言える。

主体的な人材に選ばれる企業になる

　経営者としては、従業員があまりに主体的になると企業から離れてしまうのではないか、業務の収拾がつかなくなるのではないかと心配になるかもしれない。それはあながち間違いではない。しかしそれは経営者が、業務を通じて従業員の人生の価値観の中に、企業のパーパス・ビジョンを自分事として重ねてもらい、企業内で従業員が自己実現できるような環境を整備することで解決できる。

　従業員に主体的に臨機応変に対応してもらうためには、企業は従業員が楽しく意義のある仕事ができる環境をつくらなければならない（後述するTOMO指数参照）。そのためには、従業員の強みを生かした組織文化を醸成する必要がある。以下の図のように、「コミュニケーション能力」「精神力」「体力」「政治力」「実行力」「突破力」「思考力」「クリエイティビティ」などの強みを均等に持つ従業員は存在しないだろう。そのため、

●強みを活かす組織文化

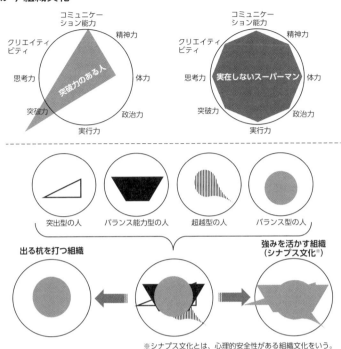

※シナプス文化とは、心理的安全性がある組織文化をいう。

1つ以上の強みを持つ従業員を活かす組織文化に整えていく必要がある。決して出る杭を打ってはならない。出る杭をまとめる組織力こそが、経営者に必要な力である。従業員が主体的になったらそっぽを向かれるような企業であってはいけないということであり、そっぽを向かれるような企業であるならば、サステナブル経営ができていないということだ。そのような企業はVUCAの時代に従って事業が短命化して消えていくことになるだろう。企業が主体的な人材を育てる必要性は2つある。1つは企業の存続のため。もう1つは選ばれる企業になるためである。従業員（とお客さま）は企業の本音と建て前に敏感であり、利己的な考えで人材育成をしている企業からは離れていく。また、サステナブル経営とは、企業を通じて従業員の人生自体を継続させることも含まれる。よって、主体的な人材育成を行うことは企業の責務と言えるのではないだろうか。

03

経営者に必要な
3つの要素の実現方法

　以上のサステナブル経営を継続させるために必要な3つの要素は、相互に関係し合うことになる。

　組織の柔軟性を高めるためには主体的な人材が臨機応変に活動する必要があり、その目的はぶれない軸（パーパス・ビジョン）に基づいていることが重要である。このぶれない軸が昇華したパーパス・ビジョンが、従業員だけでなく顧客や社会の共感を呼ぶものであれば、それだけ自社を応援してくれる人が増えることになる。それでは次に、この3つの要素を実現するための方法を述べていく。

「ぶれない軸」のつくり方

　経営者のぶれない軸の具体的なつくり方を解説する。現在、パーパス（経営理念やミッション）があり、ビジョンを従業員と共有しているだろうか。中小企業白書においても経営理念を定めている企業は90％にのぼると言われているが[4]、そのパーパス（経営理念）やビジョンを経営者であるあなたをはじめとして従業員のエネルギーや行動につながっているだろうか。

　まずは、経営者自身が、ドラッカーが指摘する「我々の事業は何か、我々の事業は何であるべきか」を考え、ぶれない軸となる価値観をつくり上げなければならない。目的意識とその先にある姿が生き生きとイメージできていなければ先行き不透明な時代を生き抜くことはできない。つくり上げたぶれない軸と違う生き方をするくらいならば、存在しなくなった方がマシと言えるくらい強い軸を持つことが大事になる。

　経営の仕事とは、小宮一慶の言葉を借りれば「会社の方向付

●ぶれない軸とパーパス・ビジョンの関係

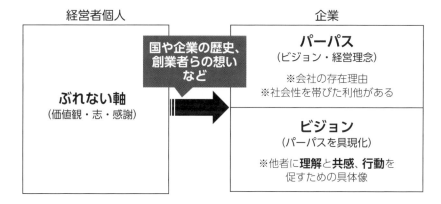

け」「資源の最適配分」「人を動かす」である。「会社の方向付け」
は、パーパスによって長期的に向かう方向性を示し、ビジョン
で具体像を示すということでもある。パーパスは、それを従業
員が信じることができて、従業員を動かすことができることが
大前提となる。具体的な内容については、書籍「経営者の教科
書」に詳しいが、「会社の方向付け」となるぶれない軸をつく
るためのヒントを述べたい。

①ぶれない軸をつくるためだけの時間を持つ

　自分と向き合う時間を取ってほしい。日常が難しければ週末
などに2〜3時間など、できればそれ以上にまとまった時間を
静かな環境で取って自分の価値観に向き合ってほしい。ぶれな
い軸をつくるためには、主観を磨き、目的を集約する必要があ
る。「ありたい姿」「成し遂げたいこと」など内省してみる。書
籍を読んで人格研磨するのもよいだろう。小さな自己から大き
な自己となるための軸を描いてほしい。
　コーチングなど第三者を活用することで、自身を客観視する
取り組みも有効である。

②企業の歴史を振り返る

　経営理念として企業にはすでに理念があると思う。その経営

理念や創業からの企業の歴史を振り返ってほしい。経営者であるあなた自身のぶれない軸を探す旅は、あなた自身の企業の歴史と歩みを深く理解することから始めればよいだろう。「何のために自社は、自分は、存在して貢献しているのか」と心に問いかけてみる。社歴の中から先人への感謝を見つけ、社会貢献の輪を広げていくとよい。

　なお、現時点の経験と心に浮かんだぶれない軸が不釣り合いであったとしても、背伸びをしたものであればそのぶれない軸が自身を成長させてくれることになるので、恐れずに、自分が本当に大切にしている価値を見つけ出してほしい。

③社会への「貢献」を考える

　企業の方向性であるパーパスは、経営者のぶれない軸を昇華したものである。よって、従業員にとっては、経営者個人がつくり上げたパーパスに心から共感することは難しい。ぶれない軸は、我欲だけでなく、企業、社会の幸せに合致するものにしてほしい。

　なお、ぶれない軸からパーパスへ昇華するときには、従業員個人がそのパーパスに具体的に貢献できる「自社らしさ」を入れるとよい。そうすることで、従業員の心が乗っかるからである。自社らしさとは、自社の強みや特徴・歴史、今後つくり上げたい強みなどであり、具体的あればあるほど、従業員自身が自社に貢献している姿を描くこともできる。例えば、松下幸之助さんのパナソニックは「水道哲学」であり、よい商品をなるべく安い価格で水道のように世間に広げることによって世の中への貢献を掲げた。一方で、ソニーであればクリエイティビティや新規性によって世の中に新しい価値を提供することで貢献するといったそれぞれの企業の「らしさ」がある。それぞれの従業員は、それぞれの企業の「らしさ」に愛着や誇りを感じているはずである。

　ぶれない軸が、地球や人類のサステナビリティに貢献することは、商品サービスだけではなく顧客から選ばれやすい企業イメージの醸成につながる。また、従業員自身の価値観に共感で

きれば、自分事として主体的に業務に取り組むことができる。

④地球や人類に関心を持つ

　経営の根本目的を継続して果たすためには、国内の社会環境だけでなく地球規模に広げて関心のアンテナを立てる必要がある。もしあなたが今存続していくことで精一杯の状態の企業の経営者であれば、地球や人類全体のことなど考える余裕も、考えるつもりもないだろう。確かに、生存で精一杯の企業の経営者は、社会や地球・人類よりも自社や社員を優先させるべきだろう。短期的な安全性を確保してこそ、企業は生き残っていくことができるのだ。しかし、中長期的に見れば、社会のみならず地球・人類への配慮についてアンテナを立てていなければ、いざというときに対応できない。顧客も従業員も、社会的にも地球・人類レベルでのサステナビリティへの関心が高まり、課題意識を持たざるを得ない状況になりつつある。SDGsなどをもとに、実際の取引についても環境や人権などの配慮が制約条件になりつつあることなどを念頭に入れてほしい。

⑤自分の心がワクワクすることを追求する

　確かにこのような制約条件を守るための地球や人類・社会課題への貢献を意識した経営を行う必要があるが、対外的な取引条件を満たすことだけに注力し、そこに経営者であるあなた自身の心が乗っかっていなければ、実現はできない。経営者自身が前のめりで環境・社会課題の解決への貢献を進めることで、従業員をはじめ顧客や社会に応援してもらえる。真に発せられる思いに動かされることに価値があり、そういった企業や人を世間は応援したくなるのだ。あなたが納得できないSDGsチェックリストをつぶすようなぶれない軸をつくるよりも、今、心が乗るものをつくり、その先の歩みの中で、経営者自身の成長と共に、より顧客や社会からの共感を得られる発展があるのではないだろうか。経営者自身のワクワクからスタートして、そのレベルを高めていってほしい。

ぶれない軸の実際（bwdグループ）

　実際に、グループ企業が共感できるパーパス・ビジョンをつくり上げた企業を紹介したい。私がコンサルティングに関わる企業に、bwdグループというボンド商事株式会社を中心とした5社からなる企業グループがある。もともとは、接着剤専門商社であるボンド商事株式会社と建築資材を取り扱うウッド建材株式会社の2社のグループであったが、現社長の小黒義幸さんの時代になり企業グループとしては5社に拡大している。後継経営者である小黒社長は、グループとしての一体感と相乗効果の発揮のために歴史的に縦割り文化があった既存の組織と新たにグループに入った企業との価値観の相違や方向性のずれをまとめることに注力した。

　その中で、グループ経営におけるミッション（パーパス）の必要性を感じていたところ、自社の歴史から創業者の「釘を打ちたくない」という言葉にたどり着いた。「どんな時にもお客さまのお役に立つ会社を目指す」という20年以上ある経営理念のもと、木工用ボンドという今でこそよく知られた接着剤を世に広めることに貢献した創業者は、家具などに釘を打つことで美観を損なうことを接着剤によって解決を目指した。小黒社長はここから「あるべき最高の姿を創造するお手伝いをするプロ集団」というグループミッションを打ち立て、グループ企業同士によって、どのようにしてお客さまのあるべき最高の姿を実現するお手伝いができるかに腐心している。

　また、グループには「つなぐ、つながる」という文化があり、グループ各社が共通の価値観のもとでつながることによって価値創造の実現を目指し、人材の採用やM&Aなどを通してグループの提供価値を高めている。「あるべき最高の姿を創造する」という共通のミッションがグループ全体に共有できている姿は、同じ方向を目指す1つの生命体のようにも感じられる。

ぶれない軸の実際（池田金属工業）

　次に、企業のパーパスの根幹に、「感謝」を掲げている企業を紹介したい。「ねじで世界をよりよく変える」というスローガン（パーパス）を掲げ、「ねじ締結の課題解決力 No.1 企業として、日本のものづくりに欠かせない存在になる」というビジョンを掲げる池田金属工業だ。2020 年に経営を引き継いで 2 年程度の後継経営者である武井社長は、先代の意思を引継ぎながらも独自の主観を踏まえて従業員に語りかけ、到達することがないゴール（スローガン、パーパス）に向かい続ける中で、ビジョンをより具体化してアクションに落とし込んでいる。

　この企業の「事業の精神」は、「感謝：すべてのヒト、モノ、コトにおかげさんを」だが、実はこの「おかげさん」は先代の時代は「経営理念」そのものであった。「おかげさん」という様々なことに感謝をする気持ちは、自分・自社中心の主観から、利他への広がりを持つ源泉となる。

　上記の bwd グループの小黒社長、池田金属工業の武井社長の例に共通していることは、経営者は、ぶれない軸を磨くために自己と向き合い、学び、志を磨いていることである。そこから企業のパーパス・ビジョンに昇華させて、自身の主観から従業員や社会が共感するものにするために日々格闘していく必要があるのだ。

精神の支えは「ぶれない軸」、行動の本質は「ビジョン」

　ぶれない軸は経営者の内面を支えるが、経営の実務にはぶれない軸から派生したビジョンが大きな役割を果たすので、ここでビジョンについて述べておく。ビジョンは、パーパスのように永遠に到達しないゴール（目的や方向性・あり方）を示すのではなく、将来の一定時期における姿を示す。ある程度映像としてイメージできるような表現でシンプルなものである。ビ

ジョンには次の２つの目的がある。

①ぶれない軸からパーパスに昇華させた企業の目的・方向性を
　具体像としてシンプルに伝える目的
②ビジョンを具体的に示し、現状との差をあぶりだして具体的
　なアクションプランにつなげる目的

　つまり、ビジョンは、みんながそれぞれのイメージを重ねられる土台となり心が盛り上がるような適度に抽象度のあるものである。しかし、抽象的でありつつも、実行できるように具体的である必要があるので、具体化すればするほど仮説的な要素を多く含む（検証ややってみなければわからない要素が多い）ため、ビジョンについては、定期的にみんなで方向性の確認が必要となる。

<h2 style="text-align:center">ビジョンの描き方</h2>

　具体的なビジョンの描き方を紹介したい。パーパスに向かう中で実現したいイメージであるビジョンは、業務内容に直結していなければならない。
　例えば、bwd グループは、「グループ各社が主体的に連動して様々なお客様にとっての最高の姿の創造をお手伝いした結果1000億企業のグループ会社となっている。お客様にとっての最高の姿の創造を実現するために各従業員がお客様理解とそれぞれのプロとしての専門性を磨き、生き生きと仕事をする中で付加価値が上がり、一人当たりの給与も今より３割上がっている」という比較的シンプルな表現の中にも、企業が提供している貢献や規模感がイメージできて、聞いた従業員が自分自身の人生を投影できるような具体化がされたビジョンである。ビジョンを描くためのフォーマットとして、「ビジョンマトリクス」活用してほしい。ビジョンマトリクスとは、組織の方向づけ（人事・財務の観点）と内部環境（人・モノ・カネ）から、「現状」「成り行きの未来」「ビジョン」を整理するものである。会社の

●ビジョンマトリクスの概要

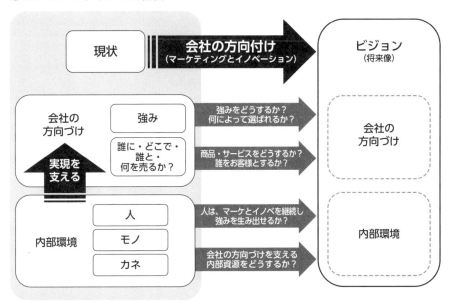

方向づけと内部環境について、「現状」とビジョン下での「10年後」、何もしない成り行きの「10年後」など一定の時間軸ごとに3つに分けて整理する。

次に、ビジョンを策定する上でのポイントを示したい。

①数字で表す

その企業の文化によって、どのようなビジョンの表現が伝わりやすいかは異なるが、数字を用いることは有益である。例えば、前述のbwdグループであれば、いくつかの要素はあるものの「10年後1,000億企業になる」という数字によって貢献の規模感をイメージすることでみんなの心が奮い立つ。何でもいいから売って1,000億を達成しようということではなく、お客さまにとっての最高の姿を創造するお手伝いをするというパーパスがあってこそのビジョンである。

●ビジョンマトリクス

	区分	検討要素		内容	現状	成り行き ※1	ビジョン ※2
パーパス	会社の方向づけ	強み（独自性）		今の強みは何か。商品・サービス（QPS）に具体化されたもの。			
		誰に		お客様のターゲットは誰か。			
		どこで		どこで売るか。			
		誰と		誰とパートナーシップを組むことで、強みを発揮するか。			
		何を売る		どのような商品・サービスを売るか。			
	内部環境	ヒト（人）	社員	体制	社員はどのような体制か。人数、組織体制など。			
				働く喜び	社員はどのような働きがいを持って仕事をしているか。			
				経済的喜び	給与その他の待遇水準はどうか。			
			経営陣	体制	マネジメントチームはどのような体制か。			
				力量	マネジメントチームの力量はどうか。			
			経営者・自分		経営者はどのような状況か。そして、経営者としての（またはそうでなくても、）自分自身はどのような状況か。			
		モノ	モノ（設備・ロボット）		強みを実現し、事業運営を可能にする主要な設備は何か。その競争力、使用可能期間も。			
			システム（AI、RPA含む）		強みを実現し、事業運営を可能にする主要なシステムやAIなどは存在するか。その競争力、効果発揮期間についても。			
			ノウハウ・情報		強みを実現するためのノウハウは何か。また、その模倣困難性はどの程度か。			
		カネ（財務・KPI）	安全性	手元流動性	手元のキャッシュの水準は、財務規律に適合した水準であるか。			
				自己資本比率	自己資本比率は、財務規律に適合した水準であるか。			
			収益性	売上規模	売上規模はどのような状況か。			
				営業利益等	営業利益の水準はどうか。付加価値営業利益率はどうか。			
			効率性	ROA	ROAはどうか。資産全体の効率性はどのような状況か。			

※1　何も新しいことをしない場合の5年、10年後の姿
※2　パーパスに基づいて探索を行った場合の5年、10年後の具体的な姿

②取るべきリスクを明確にする

　ビジョンを描くことは、「企業の方向づけ」を具体的に検討することである。ドラッカーも言うように、経営は取るべきリスクを取ることに意義がある。パーパス・ビジョンの実現はリスクを取らなければ到底できるものではない。その際に、何が取るべきリスクなのか、論点を明確にして経営の方向性を決めた上で、実践においてアンテナを立てる。bwdグループは、将来において1000億規模の貢献をするための人・モノの投資をすでに開始している。それは、1000億を実現するための具体的な内部資源の構築を検討した際に、段階的にこの1年～3年間で行うべき投資が明確になったからである。このこと自体はリスクではある。しかし、リスクを取れるように財務的な基盤をコントロールすることによって許容できる範囲のリスクであり、そのリスクを取らなければ、将来ビジョンの実現は難しい。

③財務状況を踏まえる

　ビジョン策定の現実面として、財務規律を踏まえていなければならない。企業は資金が尽きた段階で経営が継続できなくなるからだ。そのため、財務規律として安全性を現在と将来において認識しておかなければいけない。経営者が必ず把握する指標は、①手元流動性比率（月数）、②流動比率、③自己資本比率の3つの指標である。

　①手元流動性比率（月数）はここ数か月の短期的な安全性を担保するためのものであり、現金預金が月商の何か月分あるかを示す指標である。中小企業であればこの指標について1.8か月以上はほしいところである。

　また、②流動比率については、1年以内に支払う必要がある流動負債を1年以内に現預金になることが想定される流動資産でどの程度賄えるかということで、1年以内の安全性を見る。

　そして、これらの①と②の短期的安全性が確保されていることを前提として、③自己資本比率によって、資金調達余力（≒投資余力）を見るという手法である。

　自己資本比率は、食塩水の濃度のようなもので、自己資本が

121

食塩、借入金が水のようなもので、その濃度を短期的安全性が確保できる範囲で調整することになる。例えば、自己資本比率を20％下限とする場合、総資産が10億、自己資本が4億円であった場合に、借り入れできる金額はあと10億円ということになる。

このように、具体的な財務戦略の裏付けを持って、投資検討を行うことが取るべきリスクを適正な範囲で取ることにつながる。数字の世界、具体的な短期の世界は精神論だけでは務まらないため、経営戦略や具体的なアクションプランにつながる経営ビジョンを策定するにあたっては、財務面のリスクテイクの方向性と程度感について具体的に検討する必要がある。

柔軟性の高め方

本題に戻って、サステナブル経営のための柔軟性の高め方について述べていく。ローカル事業を行う中小零細企業は、時代の変化はあったものの大企業ほど市場のシェアが大きくないために外部環境の変化によって甚大な影響は受けなかったし、政府による中小企業優遇政策によって手厚く経営が保護されてきた。そのような状況の中で、特に創業者や力強いオーナー経営者のもとで経営を推進してきた経営幹部及び後継経営者は、変化をしないことに慣れてしまっている人が多い。よって、ローカル事業を行う中小零細企業の多くは柔軟性が高くない。私自身、中堅中小企業の経営において今後の社会の変化、顧客ニーズの変化に対応すべく経営の実践の支援を行っているが、「人によって変化への対応姿勢が異なり、そして経営者・経営陣も含めて変化への前向きな対応姿勢の人は多くない」という実感がある。

しかし、これから先は人口構造の変化・人口減少の影響によって市場は縮小し、労働力人口が減少する中で付加価値が出せない企業は、人材採用に十分な資金が回らなくなり経営戦略を立てるにも事業の担い手がいなくなる。後継者不足だけの問題ではなく、今と同じ事業体を5年後10年後維持することす

らままならないことを意味する。だからこそ、変化へ対応する能力を鍛える、つまり柔軟性を高める必要がある。柔軟性の高め方として、①企業の寿命を意識する、②生命体のような組織・ティール組織を目指す（ティールがどんなときにもベストなわけではない）、③段階的に組織を発展させる、④両利きの経営を行うことを紹介したい。

①企業の寿命を意識する

　経営者は、企業の寿命は長くないことを意識する必要がある。自分が見える範囲しか見ず、自分自身の認識を超えて物事を認識しないため、視野が狭くなり、環境変化や強者が迫ってくることに気づかなくなってしまうという限定合理性が原因となって、一般的に企業の寿命は短い。寿命を気にしたことがない経営者は、今はたまたま一時的な隠れ家にいるだけだと思っていたほうがいい。

　柔軟性を高めるためには、目的意識を持った主体性のある経営者として、今の組織を取り巻く状況を、自分自身の認識の外の世界の探索を行うことによって、企業の従来の寿命の限定合理性を超えようとする取り組みが必要となる。この探索を行うためには、後述する両利きの経営を実践することが必要となる。

②生命体のような組織・ティール組織を目指す

　生命は環境の変化に適応する機能があることから、生命体のような組織には柔軟性があるといえる。生命体のような組織を構成する従業員には個性があり、共通の目的に基づいて主体的に活動しているため、組織全体に一体感がある。目的が共有されているため、個々人が勝手に動いてるように見えても全体で1つの生命体のような動きを実現しているのである。このように、従業員の個別性と組織の全体性を両立させるためには、職場全体の心理的安全性が伴った関係が必要である。心理的安全性については、他の章で詳細を説明しているが、雑談も含めて組織のパーパス・ビジョンに関するコミュニケーションが重要である。

生命体のような組織は、チーム学習が進められる組織であり、そのためには個々人が主体的に動いて出てきた情報を、心理的安全性の高い状態の中で共有できるシナプスが大切になる。シナプスとは、神経細胞同士をつなぐ結合部の意味であり、経営者自身が意識して、組織の文化や風土としてコミュニケーションによってシナプスを形成し、心理的安全性がある職場環境をつくる必要がある。

　スイミーを例として生命体組織を考えてみよう。真っ黒な小さな魚のスイミーが、赤い小さい魚の集団に出会う。その赤い魚の集団は大きな魚を恐れて岩陰でしか生活できず美しい海を堂々と泳ぐことができなかったが、スイミーが目の役割を担って大きな魚に擬態することで、赤い魚の集団が大きな魚に隠れないでも堂々と美しい海を泳ぐことができるようになった。生命体の細胞としての各個人が、お互いを尊重しながら相互補完し、あたかも1つの生命体のように目的に向かって進んでいくような感じである。

　これは、それぞれの細胞が脳細胞のようにシナプスでつながっている状態であり、組織に置き換えると、心理的安全性でつながる状態と言えるだろう。あなたの企業の「スイミー感」はどの程度だろうか。スイミーになれる従業員はいるだろうか。

●スイミー

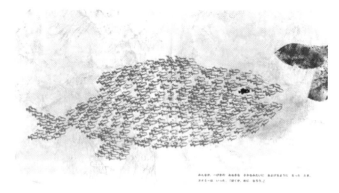

出典:『スイミー —ちいさなさかなかしこいさかなのはなし』

124

　ティール組織とは、VUCA時代において誕生した新たな組織モデルのことである。ティール組織という概念は、フレデリック・ラルー（Frederic Laloux）が『ティール組織』で紹介しており生命体のような有機的な組織モデルを言う。ラルーは世界中の企業を調査し、これまでの組織モデルとは異なる組織が事業成長を遂げていることを発見し、その組織の共通点として、次の3つ挙げている。

①企業が存在する目的を、従業員が理解し、追及している（進化の目的を持つ）
②企業は、従業員が心理的安全を確保し、能力を発揮できている（全体性）＝生命体のような組織
③企業は、従業員が裁量と責任を持ってマネジメントしている（個別性）

　この3つの共通点を保有する組織は、従業員は上司からの指示を聞いてから受動的に動くのではなく、個々人が自分らしさを発揮しながら主体的な意思決定の下で動くことができる組織である。主体的であるため、変化への対応に優れており、臨機応変に現場の従業員の判断で柔軟に動くことができる。上下関係や管理が少ない環境で、チームワークが自然発生し、組織の存在目的を全員が主体的に追求する組織となっている。
　ラルーは、組織を「レッド組織」「アンバー組織」「オレンジ組織」「グリーン組織」「ティール組織」の5つのフェーズに分けている。この5つの段階は、企業に柔軟性があるかどうかを判断するするのに参考となる。あなたの企業は、どの段階にあるだろうか。

❶レッド組織（衝動型組織）
　レッド組織は衝動型組織と表現される。強烈な上下関係の小規模で支配的な集団で、「オオカミの群れ」のイメージだ。対人関係に力を行使し、それが人と人を結びつける要素になっている。恐怖と服従により統率を行うため、統率できる範囲が

狭く、また、「今」の欲望や衝動をベースに行動を起こすため、環境適応を得意とするが、安定した環境下で着実に複雑な成果を上げることが難しい組織モデルである。

❷アンバー組織（順応型組織）

アンバー組織は順応型組織と表現される。レッド組織よりも規模が大きく、厳格な階層を持つピラミッド構造の「軍隊」のイメージだ。指揮命令系統が明確で正式なプロセスに則った組織運営を行う。より多くの人を統率することができるようになり、プロセスが明確になったため中長期的な計画もできるようになったが、答えは1つであるという発想が強く、変化に対して前向きになれない組織モデルである。

❸オレンジ組織（達成型組織）

オレンジ組織は達成型組織と表現される。現代ではグローバル企業の考え方や組織構造を持つ「機械」のイメージの組織である。実力主義により、イノベーションを誘発し個々の能力が発揮されやすい組織形態である。数値管理によるマネジメントも重視しており、機械のように働くことが一定求められ、目標達成を重視し業務遂行を優先するあまり、仕事や事業活動の意味や目的を意識しない執行が中心になる組織モデルである。

❹グリーン組織（多元型組織）

グリーン組織は多元型組織と表現される。この組織は究極的には階級や階層を撤してしまおうと考えており、オレンジ組織のヒエラルキーを踏襲しながら、人間らしさを追求する「家族」のイメージの組織である。この組織の特徴は厳格なルールではなく組織内の価値観に基づき、お互いを尊重し、最前線のメンバーに意思決定を任せていることである。したがって、個々人の主体性が尊重され、相互信頼が生まれやすくなる。一方、ルールが希薄なため、合意形成に時間がかかったり、意思決定者が不明瞭になってしまうことがある組織モデルともいえる。

❺ティール組織（進化型組織）

　ティール組織は進化型組織と表現される。組織自体は誰のものでもなく、1つの生命体であり、組織の目的（進化する目的）を実現するために共鳴しながら関わっていると捉えている「生命体」をイメージした組織である。社長や管理職などの指示命令系統は一切なく、メンバーにセルフマネジメントを推奨している。したがって、全員が信頼をもとに独自のルールや仕組みを工夫しながら、目的実現のために組織運営を行うことが可能になる。

　自社に当てはめた場合、ほとんどの企業が❶レッド、❷アンバー、❸オレンジの段階に該当するのではないだろうか。事業によって適切な組織形態は異なるが、❶レッドや❷アンバーの組織では、柔軟性は希薄であると言わざるを得ない。黎明期のオーナー企業などは❶レッドや❷アンバーであることもやむを得ない時期もあるだろうが、常にこの組織の段階に留まっているとすると今後の経営は難しいかもしれない。

③段階的に組織を発展させる

　組織の柔軟性を高めるといっても、歴史的経緯がある組織に変化を促すのは難しい今まで企業がここまでサバイバルしてきた事業の根幹は既存事業であり、その既存事業が一気になくなってしまうほどの激変が起こるとはなかなか考えづらいので、その状況に合わせて柔軟性のスピードを調整していくとよいだろう。つまり企業の歴史的経緯を踏まえて変化を段階的に取り入れ、組織を発展させていくのである。

④両利きの経営を行う

　柔軟性のある組織形態を段階的に取り入れていくための手法として、中小企業版の両利きの経営の活用をお勧めしたい。両利きの経営は、少しずつストレッチを行い、体を柔らかくするようなイメージで取り組んでほしい。変化しないことが常態化していたり、その必要性を感じず、前向きに変化に取り組んで

こなかった場合は、特に、両利きの経営に取り組んで頂きたい。両利きの経営を実践することは、柔軟性を高めるだけでなく、主体的な人材育成にも関わるためである。中小企業の両利きの経営はハードルが高くない。やろうと思えば、すべての経営者、経営陣、従業員が取り組める内容となっている。

両利きの経営の進め方

「両利きの経営」については、オライリー（Charles A. O'Reilly）とタッシュマン（Michael L. Tushman）の著書『両利きの経営』に詳しく記載されている。端的に言うと、既存事業の「深化」と、新しい価値の「探索」によって既存事業を活かしそのリソースを活用しながら、経営に新たな付加価値を生み出す経営のスタイルである。両利きの経営において重要なことは、既存事業が健全な状況でも探索を行い続けるということである。

人も組織も自分が認知している顧客ニーズに対してしか貢献できないので、その現在認知しているニーズへの貢献とそのレベルを上げることが既存事業の深化となる。認知外、認知内の顧客のニーズに対して、認知外の提供要素を探索し、結実させる活動が探索事業である。経営者が視野を広げるように、探索事業は限定合理性を超えるための活動である。

両利きの経営を着実に実践していくことは忍耐と時間を要する。経営者は実感できると思うが、既存の事業が上手くいっている時ほど、人・モノ・カネのすべてのリソースを既存事業に振り向けたほうが短期的なパフォーマンスが高くなるため、探索事業を行うことはほとんどない。この状態は、サクセストラップと言われる状況であり、現業が上手くいっていればいっているほど、それ以外の取り組みに人・モノ・金のリソースをさくインセンティブがなくなるため、変化する必要性を感じていない経営者にとっては、まさに「探索」など不必要だと思えるだろう。そんな時は考えてほしい。既存ビジネスに全力を振り向けることが、ここ1～2年の短期における最適解であって

●両利きの経営

既存（認知内）から視野を広げて、新規（認知外）を取り入れる

※企業は、自社の強みをマーケティング・イノベーションによって顧客に提供し続ける必要がある

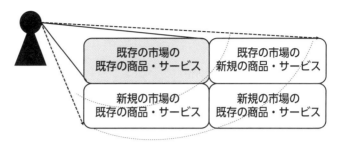

も、5年後10年後、もっと先はどうかと。

　中長期的視点に立てば、今、「探索」を踏まえた両利きの経営を実践すべきときなのである。

両利きの経営の実際（ワークマン）

　両利きの経営を実践している国内の事例として、ワークマンが挙げられる。ワークマンはもともと職人の方をターゲットにして、高機能素材や工具などを提供するガテン系の店舗であったが、顧客ニーズの探索の結果、職人向けの高機能素材をキャンプ用品に活かせることと、デザイン性を加えることによって女性の顧客にもターゲットが広げられるという発想に至り、提供価値を広げてきた経緯がある。事業そのものの基軸の変化まではいかずとも、絶えず探索して既存事業に隣接した、または既存事業の提供価値にアナロジーを利かせた商品サービスを既存・新規の顧客に展開することによって、事業そのもののサステナビリティは強化している。職人の従業者数の減少というサステナビリティの危機があったが、そこに女性やキャンプの需要を取り込むことによって事業規模を支えて余りある4,000億円の市場開拓を実現するに至ったのである。

両利きの経営の3つの組織構造

　中小企業版の両利きの経営には、「マネジメントチーム」「深化組織」「探索組織」の3つの組織機能がある。

・マネジメントチーム……経営者と経営陣。
・深化組織……既存事業の推進メンバー。当初はほとんどの
　　　　　　　従業員がこの深化組織に該当する。
・探索組織……組織に柔軟性を与える存在。新しい付加価値
　　　　　　　の探索に向けて活動をする。

　深化組織については、短期的な既存事業の執行を進める。ほとんどの従業員はこの深化組織に該当する。両利きの経営を実現するためには、深化組織へパーパス・ビジョンを伝えて理解してもらうことが重要になる。探索組織は、組織の柔軟性を高めるためにも新たに組織する必要があり、いかに機能させていくかが鍵となる。
　両利きの経営を端的に説明すれば、組織全体でパーパス・ビジョンを共有しながら、運営形態（または、マインドセットの形態）を、既存事業の推進と、新たな探索・柔軟性をつくる組織に分けた経営となる。
　中小企業版の両利きの経営は、深化組織は今まで通りで、探索組織には中長期目線で新しい付加価値を探していくというものである。
　下記の図は縦軸に事業軸（既存と新規）、横軸に時間軸（短期と中長期）を示している。中小企業が両利きの経営を行う際、内部環境のほとんどが既存組織にあてられているため、探索組織を形成するに時間がかかる。既存事業の深化は、左下（①既存事業の短期への注力）となり、探索は事業として成立するまでには中長期の時間軸がかかることが多いため、右上（②新規事業の中長期）に位置する傾向にある。

●中小企業の「両利きの経営」の枠組み

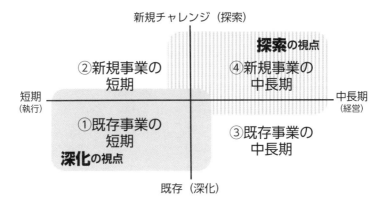

両利きの経営に必要な探索組織はある程度の規模感が必要だが、中小企業においては、最初は小さな探索組織をマネジメントチームが支えながら組織の文化をつくり、徐々に探索組織を大きくしていくことになる。

ほとんどの人が既存事業の短期的な実行を中心に担う深化の組織にいる中小企業において、両利きの経営は経営者を含めて1～2人による探索組織からはじめる。徐々に従業員のマインドセットを行いながら探索組織へ移る人を増やしていくが、その移行過程において、経営者は深化組織への尊重の意識を忘れてはならない。よく見られる傾向としては、経営者主導の探索がある程度上手くいくと既存事業への興味をなくなってしまうケースがある。この場合、業績的に事業の中心である深化組織と探索組織に溝ができてしまう。これでは、柔軟性を高めるどころか逆効果になってしまう。経営者は探索組織の文化をつくって引っ張っていくと共に、これまでもこれからも企業の中心を担う深化組織に尊重と敬意を持って全体観を構成していく意識が必要である。オライリーも、両利きの経営を成功させるには、経営者のリーダーシップが必要であると喝破している。

両利きの経営実践のための基本ステップ

では、柔軟性を高めるための基本的なステップを見ていこう。

ステップ1　現在の柔軟性の程度を把握する
①企業の事業状況を確認する。

　まず第一に、企業がどのような事業の状況なのか調べよう。例えば、先に触れたような書店のような事業であれば、柔軟性を強化させていき、顧客への提供、付加価値を伸ばしていくことが急務であると言える。一方で、BtoBの取引で既存の顧客も安定しており、業績もそれほど大きな下落が見られないような状況であれば、時間をかけてじっくりと柔軟性の高い組織をつくっていける余裕があるということでもある。

　以下のチェック項目を見て検討してみてほしい。「評価」に対して「はい」「いいえ」で回答する。5点以上の企業は、ある程度柔軟性を早期に身につける必要があるだろう。

●企業の事業状況チェックリスト

区分		チェックポイント	内容	評価	点数 (はい→2点、 いいえ→0点)
事業的必要性	①	過去20年程度の業績（売上・営業利益・当期利益）推移の確認	どのような時に業績の変動があるか。	リーマンショックや震災、コロナ禍などの外部環境において大幅な業績の変化がある。	
	②	今後業績を与える変動要素の確認	今後業績に明らかに影響を与える環境の変化が想定されるか。	人口構造の変化、運送業の2024年問題、地域経済に関係する課題など目に見えて影響があるイベントが控えている。	※「いいえ」でも、上記①が「はい」なら1点
	③	主要商品のライフサイクル	主要な事業の商品サービスのライフサイクルについて。	主要な事業の商品サービスのライフサイクルが成熟期の後半〜衰退期に入っている。（売上額が維持・減少傾向となっている。利益率が低下している）	
	④	業績に占める事業区分比率	現状の事業の売上に占める事業の構成比はどのようになっているか。単一事業だけの売上か、複数の事業となっているか。	主要な事業における売上が全体の売上の50％以上を占めている。	
	⑤	新規商品・サービス	直近10年間における新規の商品サービス（5年以内に出た商品サービス）の売上に占める構成比について。	新規の商品サービス（5年以内に出た商品サービス）の売上に占める構成比が20％以上である。	

※点数が高いと、組織の柔軟性の緊急度が高い。
　変化に影響を受けつつ、かつ依存の商品サービスに変化が起こせていない。
　0〜4点→柔軟性の緊急度低い（じっくり高めていく）。5点以上→柔軟性の緊急度が高い。

②従業員の柔軟性を確認する

　次に、人員の柔軟性を調べる。企業が創業時から変わらない経営陣である場合、経営陣はもちろん、従業員も既存事業を大きく変化することに対してなかなか柔軟性を発揮できない。経営者や経営陣や従業員の方々の柔軟性について、以下のチェック項目から確認してみてほしい。「評価」に対して「はい」「いいえ」で回答する。5点以上の企業は、柔軟性を身につけるためには大きなハードルがあると言えるだろう。上記の事業における柔軟性の必要性どの程度であったとしても、徐々に早期に着手をしながらする企業文化をストレッチしていくことが必要だと考えられる。

　これらの、事業上の状況と、人員の状況の掛け合わせによって、企業がどの程度の柔軟性をどの程度の段階を踏んでいくべきかが決まってくる。企業の事業や事業運営形態を踏まえて、臨機応変に顧客のご要望や外部環境への変化の対応するために、その実態に合わせた組織形態をつくっていくことが重要になる。

●従業員の柔軟性チェックリスト

区分		チェックポイント	内容	評価	点数（いいえ→2点、はい→0点）
組織文化と人材	①	パーパスとビジョン（共有ビジョン度）	パーパスとビジョンがあり、共感されているか。	パーパスとビジョンがあり、それが各従業員に浸透している。	※あるだけでは1点
	②	組織文化（レッド・アンバー度⇒心理的安全性）	経営者や経営陣に率直に意見が言える環境が整っているか。	自社はレッド・アンバー型の組織である。（創業経営者の経営に従属してきた経営陣が経営を継続している）	※はい→2点、いいえ→0点
	③	柔軟性人材の仕組みの有無（セクショナリズム度）	ジョブローテーションの有無、他部門との仕事上の連携があるか。	全従業員が平均2つ以上の職務を経験しており、かつ、各部門との仕事上または仕組み上のコミュニケーションの機会が月1回以上ある。	
	④	人材多様性（ダイバーシティ度）	様々なバックグラウンド、年代、性別の人が存在するか。	中途入社の方の割合が2割以上、かつ、20〜30代前半のメンバーが1割以上、女性メンバーが2割以上。	
	⑤	主体人材と受け入れ体制（変化対応度、人材と受け入れ体制）	経営者、経営陣として、この1年で従業員からの提言などを受けたことがあり、その提言を踏まえて経営へ影響を与えた。	直近1年で、従業員からの提言・提案を受け、経営に影響を与えたことがある。	※自身の異動の提言を受けたなどには1点

※点数が高いと、組織の柔軟性が低いと言える。また、ティール組織、学習する組織に向けたハードルが高いので覚悟が必要。
　0〜4点→難易度低：柔軟性組織への取り組みがしやすい（現状組織を土台で進められる）。
　5点以上→難易度高：柔軟性になるためのハードルが高い。

ステップ2　パーパスとビジョンを共有する

　マネジメントチーム、深化組織、探索組織のすべてに対して、組織の存在している理由（パーパス）を具体化したビジョンによって理解してもらい、具体的な目的に向けて行動を促す。そのために、経営陣や社員との継続的なコミュニケーションによって、パーパス・ビジョンを共有し続けることが大切である。コミュニケーションによって経営者自身の考えを磨くことができ、また、従業員にとっても自身の価値観を内省することができる。

　パーパス・ビジョンの共有を進める際には、経営者自身だけなく経営陣などの協力を得ながら、コミュニケーションを波及させていくとよい。忙しい経営者が、経営陣・従業員へ個別にパーパス・ミッションを伝えていくのは現実的ではない。だからといって経営陣だけに共有すると、従業員との間に溝ができてしまう。順調なときはこれでもよいだろうが、VUCAの時代、いざ何かあったときに企業が柔軟性を発揮するためには、従業員も含めて組織全体が一体となってパーパス・ビジョンの実現を目指さなければならない。そのためには、各個人がシナプスのようにつながっている必要がある。

●シナプスによるコミュニケーション

● 経営者　○ 経営陣　○ 従業員

経営者自ら個々と
コミュニケーションをとる

経営陣のみと強固な
コミュニケーションをとる

組織全体に網目状で
コミュニケーションをとる

ステップ3　探索組織を組成する

　パーパス・ビジョンが組織全体にある程度共有できて、自社の必要な柔軟性とそのスケジュールイメージが固まったら、それに合わせて探索組織を組成していく。まずは中長期視点を持ち柔軟な対応をしている人を特定するところからはじめる。経営者と1～2人で運営をスタートし、徐々に規模を拡大していこう。

留意点1

　なお、トライアルであっても、その探索組織を今後も永続的に続けてく覚悟を持ってほしい。新規な組織は、組織の中では浮いた存在となってしまい、組織全体でのパーパス・ビジョンの浸透は思っている以上に時間がかかるのは当然だと受け入れ、中長期的視点を強く意識してほしい。

留意点2

　探索組織は、既存事業が成果を出していないことをトライアルでスタートする組織でもあるため、評価の基準（KPIなど）は変えていかなければならない。さらに、既存の深化組織の評価も新規組織に合わせて段階的に見直しを図ることも必要である。探索組織の組成に合わせて、もともとの企業・文化と評価基準などの仕組みも見直すのである。

留意点3

　深化組織の執行は多勢の人が担う。そのため、探索組織の意義を伝えなければ彼らが単に遊んでいるように見えることがある。パーパスに基づきビジョン到達のために、探索型組織はどのような基準でどのような任務を担っているのかを組織全体に共有しながら進めていくことが大切である。

探索のレベル感について

　探索といっても、既存事業とかけ離れたまったく新しいことを行うことではない。改善も探索に含まれる。『両利きの経営』では既存事業の改善は「深化」に該当するとあるが、改善は、

中小企業にとっては顧客への付加価値を向上させる取り組みであり「探索」的な経営の活動と捉えることができる。イノベーションなどは頻繁に起こるものではなく、改善と工夫の取り組みの先に生まれるからだ。

　探索にも幅があるため、企業の事業内容に合わせて探索のレベル感を検討しよう。要はマーケティングとイノベーションであり、顧客の要求を組織の認知を超えて（認知をしていたとしても着手できなかったことに着手することも含めて）探索し、新しい付加価値を提供することができればよい。

両利きの経営の進捗確認

　以下の図はイゴール・アンゾフ（Harry Igor Ansoff）によって提唱された、事業の成長を図る際に用いられる「アンゾフの成長マトリクス」である[5]。このマトリクスは企業の成長戦略のオプションを抽出する目的で使用される。縦軸を「市場（顧客）」、横軸を「商品・サービス」として、それぞれに「既存」「新規」の2区分を設けた4象限のマトリクスである。

　①市場浸透は、既存の商品・サービスを既存の市場で提供をすることで成長をするゾーンで、深化組織がここに該当する。

　②新市場開拓については、既存の商品・サービスを新規の市場や顧客に供するゾーンである。この部分も基本的には深化組織における新規顧客開拓や新エリア開拓などに原則該当する。市場を広げることで、既存の商品・サービスの見せ方や磨き方に違いを生み出して価値提供することも探索の範囲に含めると考えられる。

　③新商品開発は、既存の市場・顧客に新商品・サービスを提供することで成長するゾーンである。新商品・サービスの提供はもちろんだが、探索組織は、既存の商品・サービスに隣接する部分から、徐々に広げていく活動を行うことが現実的である。

　④多角化は、新市場・顧客に新商品・サービスを提供するゾーンとなる。まったく新しい分野となるが、特に中小企業において既存の従業員だけでこの④の多角化を進めることはハードル

● アンゾフの成長マトリクス（会社の方向づけ）

・会社の方向付けを現状とそれ以外に分けて考える(事業の広がりの検討)ための枠組み。
・既存の商品・サービスで既存の市場をターゲットとした市場浸透施策の継続で、今後も健全に経営が継続できるかを検討する。

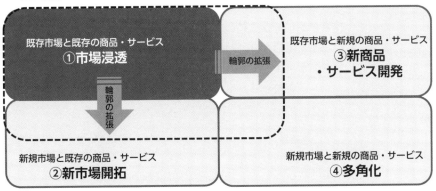

が高い。探索組織は、この④だけではなく③や②なども含めて、徐々に①市場浸透の周りの輪郭を広げるように進められるとよいだろう。

探索組織の目標設定について

　探索組織は、すでに顧客から選ばれている商品・サービスに基づく活動ではないため、失敗を恐れずチャレンジしてもらうための評価基準や目標設定が求められる。その際に用いるのは「OKR」がいいだろう。OKRとは「Objectives Key Results」の頭文字をとった略語である。1つの「目的（O：Objective）」と2 ～ 5個の「重要な結果指標（KR：Key Results）」から構成されている目標管理方法の1つでGoogleやメルカリなどでも活用されている。ポイントは、「目的」が定性的なものであることである。その進捗を「重要な結果指標（KR）」によって計測する。

　一般的には3か月ごとにOKRを設定する。期間は状況によって変えてもよい。例えば、目的（O）を「新商品の開発を完成させる」とした場合、重要な結果指標（KP）は、①試作品5品、

②既存顧客の直接ヒアリング100件、③新規顧客へのマーケットリサーチ100件といった具合だ。

　大切なことは、目的（O）にワクワクや意味を持たせることである。この目的（O）がパーパス・ビジョンとつながっていることで、探索の目的意識を持ってまい進できる。単にKRだけを追っていくと定量的な計測だけになり、目的意識や楽しさが消えてしまう。本来失敗を恐れない探索組織にとっては目的意識と楽しさがとても重要になる。もちろん、OKRに限らず、KPIでチャレンジの数や、極端な例ではあるが失敗の数などを指標に行動を促し、結果を振り返る活動を行うことも有効だ。

　実績の評価には、売上や利益ではなく、このOKRやKPIにおける行動や実効性などを活用して評価してほしい。売上と利益だけで評価してしまうと、探索よりも既存の深化の方が行動打率が高く、そちらに注力して探索が進まなくなるからだ。

主体的な人材の育成方法

　これまで述べたように、組織全体に柔軟性をもたらす中小企業版の両利きの経営における探索型組織については、そこに活躍する人に主体性を求める。経営者としては、従業員に主体的であることを推奨し、主体的な行動が求められる環境を提供しなければならない。主体的な人材は、周りを巻き込む意識を持っているため、経営者は主体的な人材が活躍できる場を提供すれば、その能力を最大限に発揮させるだけでなく、主体的な人材がさらに生まれることになる。

TOMO指数から従業員の職場環境を把握する

　主体的な従業員が力を発揮しやすい環境かを確認する指標として「TOMO指数」がある。TOMO指数とは、組織で働いている人の動機が組織のパフォーマンスを決めるということを示した指数である。組織のパフォーマンスよりも、まずは働く人個人の動機付けに着目すべきであり、リーダーシップを測る

ための指標でもある。

ステップ1　従業員の直接的動機の状態を確認する

　直接的動機とは、次のその❶～❸で、仕事から直接的に感じられる動機である。

❶楽しさ

　純粋にその従事する仕事から生まれる楽しさ。例えば休憩時間にビリヤードができるから楽しいといったようなことではなく、その仕事をしていること自体が楽しいという意味での楽しさである。

❷目的

　例えば、この仕事をすることによって社会貢献につながると言った貢献意識や、経営理念の実現に対しての目的意識など、仕事を通じた目的達成への喜びが該当する。単に経営理念があったところでその経営理念に興味がない従業員にとってはこの目的による動機が低くなる。

❸可能性

　この仕事をすることによって、自分自身の将来のキャリアにつながるか、その企業の将来への発展につながるかなどの可能性。目的と同様に、その可能性について自らが動機付けになるほどの興味がわかなければこの動機にカウントされない。

ステップ2　従業員の間接的動機の状態を確認する

　間接的動機とは、次の❹～❻であり、その仕事からではなく、外部からの圧力などにより生じる動機のことである。

❹感情的圧力

　自分がその仕事をしなければ、上司が悲しむ、上司に怒られる、その他親が悲しむでも親に怒られるなど、仕事に直接関係ない感情的な圧力によって日々仕事をするということが感情的圧力による動機付けのこと。

❺経済的圧力

　その仕事をしなければ、食べていけないと言ったような圧力。

食べていく、家族を養っていくために、それが動機となって仕事をするような状況は経済的圧力による仕事ということ。

❻惰性

惰性による仕事とは、特に何の感情もなく今までその仕事をやってきたから今日も企業に行く、といったような状況。

TOMO指数の算出の仕方は、直接的動機付けがプラス、間接的動機付けがマイナスの合計で計算する。点数はプラスとなっているだろうか。点数は高くなるほど良いが、主体的な人材を育成する環境を目指すのであれば、20点以上はほしいところである。TOMO指数チェック表をもとに、自身や従業員の状況を確認してほしい。

直接的動機よりも間接的動機が高くなると、TOMO指数がマイナスになる。間接動機が高い、つまり、働く意欲が低い状態のときに、パーパスやビジョンなどを頭ごなしに言われたところで、何の効果も生み出さない。その場合には、仕事そのものに喜びを得てもらえるような強みを活かす環境を設定し、強みを見つけて伸ばすことを支援することが大切である。スキルを上げて顧客や周りの仲間からの感謝を得られるような仕事をしてもらえるような従業員の環境づくりと働きかけが必要になる。

TOMO指数の上昇とサステナブル経営

TOMO指数が高い従業員は適応的パフォーマンス（相手や周りの状況を踏まえた臨機応変なパフォーマンス）、つまり主体性が高まり、結果、組織のパフォーマンスが高まることになる。組織の柔軟性を高める主体的な従業員は、直接的動機によって主に動かされるため、経営者は「楽しさ」「目的」「可能性」を高める就業環境を提供する必要がある。従業員個人が働きやすい環境づくりは、サステナブル経営の一環となるのである。

● TOMO 指数の概要

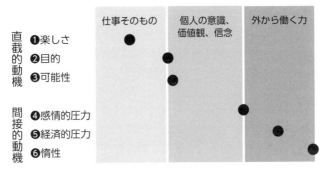

動機の要因

| | 仕事そのもの | 個人の意識、価値観、信念 | 外から働く力 |

※黒丸は人間の動機を示している。例えば、目的という動機は、主に仕事から生じ、いくらかは個人の信念から生じる。

● TOMO 指数チェック

1. 以下の質問に対して、1〜7点を付けてください。(同意するほど高い点数に)

質問

❶ 今の仕事を続けているのは、仕事そのものが楽しいから。 　（　　）点×10

❷ 今の仕事を続けているのは、この仕事に重要な目的があると思うから。 　（　　）点×5

❸ 今の仕事を続けているのは、自分の目標を達成する上で有益だから。 　（　　）点×1.66

❹ 今の仕事を続けているのは、辞めたら、自分と自分のことを気にかけてくれる人を落胆させてしまうから。 　（　　）点×（−1.66）

❺ 今の仕事を続けているのは、この仕事を失ったら金銭上の目標を達成できなくなるから。 　（　　）点×（−5）

❻ 今の仕事を続ける妥当な理由はない。 　（　　）点×（−10）

2. ❶〜❻を合計した数字がTOMO指数となります。

上記2点の出典：『マッキンゼー流最高の社風のつくりかた』より作成

第3章

サステナビリティ時代
の人材育成

答えの見えない激変の時代において
求められる人材育成は何だろうか。

これまでの延長上の人材育成で、
本当にサステナビリティは実現可能なのだろうか。

アルベルト・アインシュタインは、
「いかなる問題も、それをつくりだした同じ意識によって
解決することはできない」と言った。
複雑化していく世界で問題が高度化していく現代において、
私たちの意識レベルを高めることが求められている。

問題を生じさせているのも「人」であれば、
問題を解決するのも「人」である。

持続可能な未来を創出する人材を育む、
これからの時代における人材育成の本質について触れていこう。

01

経営と人材

心理的安全性の確保と経営

はじめに、1つの例について考えてもらいたい。

家庭菜園で美味しい野菜を収穫したい場合に、野菜づくりで大切なことはなんであろう。美味しい野菜づくりで大切なのは、土づくりからはじめることである。どれほど良い種があろうとも、どれだけ種を蒔いてから毎日丁寧に水やりをしようとも、土が硬く肥沃ではないならば根をはるのが難しいため美味しい野菜はできない。土を丁寧に耕し、肥料も入れて土づくりからはじめることが重要なのである。

一方で組織に目を向けた場合はどうだろうか。「美味しい野菜は一体いつ収穫できるのか！」といったコミュニケーションばかりが行われていないだろうか。

組織における土づくりは何かというと、マサチューセッツ工科大学のダニエル・キム（Daniel H Kim）が提唱した「組織の成功循環モデル」における「関係の質」をつくることである。多くの組織では、「結果の質」（成果が上がった・下がった、タスクが進んだ・進んでいないなど）が中心のコミュニケーションになっている。この場合、結果が良い時には良好な関係性になり思考や行動も良くなっていくが、業績悪化や予算削減などの結果が悪い状況となっていくと殺伐とした関係性となってそれがさらなる結果の低下に結びつき、優秀な人材ほど離職してしまう。このように結果の質を中心としたものが失敗循環モデルである。

「関係の質」を重視することで組織は成功循環モデルを描く

●ダニエル・キムの「組織の成功循環モデル」

ことができる。挑戦を歓迎する良質な関係性があるからこそ、社員は新たなアイディアを考えようと思い、実際に会議などで提案するといった行動を引き起こす。そしてもし検討不足で却下となったとしても、失敗を許容する関係の質があるならば、再度その社員は新たなアイディアを考えるであろう。「関係の質」がよければ、「思考の質」「行動の質」も高まり、それは「結果の質」にも影響を与えていくため、「関係の質」を高めることが何よりも大切になる。

心理的安全性の有無を把握する

そしてこの関係の質の中で重要なのが経営学者のエイミー・エドモンドソン（Amy C. Edmondson）が示した「心理的安全性」である。

これからの時代は変化が激しいからこそ、流れに置いていかれないためには、社員 1 人ひとりが変化に対して敏感になり、その変化に応じて事業を見直していく必要があるだろう。そうした際に社員が感じたことを業務上のコミュニケーションで発言しづらい、できないとなったとすると、貴重な情報や気づきが共有されず価値を生み出すことはなくなる。過去の工業社会では材料をインプットとして決まった作業プロセスを経て製品が出来上がるわけだが、現代では、情報をインプットとして、考え、議論することによって、付加価値を創造することが重要

である。そのためにも、良いアイディアであれ悪い情報であれ、安心して共有できるようにするために心理的安全性が重要なのである。

　しかしながら、実際には組織において様々な「力の格差」が発生しており、個人と個人、チームとチーム、部署と部署の間に溝や壁が生まれたり、上司と部下といった縦方向の関係、同僚同士・部署間といった横方向の関係で力の格差は生まれやすい。心理的安全性が高いチームでは、自分の過ちを認めたり、質問をしたり、新しいアイディアを披露しても、誰も自分を馬鹿にしたり罰したりしないと信じることができ、メンバー全員が失敗を恐れずに発言・行動できるため、有意義な議論や積極的な協力が日常的に行われ、チームの生産性が向上する。

　一方、個人視点で「4つの不安」が生じていることによって心理的安全性が不足しているチームでは、パフォーマンスや生産性に悪影響を及ぼす。そのため、この4つの不安を10段階でアンケート集計により、どんな不安が心理的安全性を毀損しているのかを把握する必要がある。

■個人視点の4つの不安
　・「無知（何も知らない、わかっていない人）」と思われる不安
　・「無能（できない、役に立たない人」と思われる不安
　・「邪魔をしている」と思われる不安
　・「ネガティブ」と思われる不安

　次に、チームの関係性による心理的安全性は、以下の7つの質問で状況を把握することができる。

■チームの関係性を測る7つの質問
　・もしあなたがこのチームでミスをしたら、非難されることが多いか
　・このチームのメンバーたちは困難な課題も提起することができるか
　・このチームの人たちは自分たちと異質なモノを排除するこ

とがあるか

・このチームなら、安心してリスクを取ることができるか

・このチームのメンバーに対して、助けを求めることは難しいか

・チームメンバーは、誰も自分の仕事を意図的に貶めるような行動はしないか

・メンバーと仕事をする時、自分のスキルと才能は尊重され、活かされていると感じるか

出典：Teams A Edmondson 1999 "Psychological Safety and Learning Behavior in Work"

(1)心理的安全性確保の方法①－社内の力の格差に向き合う

　上記の設問アンケートで職場の実態を掴んだところで、どのように心理的安全性を高めればいいのだろうか。人材育成の観点で心理的安全性を高めていくための方法は後述するが、まずは力の格差を不必要に生んでいるものに向き合うことが重要である。例えば、組織内に不必要な特権がないだろうか。ある役職からできるようになる権利は、本当にビジネス上必要な特権（権限）になっているだろうか、それとも力の格差を生み出している不必要な特権になっていないか、そうしたことを対話することも有益であろう。

(2)心理的安全性確保の方法②－経営者層が率先垂範する

　そして心理的安全性を高める上で絶対に欠かせないのが、経営層やマネージャー、リーダーの心理的安全性確保に取り組む姿勢である。心理的安全性は役職の力の格差の影響を必ず受けるため、上位職から率先垂範しなければならない。例えば、メンバーから突飛な質問や意見が出た際にそれを歓迎したり、ミス（失敗・間違い）が生じた際に、心理的安全性とパフォーマンスの観点も理解した上でそれをどのように扱うのかを意識しておくことが重要である。

(3)心理的安全性確保の方法③－プロ基準で評価する

　こうしたことを意識してもメンバーを信頼することができず、

心理的安全性を毀損する関わりとなることは少なくはない。なぜ、会社に入るのは責任能力を持っている大人にも関わらず、人を信頼することができないのだろうか。私たちは、自ら家計を管理し、子どもを育てたり、返済可能なローンを組んだり、交通ルールなどを守っている責任ある生活をしている大人にも関わらず、会社に入った途端に、責任範囲が限定されたり、性悪説で疑われたりするのはなぜなのか。なぜもっと、責任を持つ大人として、信頼して関わり合うことができないのだろうか。こうしたことも、心理的安全性を毀損する4つの不安や関わりにつながるのである。

　信頼できない1つの要素として、主観的な視点でメンバーの姿勢を評価判断していることが挙げられる。信頼に足る行動というのが曖昧で1人ひとりがそれぞれの判断軸で見ているのである。この場合、プロとして働く姿勢、行動を明確化するプロ基準を設けることが有効である。基準を設けることによって、フィードバックする側もされる側も、心理的安全性を毀損することなく客観的に判断することができる。プロ基準は、行動指針やVALUEといった抽象度が高く、できればいいといったレベル感ではなく、毎日必ずプロとして体現するのが当たり前の基準にすることが望ましい。「体現するのが当たり前の基準」とは、言い換えると毎日やって当然の最低のレベルを示すことである。また、良い例（プロとしての姿勢）と悪い例（アマチュアとしての姿勢）を示すことによって、より明確に示すことで浸透がはかりやすくなる。

　例えば、「プロ：取り組みながら元気になっていく、アマチュア：取り組みながら疲弊していく」「プロ：高い基準を持っている、アマチュア：基準が甘い」「プロ：挨拶が全て、アマチュア：挨拶の重要性を分かっていない」などと具体的にイメージし、かつハードルを上げ過ぎないことが重要なのである。こうすることによって、主観的な視点ではなく、合意された客観的なプロ基準を持って、フィードバックし合う文化をつくり上げ、互いに信頼されるプロ人材になっていくことが大切である。

　信頼関係はすべての戦略・施策実行の土台となるものである。そもそも組織は「同じ目的に向かって一丸となり、目的を達成するための人々の集まり」であるにも関わらず、多くの組織では社員同士がいがみ合い、様々な制限やパフォーマンスロスが生じている。心理的安全性確保の前提は、信頼関係の醸成である。心理的安全性がある環境はリスクを恐れず挑戦し続けることが可能な環境へつながり、それによって組織のパフォーマンスは最大化され、サステナビリティなどの難しい課題であっても価値を創造することができるのである。

他人事化と自分事化

　SDGs経営のための人材育成・マネジメントで最も難しいことは、SDGsの課題や取り組みを自分事化することである。
　SDGsの17のゴールとテーマは多様で壮大であるがゆえに、大切なのはわかるが、それを1人ひとりの現実の変化に結びつけようとすると、どうしても遠く感じてしまうことが多い。Transforming our world（我々の世界を変革する）には、今までの延長上ではない取り組みが求められるため、総論としては共感したり、大切だというのは誰もが感じやすいものの、一方で自らがSDGsにどのようにコミットメントをするかとなると、遠いことのように感じたり、自分1人では何もできないといったことを感じやすいのが実態である。結果として、誰かがやってくれるだろう、自社でできる範囲は限られているといった他人事化に結びついていく。

　1つ例で考えてみよう。目の前に道路を横断している子どもがいて、そこにトラックが来ていて、かなりの確率で事故になる可能性があるとする。危ないと感じたら、積極的に声をかけたり、道路を横断するのを止めたりするだろう。では、もし同じようにそのシーンを見ている人が周りに30人いたらどうか。人によっては変わらず積極的に行動する人もいれば、周りの誰かの様子を見てどうするかを考える人がいるかもしれない。で

は、唯一自分だけが子どもが横断しトラックが接近するシーン
を見ているとして、今度は30m離れていた位置から見ていた
としたらどうするか。それが50mだったら、100mだったら
どうだろう。距離が離れることによって、近くで見るのと行動
が変わっているかもしれない。

　では、遠くから横断している子どもを見ていたとして、その
子どもが自分の子の場合はどうだろうか。きっとどれだけ周り
に人がいようが、また距離が離れていようが、必死に横断する
のを止めることだろう。

　ここで言いたいのは、行動が変わるのが悪いことではなくて
私たち人というものは、これほどまでに簡単に目の前にある事
実を自分事であったり他人事にする意識を持っているのだとい
うことである。これは決して良いとか悪いとかではなく、私た
ちがこのようにちょっとした状況の変化によって、意識が左右
される現実があることを認識した上で、自身は一体どのように
問題を自覚しているのかを理解することが重要なのである。

傍観者型・課題解決型・主体者型

　それでは、本題に戻ってSDGsの他人事化と自分事化につい
て考えてみよう。課題やそれに対して対応しないといけない現
実について、主に「傍観者型」「課題解決型」「主体者型」の3
つの段階でどのように捉えているかを整理することができる。

●従業員の内面レベル

(1)傍観者型（レベル１）は、組織全体の意識改革が必要になる

　レベル１は傍観者として問題は自分とは関係ないものとして、外から眺めているような状態である。出てくる言動としては、「私たちはよくやっているが他の部署ができていない」「また新しい動きが出てきたが今までと同じように失敗するに決まっている」「上の人は実態がわかっていない」「もっとこうすればいいのに」などと、置かれている環境や組織、周りの人を批評したり、評論している状態だ。基本的にこのレベル１は、自分のことは棚において、自分が批評・評論していることを自らがそれを体現できるかというとそうではなく、また批評するのみで自身は行動していないケースがほとんどである。愚痴は典型的なレベル１の言動と言えよう。

　人がなぜレベル１であるかというと、このレベル１でいることに旨味があるからである。批評していることでわかった気でいられることの居心地の良さであったり、自らが責任を取ったり行動を変える必要はないし傷つくこともない。また、みんなで批評することに寄る安心感があり、批評することによって自分とその課題や見たくない現実を切り離して捉えるわけである。主に他責と言われるレベル１である。ただし、当然のことながらこのレベル１であることには代償がある。それは何も変わらない現状が現実に存在し続けること（もしくは悪化していく）、その環境を生き続けるしかない、成長しないといった弊害である。

　サステナビリティ領域において実際に組織で起きていることに目を向けると、「大手企業がすることで規模の小さい自社には関係ない」「自分たちの業務には関係ないもの」と思っていたり、サステナビリティに関する研修等に関心がない、後ろ向きに参加する、自分には関係ないなどと整理しているケースがある。サステナビリティの重要性を理解していても、「自社には難しい」「結局は利益が最優先だろう」「やれる範囲は限られている」と諦めていたり、ここまでしかできないと制約を設けて、その範疇の中でやればいいと自ら結論付けているケースも

151

少なくない。これは、組織はやることをやっている、やっていないことは困難だから仕方のないことと納得しやすい言い訳をつくっているだけである。組織レベルでこのような同じ認識を意識的にも無意識的にも共有して、自社は決して悪くないという共通認識をもとうとしているわけである。

　レベル1の社員が多い場合、組織開発や人材育成において経営者や人事担当者から相談を受けるとき、「当社の社員は主体性がない。新しいことを始めると後ろ向きで否定から入る」という声をよく聞く。レベル1であることを個人の意識レベルの問題であると決めつけるケースが多く見受けられるが、本人がレベル1になっているのは、経営者が理念と日常のコミュニケーションで言動不一致感を実感していて信頼していなかったり、新しい取り組みを行ってもはしごを外されてきた経験があったり、日常の職場のコミュニケーションが成果偏重の内容になっていたりと、環境や今までの実体験から学習してそうならざるを得ないケースも多くある。したがって単に個人の問題で片づけるのではなく、経営者や経営陣、組織自体にも課題があるということから目を背けてはならない。

(2)課題解決型（レベル2）は、全体最適を考える必要がある

　レベル2は、課題解決型である。課題解決型は、課題や見たくない現実について、なぜそれが起きているのか原因を分析した上で対処していく。一見、課題が解決されていくので問題ないように見えるし、多くのビジネス上の課題はこれで対処可能である。しかし、サステナビリティの課題のような様々な要素が複雑に絡み合って生じている課題には、問題が絡み合って益々行動化し、次から次へと新たな課題が発生することにつながってしまう。新たな課題は数年後に生じることもある。ルービックキューブの自分の見える範囲だけを色をそろえようとした結果、見えない裏側などを複雑にしてしまうようなものだ。

　イノベーションのジレンマのように、ベストプラクティスを水平展開したことで生産性・利益が向上するといった課題解決

に結びつく一方で、その仕組みに固執してしまって新たな可能性を生み出す挑戦や創造力などを失い、既存事業のみが力を持ち、新規価値創造ができない組織風土に移り変わっていくといった例が挙げられる。

　このレベル2は、課題を解決していくため達成感が得られ、課題解決能力が高まるため、成長実感がある。また、解決することによって信頼に結びついて頼られたり、周りから承認されるし、それは結果として、自己効力感、自己価値の証明にも結びついていく。多くの優秀なビジネスパーソンはこのレベル2であり、良いことばかりのような要素が多いが、この状態においても代償はある。それは、目に見える範囲で課題を解決していくため、見えないところで悪影響を引き起こし、分断が起こる可能性だ。例えば組織においては部分最適になってしまい、部署間や取引先との関係に対立を起こすなどの影響を及ぼすことがある。また、自身の価値が高まれば高まるほど孤軍奮闘している感覚を感じるようになり、自分だけが頑張っている、責任ばかり増えて厳しさが増していると感じやすくなることもある。さらに、人によっては虚しさを感じるようになり、それまで熱心に仕事に邁進していた人が突然やる気を失ってしまう「燃え尽き症候群」（バーンアウト）につながる可能性もある。

　レベル2でサステナビリティの課題を解決しようとすると、例えばカーボンニュートラルや廃棄物軽減の観点から、取引先の精査や環境に優しい仕様の要求をする対応が考えられるだろう。それによって自社のサステナビリティは向上するかもしれないが、取引先に負担を生じさせて収益性が悪化し、資本力の低下を引き起こす可能性が起こり得る。様々な要素がつながり絡み合うSDGsは、どこかの側面で解決しようすると、そのひずみが別のところに悪影響を引き起こすトレードオフな課題解決となってしまう恐れがある。

(3)主体者型（レベル3）は、自分のあり方が問われる

　複雑な課題であるサステナビリティについて、自分事として

捉えることができる主体者型がレベル3である。

　レベル2は課題を自分とは別に考えてそれを解決しようとする客観主義であるのに対し、レベル3の主体者とは自らもその課題を生み出している当事者であるのだという意識を持っている（関係主義）ことである。問題をシステムと捉えることで全体を俯瞰し、自分の意識やそこから引き起こされる行動、例えば消費活動1つとってもそれらの影響によって、今起きている様々な問題に加担している（一部を担っている）というところに立つことがレベル3である。

　私たちの意識から引き起こされている行動がつながって今の課題を引き起こしているとするならば、自分自身のあり方（Being）を見直し、その意識の変容から生み出される行動によって、課題自体に変化を与えるのである。このあり方には、システムとして捉えるための思考能力を高めることもあるし、物事をどう捉えているのかといった認知を見直していくこともある。

　また、サステナビリティは長い期間をかけて取り組んでいくことが重要であるため、組織経営においては、自身の任期期間中だけの成果のみを重視するのではなく、それを超えた数十年の時間軸において何を為していくのかといった心構えも重要となってくる（2章参照）。

●**客観主義（レベル2）と関係主義（レベル3）**

客観主義（ロジカルシンキング）	関係主義（システムシンキング）

「私」は問題の外にいる
→SDGsや気候変動は、私の外側にある問題である

「私」はシステムの一部である
→私は気候変動の加害者でもあり、被害者でもある

では一体どのようにすれば、他人事から自分事にすることができるのだろうか。まず初めに大切なのは、単なる知識として「知っている」状態から「わかる」状態に移すことである。SDGsも今や認知度が高まっており、「知っている」という層は増えているだろうが一体どれだけの割合がその課題の実態や生々しい現実に触れているだろうか。単に記事や書籍、ニュースから課題を知ったところで、その状態で満足すれば、レベル1の批評家になるしかない。現実に触れて、その実態やリアリティを理解することによって、「知る」から「わかる」に変わり、レベル2の課題そのものの解決に対して、自分事化するきっかけとなっていく。サステナビリティも大小様々な課題もあるので、対処しやすい課題はレベル2で対応して変化を生み出し、良くなっていく実体験を積んでいくことが、より次へのアクションを動機づける要素になるだろう。ただし、レベル2は複雑な問題に対して、より高度な問題を引き起こす可能性があるため、自らも含めたシステムとして問題を捉えることも大事にしなければならない。

よって、人材育成においては越境学習で実際にサステナビリティの課題に触れる機会を設けたり、現実の課題が引き起こされているシチュエーションを体感できる体験型学習などで、自分事化していくことが有効である。

技術的な問題と適応する問題

サステナビリティ経営実現のための人材育成に向き合う上で大切な視点は、ハーバード・ケネディ・スクールのロナルド・ハイフェッツ（Ronald A Heifetz）が指摘した、技術的問題と適応課題の区別である。

技術的問題は、知識の量や質を高めれば解決できる課題を指す。例えば思考力が足りないのであれば、ロジカルシンキングを身につけて物事を整理しながら捉えるようにすることで、パフォーマンスや生産性は高まっていくだろう。こうした技術的問題は外部の専門家に委託することが可能である。

一方で、適応課題は知識の量や質を高めても、それが直接課題解決に結びつくわけではない。例えば社員のエンゲージメントを高める課題に対して、単にコミュニケーションスキル研修をしたり、エンゲージメントとはそもそも何なのかなどの知識を得たところで、結局のところ本人に納得感を持ってもらえなければ解決できない。ましてや外部の専門家に委託したからといって解決するわけではない。課題解決のポイントは自分にあるということを認識する必要がある。前述の状態3（主体者型）で課題解決するために、適応課題であることを理解することが重要なのである。適応課題を技術的問題のように他者に委ねて自分は関係ないものと切り離してしまったり、制度やツール、知識といったものさえあれば解決できるものと捉えてしまうとかえって課題が悪化する恐れもある。

　よくある企業の典型的な失敗例が1on1ミーティングの導入である。離職防止やエンゲージメントを高めるために1on1という仕組みを導入して技術的に対処しようとしたところで、会社の風土やチーム・個人に課せられている目標、リーダーが会社生活で積み重ねてきた価値観・信念などによって、現実の業務環境との乖離を感じてむしろエンゲージメントが下がったり、リーダーの価値観の押しつけになって1on1の時間自体に対する嫌悪感が生じ、1on1することだけが目的化されているケースが多い。いかに仕組や研修を充実化させようとも、職場環境

●ロナルド・ハイフェッツの技術的問題と適応課題の区分

	技術的問題	適応課題
問題の種類	顕在化している見えやすい問題	潜在的な見えにくい問題
問題の原因	原因を定義しやすい	何が問題なのか、なぜそれが起きているのか、わかりづらい
解決方法	既存の技術、知識、経験で解決できる	これまでの価値観、信念、役割、マインドセットの変化が必要

や風土、個々人の価値観や信念に向き合い、自分自身を変容させていかなければ、真に求める効果は実現できないのである。

　そして、ビジネスで課題に直面したときに多くの企業がやりがちなのが、「適応課題の見落とし」である。直面している問題が「適応課題」にも関わらず、「技術的な問題」として扱ってしまい、制度やツールを入れることで対処しようとしたり、研修さえやればいいといったその場しのぎの対応することが失敗につながるのである。両者を見極めた上で対処をする必要がある。

ダブルループ学習

　人材育成の観点で、適応課題に向き合うために重要なのが、ダブルループ学習となる。

　多くの組織で日常的に行われているのはシングルループ学習である。シングルループ学習では、問題や課題が生じた際に、改善に向けてPDCAを繰り返して失敗・成功体験を通じて獲得した「ものの見方・考え方」「行動の仕方」にのっとって問題解決を図っていく。例えば水槽で魚を飼っているとして、水温を20度に設定していたとしよう。もし水温が20度から変動したら、「水温が下がった原因は何か」「適切な対処方法は何か」「どうすれば素早く20度に回復させられるか」と考えて解決のための行動をする。

　一方、ダブルループ学習は、問題に対して、既存の目的や前提そのものを疑い、それらも含めて軌道修正を行う。PDCAやベストプラクティスなどによって獲得した考え方や行動の枠組みの上で問題解決を図る。「シングルループ学習」を改善のプロセスとするなら、「ダブルループ学習」は「改革」と言える。水槽の水温であれば、「そもそも水温を20度にすることが適切なのか」と考えることである。

　ダブルループ学習が生み出す価値は、既存の枠組みや前提が変わることで、本質的な問題を発見したり、大きな変化を生み出せることである。そのため、ダブルループ学習においては、

一度体得した学習や成功体験をあえて排除し、新しい学習を得る「アンラーニング（学習棄却)」も必要である。 ダブルループ学習で新たな前提や枠組みを取り入れ、それをシングルループ学習によって反復強化していくことによって、本質的な問題を探り、根本から解決に働きかけることが可能になる。

　VUCAの時代、あらゆるものごとがより不安定に、そして激しく変化したり、また変化の方向性が読めず、数年先の状況が見えなくなったり、また一見関係のない複数の要素が複雑に絡み合って、ロジックでは説明が困難な混沌な状況が増えている。こんな複雑な世界の課題に対応するためには、常に前提を捉え直す必要がある。
　つまり、「結果」だけではなく、「既存の枠組み」自体の是非を分析する必要が求められており、人材育成の場面においては、シナリオプランニングのように時間軸を長く俯瞰したり、業界の幅を広げて起きうる変化を考えて物事を捉えられる、メタ認知力を高めることが重要なのである。

●ダブルループ学習の概要

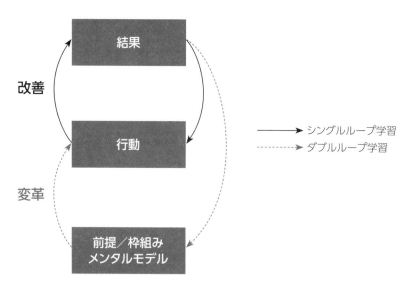

成人発達理論と人材マネジメント

　時代が複雑化していく中で、私たちはその複雑性に対してどのように向き合っていかなければならないのだろう。

　1つの鍵となるのが、成人発達理論である。「成人発達理論」とは、成人になってからでも、知識やスキルを発動させる根幹部分の知性や意識そのものが一生をかけて成長・発達を遂げていくという、人の発達プロセスや発達メカニズムを解明する学問（発達心理学に該当）のことを指す。発達に関する理論には100年以上の歴史があり、数多くの発達論者が存在している。この「成人発達理論」の特徴の1つに「様々な視点を獲得することで取り巻く環境・物事・自身を俯瞰して見られるようになり、それに伴って世界観が変わっていく」というものがある。ここで言う世界観とは、「自身がどういった眼鏡をかけて世界を見ているか」ということだ。ここまでに、そもそも前提をどう捉えているかということが重要だと述べたが、成人発達理論の世界観が関わってくる要素となるわけである。

　急激に環境が変化する時代において、SDGsをはじめ、地球環境や社会の様々な要請であったり、個々人の価値観の多様化に適用することが求められる中で、単に既存の知識や技術を継承するだけではなく、主体的に課題抽出や仮説立て、それに対しての解決策のための新しい知識や技術を吸収するなどの探求をしていくことが求められる。そうした中で、人の一生涯の成長・発達を扱う成人発達理論が注目されている。ただし成人発達理論は人の成長・発達がわかりやすくモデル化された非常に強力な理論であるがゆえに、ひとたび誤用されてしまうと大きな悪影響を及ぼすことに大きな注意を払う必要がある。成人発達理論は、「人間の可能性を解放するため」「健全な成長や発達を促すため」に用いられるべきものだが、人間をコントロールする対象として捉え、格付け（ランキング）するための道具として利用されると、人を傷つける道具へと姿を変えていく。実

際にこうした倫理観が欠けて「成人発達理論」について触れたために、「お前は発達しろ」「お前は〇〇段階だからこうだ」と安易に人を評価判断する道具として用いてしまう話しも少なくはない。また発達すればパフォーマンスが高まるものと盲信しているケースも見受けられる。非常にパワフルな理論であるがゆえに、適切な理解と倫理観が求められることを忘れないでほしい。

　「成人発達理論」の発達段階については様々なモデルがあるが、その中で日本でも馴染みがあるロバート・キーガンが提唱しているモデルをベースに、環境順応型、自己主導型、自己変容型の各発達段階の特徴と必要な支援例を参考に紹介する。

①環境順応型
　環境順応型の段階とは、確固たる自分自身の考えや意思を持つことが苦手な状態。

　■特徴
・価値観、判断基準を他者に依存し、所属集団への順応を重視する。
・社会や企業の決まりごとを忠実に守る。
・所属欲求を満たすことが安定性の鍵。
・周りの気持ちを察することに長ける一方で、空気を読んで自分を押し殺したり、周りの考え方や風土から抜け出したりすることができない。

　■必要な支援例
・自律的に考える必要性が生じた際に、組織の価値観の中で考えようとすることから一歩引かせて、自分の考えを引き出すことを促す。
・指示ではなく、自身はどのように考えているのか、どんな状態を実現したいのか、そのために何ができるのか、をコーチングや問いかけによって引き出す。

※この時に、決して自分の意見を持っていないと決めつけるのではなく、独自
　の考え方や思いに気づいていないだけだ、というスタンスで、気づきを与え
　ることを重視する。

■環境順応型に有効な施策の例
・1on1（コーチング）
・複数のスキル教育（自己を確立させる専門性の獲得）

②自己主導型

　自己主導型の段階とは、仕事におけるモチベーションや意味
付けなど、仕事を進めるべき方向性を把握できている状態。

■特徴
・自分なりの考え方を持ち仕事を推進できる人材。
・価値観や判断基準を自分の中に構築し、自身のアイデンティ
　ティーが確立されていく（既存の情報を鵜呑みせず、自分
　の頭で咀嚼して自分なりの意味を再構築できる）。
・既存のモノの見方や権威の主張に対して、疑いの目を持つ
　ことができる。
・他者を競争関係に置き、比較の上で自分自身の価値を定義
　していく（成長意欲が強くなる）。
・成果にコミットメントする一方で、自分自身の考えが強固
　になり過ぎて独善になりやすい（自身が信じる成果に向け
　て他者を上手くマネジメントできるが、他者の価値観まで
　受容しているわけではない）。
・走り続けるため、バーンアウトするリスクもある。

■必要な支援例
・自身の考えを客観視してもらう時間や場を設けて『その考
　えは本当に適切か』と本質を問い直し、振り返りを行う（ダ
　ブルループ学習）。
・他者からのフィードバックを受ける機会を設ける（他者の
　視点から自分を捉え受け入れる土台をつくる機会を提供す
　る）。

・今までの価値観と異なる環境への越境学習などにより、多
　様な価値観に気づく体験を提供する。

■自己主導型に有効な施策の例
・360度フィードバック
・越境学習

③自己変容型

　自己変容型の段階とは、他者の成長を通じて自らも成長する
という認識（相互発達）があり、自らの価値観に固執せず、多
様な価値観・意見などを汲み取りながら意思決定ができるリー
ダーシップの状態。

■特徴
・自分が今まで積み上げてきたもの、確立されてきたものが
　虚構であることに気づけて、それにより今までの価値観が
　大きく揺るがされ、自分自身を見つめ直し、本当に大切に
　したいことを探求していく段階（自身の今までの価値観や
　人生の意味づけを喪失する）。
・自分の価値体系そのものにも疑いを持ち、自分の性格や個
　性、さらには自分の歴史も客観的に捉えることができ、そ
　れらが社会や時代の文脈の中で形成されたものであると認
　識できる。
・他者の価値観やそれを生み出している背景も理解すること
　が可能となり、他者をありのまま受容する人格の器が形成
　される。
・問題が起きた際、多くの場合は相手を変えようとすること
　が多いが、この自己変容型においては自己と他者の価値観
　を理解した上で自分はどう導けばいいのかを考えられる。

■必要な支援例
・自分の今までの価値観や動機は虚構の産物という認識を持
　つようになったことで精神的な混乱を生じるケースもある

ため、精神的なフォローが必要。

・今まで囚われていた枠組みから解放され、人生を通じて成し遂げたいことの探求が始まるため、仕事以外にも熱中できる趣味や様々な体験機会を設けることを促す。

・自分のマインドに向き合い、メンタルモデル（自分の世界観の信念）やメンタルブロック（過去の経験によって生じた思い込み）に意識を向ける機会を設ける。

■自己変容型に有効な施策の例
・セルフリーダーシップ開発（スキルではなく内面の変容）
・リベラルアーツ
・カウンセリング

　このように、それぞれの段階に応じて様々な特徴はあるものの、あくまでこれらは傾向論であり、1人ひとりの性格など多様なパターンがあることが大前提である。成人発達理論をマネジメントスキルとして活用する際には、自分よりも上の意識段階を理解することはできないという特徴があり、これが経営者・管理者とメンバー間のコミュニケーションのすれ違いを生んでいる要因の1つにもなっていることを理解する必要がある。意識段階の違いに意識を向け、まず重要なのは相手のことを尊重し、傾聴を大切にして心理的安全性を担保しながら、それぞれの状態に応じて必要な成長支援策を講じることが重要なのである。

　なお、繰り返しになるが、成人発達理論の活用にあたっては、人への深い理解と倫理的に運用するための素養を育むことがとても重要であり、成人発達理論を踏まえたマネジメントや組織運営、人材育成は一朝一夕に身につくものではない。書籍などでわかった気になって運用するとむしろ人の可能性を制約したり、傷つける恐れもあるため、成人発達理論への深い理解と専門性を兼ね揃えている対人支援者の力を借りることも大切である。

---- scene ----

02

サステナブル人材の育成方法

企業主体から本人主体へ

　SDGsが2015年9月に掲げれられる前までの時代は、社会に対し企業の影響力は大きく、各企業が売上・利益をはじめとして、企業の視点・都合から事業を経営するインサイドアウトが中心的であった。企業が重視するのは、中期経営計画や各年度の売上・利益目標が中心的であり、組織内のコミュニケーションも目標はKPI、成果に関する内容が多い。

　しかし今やSDGsや2050年カーボンニュートラルによって、ESG投資をはじめ事業活動に伴う地球環境や社会への影響に対する市民の企業に対する意識が高まっている。買い手、売り手、世間によしの三方よしに加えて、株主、社員、地球といった六方よしの経営が企業には求められ、これらの要請に応えられなければ先々の経営に不安が生じるようになってきた。企業視点中心のインサイドアウトではなく、六方からの要請に応えるアウトサイドインの事業運営が企業には求められるわけだが、一方でアウトサイドインでは、企業側からするとやらされ感や義務感に結びつくため、要請の範囲でのみ対応すればいいといった受け止めも少なくない。またサステナビリティの課題解決には、今までにないコストがかかり利益率が低下する可能性が大きいことも、なおさら企業が後ろ向きになる要因となっている。結果、多くの企業はサステナビリティレポートを作成するもののコミットメント力が低く、現実には従来通り中期経営計画や単年度計画が重視されて、サステナビリティに関する計画は形骸化、または小さなアクションのみに留まってしまうわけである。もしくは、既存で進めている施策にSDGsのアイコ

ンを表示するだけのラベリングに留まり、見かけ上取り組んでいるようにアピールする（SDGsウオッシュなど）といった企業も見受けられるのが実態である。このようにして、企業自体がサステナビリティに本気でコミットすることはなく、その場しのぎの対応に終始するわけである。

アウトサイドインを超えた先のインサイドアウトへ

では、経営者も社員もコミットできるためには、サステナビリティにどのように向き合えばいいのか。企業視点のインサイドアウトを超えて、アウトサイドインもさらに超えた先のインサイドアウトを目指すのである。アウトサイドインの先のインサイドアウトとは、「私たちはどんな未来にしたいのか」「どんな未来を私たちは生きたいのか」に向き合い、「そのために自社は一体何を為すのか」を真剣に考えることだ。

最近、理念やパーパス、ビジョンが重要視されてきているのは、アウトサイドインを超えたインサイドアウトを明確にして、そこに対するコミットメントを高めることにある。特に今はVUCAの時代であるため、変化が激しく不確実性が高いからこそ、やらされ感のアウトサイドインではなく、自らが実現したいと思うインサイドアウトの力が重要なのである。

私は今まで2万人以上にSDGsワークショップを開催してきた中で、経営者や社員へ次のように問う。

「もし自分に就職活動中の大切な子どもがいるとして、自社を就職先の1つとして心の底から薦めることはできますか。」

この問いに対して、上場企業も中小企業も、経営層であっても1割も手が上がらない企業が大半であった。これからの世代に対して、自社で働くという選択肢を薦められないのであれば、一体その企業を未来に持続させる必要はあるのだろうか。そして手が上がらないのだとしたら、何がそれを引き留めているのか。

自身が1日の多くの時間を使っている自社で働くことに対して、未来世代に誇れないのは人生の充実度にも大きく影響する。なので、経営者は自身のためにも社員のためにも自社で働く意義を実感できるような変革に取り組む必要がある。変革は必ずしも大きなテーマである必要はない。望む未来や環境を実現ための課題のうち、リスクが低く負担の少ないものから直ちに取り組んで変化を実際に起こし、従業員に前向きになってもらうことが重要である。VUCAの時代では経営者1人が答えを導き出すことは困難だからこそ、社員1人ひとりが変化を感じ取って主体的に新たな価値を創造できるかどうかがこれからの企業の持続性にも関わってくるのである。

「なぜ」働くのか、内省する機会を設ける

　では、社員がインサイドアウトを実現するためにはどのような人材育成が必要なのか。大切なことは、社員が自らの働く意義やそれによってどんな影響を生み出していきたいのかを内省する機会を設けることである。「何を」するのかではなく「なぜ」するのかについて、1人ひとりが考える機会を設けるのである。「決まったことをやればいい」「何かがあったら対応する」「どうするかは会社が決めることだ」といった意識から抜け出すた

●アウトサイドインを超えた先のインサイドアウトとは

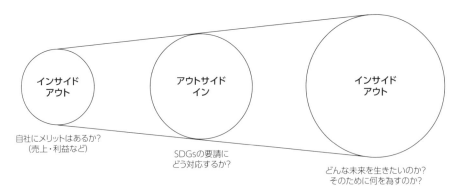

インサイド
アウト

アウトサイド
イン

インサイド
アウト

自社にメリットはあるか?
(売上・利益など)

SDGsの要請に
どう対応するか?

どんな未来を生きたいのか?
そのために何を為すのか?

めに、「なぜこの会社で働いているのか」「この会社を通じてどんなことを実現したいのか」を改めて考える機会を設ける。そうした場を設けることでそもそもの前提に向き合うダブルループ学習にもつながっていく。

　日常のコミュニケーションでは「何を、どのようにやるのか」が多く、単に考える機会を設けても「なぜするのか」「何を成し遂げたいのか」と考えず、コミットメントもない当たり障りのない状態で終わる。また、内面に向き合うことは適応課題に向き合うことになることも多く、心の抵抗が生じやすい。

　従業員が内面に向き合うための機会を設けるにあたっては、経営者の姿勢が問われる。従業員は、企業の理念やパーパス・ビジョン、サステナビリティレポートなどを経営者がどれだけ本気で大切にしているかを見ている。それは日常のコミュニケーションで本当に理念やサステナビリティを重視しているか、言動一致しているかを確認しており、本気の姿勢が伝わっていかない限り社員が追従することは限りなく少ない。そうすると、いかに内面に向き合う機会を設けたところで、従業員からは「そうは言っても現実は利益が重要だ」「考えたところで自社では実現できない」といった諦めの声が出てくるだろう。従業員が内面に向き合う機会を設ける際は、会社が理念等向き合う覚

● 「WHY」によって人は動く

WHAT ………………… **何をするか**
　　　　　　　　　　　　　カネ(予算目標)、モノ(何をつくるか)

HOW ………………… **どうやってするのか**
　　　　　　　　　　　　戦略、戦術、仕組み、ルール

WHY ………………… **なぜするのか**
　　　　　　　　　　　　・人は感情、意思を持ち、自ら成長する
　　　　　　　　　　　　・人の意図が価値や意味を与える
　　　　　　　　　　　　・完璧な戦略があっても、人が適切に実行
　　　　　　　　　　　　　しなければ、望む結果は得られない

悟が必須なのである。覚悟がない限りは、むしろ逆効果である。社員がインサイドアウトに向き合えるようにするには、そのことについて考えてもいいんだという心理的安全性があることと、そのことに考えることが重要なんだと思えている動機の両面を社員が感じられていることが重要なのである。

　なお、従業員からすると「何を成し遂げたいのか」と言われても、「それは経営が考えることで自分たちが考えることではない」と受け止める者も少なからずいるだろう。また、「最近仕事がつまらない」「仕事のモチベーションが低下している」「キャリアプランをイメージできない」「会社や上司の指示でやらされている」と思っている従業員の場合には、新しくかつ複雑な課題は特に他人事として敬遠することに結びつく。

(1)ジョブ・クラフティング
　そうした際には、ジョブ・クラフティングによって、自分事として捉える機会を設けるとよいだろう。ジョブ・クラフティングとは、仕事への向き合い方を見直すことで、仕事の中に主体的にやりがいを見出していこうという考え方である。１日の大半の時間を費やす仕事の時間、人生の貴重な時間をどう意義深いものにするかという観点で仕事に向き合うことで、やらされや義務感ではなく自らにとって大事なテーマであると認識してもらう。ジョブ・クラフティングは、日常の定例的な作業や退屈に感じがちな作業、やらされ感のある業務を自ら工夫をしていくことによって、面白いものに変えていこうという概念である。
　自分の人生の時間を有意義に過ごすための「仕事のやり方」「人とのかかわり方」「働く意味」と再設計して働くことの意義を捉え直すことで従業員の主体性を高めるジョブ・クラフティングを人材育成のテーマに取り入れている企業も最近は増えてきている。
　今、改めて、１人ひとりが何のために働き、そして何を実現したいのかを問い直すことが求められているのである。

(2)シナリオプランニング

　他にも、SDGsで大事にしているバックキャスティング（実現したい姿から逆算して考える）を実際に取り組むのに、シナリオプランニングを人材育成で取り入れている企業も増えてきている。

　シナリオプランニングとは、将来起こるかもしれない複数のシナリオを描いた上で、自社の事業や経営方針、想定される出来事への対処法を導き出す手法である。不確実性の高い未来に対し、様々な方向から俯瞰して複数の長期的な戦略を立て、「こうなったらいい」といった願望や「こうなるだろう」という予測でもなく、確率として「起こりうる」未来を考えることが重要である。そして長期的な視点で俯瞰し、複数の可能性を検討し、どうなるかわからない未来に対しても、起きてから動くでは手遅れや手詰まりになることを防ぐために、「どんな未来になろうともやっておくべきこと」に取り組むことが重要である。つまりシナリオプランニングとは、未来の可能性を見出す手段であると共に、転ばぬ先の杖でもあるのだ。このシナリオプランニングを人材育成で取り入れるメリットは次の3点である。

①視野、視座を高められ、中長期視点を獲得できる

　シナリオプランニングに関わる従業員自らが、未来を洞察して様々な大量の情報を調査していくため、単に情報収集だけで

● シナリオプランニングの概要

・長期的視点に立ち、構築した未来シナリオと現在をつなぐ
・変化が激しい時代や業界のプランニング手法
・重要度：環境認識≒戦略策定≒戦略実行

なく、その情報にはどんな意味があるのか、それは自社にどのように影響していくのかを考えるようになる。自社だけなく、業界に与える影響を考えて予測する必要があり、さらに業界を超えた影響があるかまで考えなければならない。

　このように情報を様々な視点から調査することによって視野が広まると共に、それがどのように影響しあって、自社の未来がどうなっていくのかを考えることは、経営の視点も持つ必要があるため、従業員の視座を高めることにも寄与する。

②従業員のコミットメントを引き出せる
　従業員自らが苦労して情報収集やその情報から起こりうる機会やリスクを洞察し、現実にどのように具体的な影響が出るのかを考えていくプロセスなので、導き出した未来シナリオを自分事に捉えやすくなる。よって、自らが導き出した未来シナリオに対する現在の自社が取り組むべき課題や施策に対して、コミットメントが生まれる。

③経営戦略に有用な視点を取り入れられる
　シナリオプランニングは、長期的な視点で未来シナリオを考える。中長期計画よりも先の経営者が考えられていない先の未来を考え、洞察した示唆は、戦略を考える上で貴重な視点となる。

　このように、シナリオプランニングを人材育成に活用することは、社員の成長支援とサステナビリティの中長期視点を得ることにつながるだけではなく、事業戦略にも示唆を得ることができるため、社員・経営者双方にとって有益な施策である。

　VUCA時代は従来のように経営者が方針を決めてから従業員を動かすのでは対応が手遅れになっていく。従業員の主体性が発揮されるようになれば、変化を1人ひとりが感じ取ることができるようになり、インサイドアウトで実現したい未来のために考えて行動することにつながり、組織の可能性も大きく広がっていく。

プロダクト（結果）からプロセス（過程）へ

　VUCAの時代は誰もが答えがわからない中で歩み続けなければならない。

　大量消費時代のようにつくれば売れる時代であれば、山登りのスタイルで組織運営することが価値を生み出しやすかった。業績目標を掲げ、それを実現するために各部署の目標やKPIを定めてそこに向かって進み、目標達成状況をモニタリングして運営していく。一方でVUCAの時代、新型コロナウィルスのパンデミックによって今まで当たり前だった日常が様変わりした。登山でいえば、当たり前にあった地面そのものが崩壊するようなものである。

　では、これからはどんな組織運営が必要だろうか。企業がVUCAの時代に生き残るためには、サーフィンのスタイルに変化していくことが求められる。つまり、サーフィンのように何度も何度も波に向かってチャレンジを繰り返し、失敗の中から学習して次につげていくのである。波は毎回変化して同じ波は二度と来ないため、変化を察知しながら素早く対応することが求められる。たとえ波に乗れたとしてもそれは一時であり、時間が経てば波は消えていくので、また新たな波に乗るチャレンジを繰り返し続ける必要がある。

● 今まで（山登り経営）と、これから（サーフィン経営）

・地面があるという前提
・目標が常に見えている
・一歩踏み出せば前進する
　（後退も自分の意志）

・失敗を繰り返し、そこから学習
・波は毎回変化する
・波に乗れても終わりがきて再挑戦

「関係の質」を高めるための目的論コミュニケーション

　このように企業は様々な変化に適応し続けながらサステナビリティのように複雑な課題に向き合っていくために、前述の組織の成功循環モデルの「関係の質」「思考の質」に重点を置いて、人材育成に重要な要素を考えなければならない。

　職場における「関係の質」を高めるために、失敗を許容できる職場環境であることが重要である。VUCAの時代は失敗の確率が高まるため、粘り強く挑戦する必要がある。そのためには、失敗したとしても個人が責められる感情を得ることなく、安心して再度挑戦する関係性が組織に醸成していなければならない。ではどのようにして失敗を許容し、挑戦できる風土を醸成できるのだろうか。様々な手法や考え方があるが、具体的な実践例としてコミュニケーションの質を高めていく方法をお伝えしたい。

　私が組織の関係の質を高める上で最初に取り組むことは、原因論から目的論へのコミュニケーションの転換である。

　原因論とは、何かの課題や問題が生じたときに原因を見つけてそれを取り除くことで、物事を良くするコミュニケーションである。組織で行われているコミュニケーションの大半は原因論であり、目標の達成度、プロジェクトの進捗状況、日常業務の状況確認などにおいて、理想と現実のギャップなど悪いところに意識が向いてそれを直そうとする。そうすると、直すように指摘されたほうは、問い詰められたり責められたりする感覚

●原因論と目的論

原因論	目的論
・上手くいかないこと、悪いところを指摘する ・原因を直すことで上手くいく	・上手くいっているところを指摘する ・再現性が高まることで上手くいく

を受けるため、萎縮してしまったり、もし上手くいかないとき
があったときは突っ込まれても説明できるように準備したり、
そもそもばれないようにする思考が働く。そして、今度は原因
を追及されないように、無難な目標設定やありきたりなアク
ションプランなどに留めて、失敗しないようにするのである。

　これに対して目的論とは、原因を直そうとするのではなく、
望ましい行動や起こってほしい変化が生じたときに、そのこと
を指摘することによって、行動の再現性が高まるコミュニケー
ションである。
　例えば、子どもが自転車に乗るための練習を手伝うときに、
原因論のコミュニケーションの場合は、「もっと背筋を伸ばす
ように」「もっとこがないとダメだ」「目線は前を向いて」と、
子どものできていないところを指摘して直そうとする。子ども
からすると、乗れなくて悩んでいるところにダメ出しの連続と
なるので、頭が一杯になって入ってこなくなったり、やる気も
低下していって練習する気が失せていくことにつながるだろう。
　一方、目的論では、ペダルを強く漕いだ時に「そう、その漕
ぎ方いいね」、背筋を伸ばしたときに「そう、その姿勢いいね」、
前を向いたときに「そう、その目線いいね」と、その行動をし
たときに指摘することで再現性が高まる。モチベーションが高
まり練習に集中しやすくなることで、結果として乗れるまでが
早くなる。

　ビジネスシーンで常習的に遅刻してしまうメンバーを例に挙
げよう。原因論では、遅刻がある都度、「なぜ遅刻したのか」「ど
うすれば遅刻がなくなるのか」「遅刻しない対策を考えろ」と
遅刻している原因について追及する。そうするとメンバーは遅
刻すると責められるため、また遅刻しそうなときに会社に行く
のが憂うつとなってしまい、結果として足が重くなりまた遅刻
する可能性が高まる。
　目的論では、定時に出社できた時に「早く来てくれてありが
とう、助かった」と伝えることで、その行動の再現性が高まっ

ていくのである。また、朝に仕事をしなければならない目的を明確にすることが重要である。例えば「明日の朝に準備が必要なことは何か」「早く出社して対応することでどんなメリットがあるか」と早く出社する目的がイメージできるような問いかけである。

　さらに原因論と目的論の実例として、「安全」を第一に重視する企業を挙げる。この企業では、定例集会において、従業員の失敗事例を挙げることでその危険性を指摘し、共有していた。「○○の事例は○○の危険性があるため絶対にやめてもらいたい」「○○の事例は○○になるため、気をつけてもらいたい」「○○の事例は○○だから……」と毎回事例を槍玉に挙げて指摘するのである。それは安全を高める上で決して間違ってはいないが、聞かされるメンバーは一体どんな心境になるであろう。原因論が決して間違っているということを言いたいのではない。機械やシステムなどの不具合の場合は、原因を追及して直すことで万事上手くいくが、人間は感情を持った生き物である。原因論で指摘されると、そこばかりが注目されるように感じてしまい、失敗事例をつくることを恐れたり、または失敗が生じた際に報告することを逃れようとする。
　そのため、私はこれを「安全性を高める」という目的論に変えることをアドバイスした。安全性が高まることに寄与したことや、いつもよりも安全に作業ができていたときに、普段とどんな違いがあったのかを明らかにして、その好事例と共に失敗事例も安全への寄与の観点で、共有することにしたのである。「○○の好事例はより安全性を高めることに寄与したのでぜひ今後も進めてほしい」「○○の失敗の事例は、安全性を高める上で重要な発見につながった」と目的に寄与する望ましいことであると伝えたのだ。そうすることでよりそうした行動を起こしてもいいんだと感じられるのである。
　このような目的論のコミュニケーションを浸透することによって、失敗や挑戦、成長を賞賛し合う、応援し合う文化が形成されていくのである。

「思考の質」を高めるためのシステム思考

　「思考の質」としては、思考法のアップデートすることが求められる。アルベルト・アインシュタインの「今日我々の直面する重要な問題は、その問題をつくったときと同じ考えのレベルで解決することはできない」という言葉は、サステナビリティの課題に向き合う上で大切なことを教えてくれている。今までのビジネスの課題解決では、主にロジカル思考が用いられてきたが、サステナビリティの課題は、様々な要素が複雑につながって関連し合っているため、分解して要素別に考えるロジカル思考では限界があるのである。

　サステナビリティのように複雑化するビジネス環境での課題解決に役立つ手法として、システム思考が注目を集めている。物事のつながりや相互作用を図に落とし込む思考法であり、問題を根本的に解決できるのが特徴だ。

　社内外で様々な要素が関係してくる複雑な課題は、全体を俯瞰した上で考える必要があり、システム思考では解決すべき対象や問題を 1 つの「システム」として捉え、様々な視点からアプローチすることによって解決を目指していく。一体どんな要素があるのか、そして相互にどのように影響し合っているのかを可視化することによって、1 つの施策の効果だけでなく、それが引き起こしてしまう悪影響にも気づくことができる。システム思考を取り入れれば、問題の早期発見・解決につながるだけでなくすべての物事を多角的・俯瞰的に捉えることができ、全体像とつながりによる影響を加味した上で、物事を本質的に解決する方法を検討することができる。

　因果ループ図（4 章参照）をはじめとしたシステム思考のツールを活用すれば、全体像やそれぞれの要素の関連・影響を可視化でき、社内の関係者で共通の認識をもてるため、プロジェクトの手戻りなく円滑な進行にも寄与するだろう。

　なお、システム思考とロジカル思考は相互に補完する関係で

あるため、システム思考で要素間の相互作用を考える際は、ロジカルシンキングで因果関係を捉える視点が重要である。ロジカル思考ができなければシステム思考は困難なのである。

　ロジカル思考が実践し続けないと身につかないのと同様に、システム思考もまた知識として理解するだけでなく、日常の中で実践し続けなければならない。システム思考に精通した外部支援者等の力を借りながら、あわせて社内の重要なメンバーにはシステム思考を社内で活かせるように計画的な育成が必要なのである。

● ロジカル思考
　⇒分解した要素から考える

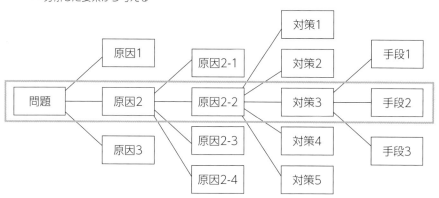

● システム思考
　⇒要素のつながりから影響を考える

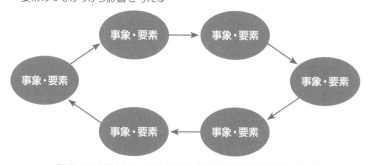

影響する変数(事象・要素)を挙げて、因果関係で結びつけていく
(それぞれのつながりをみる)

組織学習の重要性

　VUCAの時代に持続可能な経営を実践するためには、従業員1人ひとりが感じている変化の兆候や、持っている知識を個人の中だけに留まらせず、組織として共有して新たな価値を創造することが求められる。

　そこで、野中郁次郎教授が提唱したナレッジ・マネジメントの枠組みであるSECI（セキ）モデルが注目されている。SECIモデルは、人材育成の対象である知識とスキルを考える上で、とても重要な要素が含まれている。

　SECIモデルとは、個人が蓄積した知識や経験（暗黙知）を組織全体で共有して形式知化した新たな発見を得るためのプロセスのことであり、個人の持つ知識を全社で共有して、新たな知識を生み出し経営に活かすナレッジ・マネジメントの理論の1つだ。長年の経験で培ったノウハウが暗黙知であり、マニュアルやベストプラクティスの方法が形式知である。暗黙知を形式知に変換することで、個人の知識が組織に共有され、それによって新しい価値が生み出される環境をつくりやすくするのである。

　SECIモデルは「共同化プロセス」「表出化プロセス」「連結化プロセス」「内面化プロセス」の4つのプロセスで成り、適切な「場」でそれらを繰り返すことによって、新たな知識や技術が生み出される。

①共同化プロセス

　経験を通して暗黙知を他人に移転させるプロセス。共同化の段階ではまだ形式知化が実施されていないため、言葉やマニュアルを通じたコツやノウハウの伝授ができていない。
例）職人の師匠から背中を見て学ぶ。
➡創発場で共有する
　一緒に作業して経験を学ぶ。休憩中の立ち話や食事中の気軽な会話などによって知識を交換することもある。

②表出化プロセス

　「共同化」によって得た暗黙知を形式知に変換するステップ。
個人が所有している暗黙知を他者が共有できるかたちにする。

　例）経験によるコツ・ノウハウを言葉や図で表現してマニュ
　　　アルにする。

　➡対話場で表出する

　　会議中に共有したり、マニュアルを作成したりする過程で、
　暗黙知を形式知化していく。

③連結化プロセス

　　表出された形式知に異なる形式知を組み合わせることで、
新たな知を創造するプロセス。マニュアルなどをアレンジし
たり改良することで、新しいアイディアや知識が生まれてい
く。

　例）マニュアの知識やノウハウを各業務環境に合わせてアレ
　　　ンジする。

　➡システム場で結合する

　　会議だけでなく、チャットなどのオンラインツールを活用
　し、形式知化されて共有できるテキストや図を見て話し合
　うことで、新たなアイディアにつなげる。

④内面化プロセス

　　新たに得た形式知を反復練習して体に染み込ませるプロセ
ス。連結化で見出された新たなアイディアを実践して、自分
の中に取り込む。実践することによって、その体験から暗黙
知が個人の中に生まれるのである。

　➡実践場で内面に落とし込む

　　研修においてアクションラーニングで実践する。

　SECIモデルを実践する際は、継続的に循環できる仕組みを
つくることが重要である。共同化から内面化までのプロセスを
何度も繰り返し、プロセスを循環し続けることによって、企業
の知識資産を増大させ、新しい価値を生み出していくことにな

るからだ。

　また、暗黙知が表出化しやすい体制も整えよう。個々の持つ知識を表出化して共有するのが大切だが、高度な技術を持つメンバーが自身の知識を共有するメリットは少なく、特に評価の対象に結びつくノウハウであればなおさら開示しないケースもあるだろう。表出化することのインセンティブを用意することが重要なのである。

　人材育成において、今必要なプロセスはどこなのかをSECIモデルを意識して考えると、行動変容や効果に結びつきやすいアプローチを考えやすいだろう。

●新SECI（セキ）モデルの概要

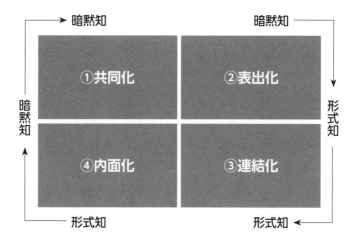

暗黙知	形式知
言語化されていない、言葉にしづらい、人に伝授するのが難しい知識	言葉や図で説明することができ、マニュアルや社内FAQなどで他者に共有できる状態になった知識

03

事例から見る人材育成の現状

体感からSDGsを自分事化し、
インサイドアウトを引き出すワークショップ

　近年、SDGsの認知度は高まり、メディアで見かけたり、様々な企業がサステナビリティレポートを作成するようになってきた。

　では、実態はどうであろう。一体どれだけの人が本気でサステナビリティのことを理解し、その実現にコミットメントしているだろうか。実際にどれだけの人が日常の業務の中で意識して行動を変化させているだろうか。多くの場合は、経営指示の下で何となくやっていたり、そもそも経営者が考えることで社員は関係ないと他人事化している。私自身、2016年からSDGsについて取り組み、数百の組織でSDGsの理解浸透やその後の実行支援を進めてきたが、2016年から数年経った今もなお、本質理解とコミットメントの相談は変わっていないのが実態であり、数年前から大きな進歩は進んでいないように思われる。むしろ、書籍等メディアからSDGsの情報に触れやすくなったがゆえに、知識だけでわかった気になって満足していることも多く見受けられる。理解だけで満足しているので、その先の行動に結びつくことはなく、結果として、知識ベースで作成したサステナビリティレポートに誰もコミットしていないことも少なからずある。

　ではSDGsという大きなテーマをどう捉え、何に向き合わないといけないのか、そしてどう自分事化し行動の変化を生み出していくのか。人材育成の観点でその答えの1つが、「体感」することである。私たちは知識としてそれを理解することがで

きたとしても、実際に体感してみなければそれを体現すること
はできない。

　どんなにスポーツで一流の監督や選手から、スポーツのコツ
であったり、テクニックであったり、トレーニング方法を学ん
だとしても、自らそれを行動に移して、その難しさなどを体感
しない限りは本当のところの難しさや、それを実現できたとき
の喜びを感じることはできない。結局のところは自ら実践して
経験しない限りは、本当のところはわからないのである。

　例えば、人生で初めてジェットコースターを見たときに、乗っ
ている人の反応やジェットコースターの速度、走っていく際の
音などで、人によってはそれが楽しみだと感じるかもしれない
し、人によってはそれは怖いと感じるかもしれない。乗ったこ
とがない人が初めてジェットコースターを見ながら感じたこと
を会話するのと、実際にジェットコースターの順番が来るのを
並び、そして乗り込んで安全具がロックされ、登っていくとき
の感覚や落ちる直前の景色や感情、そして実際に落ちてからの
勢いなどを体感したあとに、乗った後の感想を会話するときで
は、その会話の質感がまったく異なっていることだろう。実際
に自分の体感として経験することによって、体感自体は自分事
そのものなので、そのテーマに向き合いやすくなるのである。
　SDGs も同様にただ知識として理解し会話するのではなく、
実際に体感をすることによって、同じような効果を生み出すこ
とが可能である。その 1 つの例が、「2030SDGs カードゲーム」
である。2030SDGs カードゲームは、企業や行政、学校、様々
な団体で開催され、日本では 20 万人を超える体験者数と、海
外でも展開され、国連本部でも開催されている。
　多様な価値観や違う目標を持つ人がいる世界で、私たちは
どうやって SDGs の壮大なビジョンを実現していくのか。なぜ
SDGs が私たちの世界に必要とされたのか、そして SDGs に
よりどんな変化や可能性が生み出されるのかを、ゲーム体験を通
じて実感できることが 2030SDGs カードゲームの特徴である。

2030SDGsカードゲームを役員向けに開催した生の声

①ワークショップ事例「さくらインターネット株式会社」

　開催した目的は、SDGsに取り組む「Why」と、役員が内発的に「やりたい」を体感できる場が必要だと役員自身が感じたためである。バックキャスティングでのゴール設定は、未来の姿に対して心の底からそうありたいと思えなければ、目の前の課題でいっぱいになるのが現実である。

　ワークショップによって、気づきのきっかけがあるかないかだけの違いだけで、本当は誰しも地球というコミュニティの一員として何かに貢献したいと思っていることを感じた。ワークショップ後には「やりたいことが溢れ出てきた」との声や、社長・副社長からも「社内の人にも知ってほしいから浸透させてほしい」といった意見が出た。その後も「やらなきゃいけないことだよね」から、「これは当たり前にやることだよね」と意識の変化により会話の内容が大きく変わり、他にも当社の重点施策として、SDGsとDXの2つを中心として進めていこうといった話が出たり、SDGsに関わる業務が想像よりもとても早く進んだ。

②ワークショップ事例「田島ルーフィング株式会社」

　開催した目的は、最初からガチガチにいくと従業員は頭に入らないので、ゲームを通じて滑らかに入れて素直に取り組めるようにするためだ。

　実際にやってみると、意見が活発に出て盛り上がった対話が自然と起こった。ゲームでは、誰も悪い方向で進もうとは思っていなかったのに、結果として参加者全員でそういう状況を生み出してしまっていたこと、そしてそこに気づけたとき、全体の意識が変わって世界をよくしていこうという行動が自然と増えることを実感した。また、本当によくしようというよりも、自分の関わる分野でよくしようという発想、安易な気持ちでSDGsに向き合っていたことに気づくことができた。

● **2030SDGs カードゲームの概要**

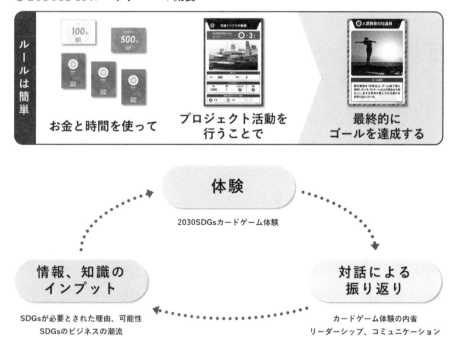

このように2030SDGsカードゲームを用いたワークショップでは、役職等は関係ないので誰もが安心して熱中し、自然と心理的安全性が生まれた中で対話ができる。その体験を現実の世界に結びつけることによって、サステナビリティの課題について自分事化することに寄与することができるし、その課題についてどのように乗り越えていけるのかも体験できるため、そこからの気づきを現実の組織に適用させていくヒントになる。何よりも、組織の中で2030SDGsカードゲームの共通体験、気づきを多くのメンバーで共有しあうことによって、その後の組織内のサステナビリティの議論が円滑に進めやすくなるのも大きなメリットである。

　サステナビリティについては、多くの組織で社員が後ろ向きだったり、他人事として捉えているという課題を抱えている。何をやるのかではなく何のためにするのか、体験によって誰も

が自然と前向きにSDGsのリアルに触れて自分事しながら、現実の組織と実現したい未来について本気で対話することができるのである。

サステナブル経営を支える人材の育成現場

　株式会社スリーハイは、世界に通用する日本ならではの品質と技術力を高め、産業用ヒーター及び温度コントローラの製造に特化し、愚直なまでに"ものづくり"にこだわっている企業である。サステナビリティでは、神奈川県の「SDGs経営に向けた中小企業伴走支援事業」の対象事業に選定され、SDGsを取り入れた事業計画を策定して取り組んでいる。近年は海外からも経営のヒントを得たいと来訪される企業だ。

　2代目の代表取締役である男澤誠社長によると、創業者兼前社長は厳しいトップダウンスタイルで責任感も人一倍強く、自身が体調を崩したときでさえ部下に仕事を任せるわけにはいかないと無理をする自己完結型に近い経営者であったという。従業員が10人未満だったため、なおのこと社長の影響力は大きかったようだ。

　30歳で経営を引き継いだ男澤社長は、従業員が主役になれる経営スタイルを目指した。1人ひとりが自身の役割や価値を自覚し、自身の居場所を感じながら仕事に誇りを持って日々を過ごせるような組織である。従業員が会社に居場所を感じ仕事を通じて社会の一員であると感じられることで、働くことを誇りにもち、その結果、個人のパフォーマンスが高まって会社への利益向上にもつながっていくと考えた。

　調和、協調、フラットさを大切にし、社長自ら「現場で困っていることはないか」と積極的に話しかけ距離を縮められるよう努めるうちに、従業員から改善点やより良いサービス提供につながる発案がなされるようになったという。良い提案にはすぐにリアクションをし、可能な限り即座にかたちにすることで、従業員は自身の意見が会社に役立つことを実感できる。些細なことでもそれを積み上げていくうちに、社内の空気が和やかな

ものへと変わっていった。

　経営を引き継いだ当時は10人足らずだった従業員は現在40人を超えているが、規模が大きくなるにつれ一体感が薄れてきたり、経営者の想いが伝わりきらなかったりと、トップダウンではない組織ならではの課題も見えてきたという。それを乗り越えるカギは「従業員を主役に」という熱意だ。

　指示や答えを待つのではなく、個々が自分の意見を持って話し合い、チームとしての答えを出すことを根気よく習慣づけた結果、今では管理職が自律的に会議体をつくって進め、社長はオブザーブという立場で一歩引いた組織運営ができるようになった。大勢を一度にまとめることは難しくても、1人ひとりが組織の主役である自覚をもち、主体性が高まることで良いチームがつくられ、社長はそれらの動きが会社の理念から逸れていないかを確認しながら見守ることで、まとまりをもたせることができるようになった。物事を自分事と捉えることが重要であるサステナブル経営において、このような流れが良い方向へと導いたのだろうと男澤社長は語る。

　男澤社長が地域貢献活動をはじめた10年ほど前は、「これをやる意味があるのか」「このような事に時間を費やすゆとりは無いのではないか」という声も従業員からあがり、社長が単独で活動を行なうこともあったという。その度に社長は、会社の理念である「ものを想う。ひとを想う。」を大切に、従業員との対話を重ねてきた。

　「ひとを想う」という言葉には、目の前のお客さまだけでなくそこに関わる様々な人のことも含まれており、その上で組織は社会の一員としてどうあるべきで、何をするべきか、我々は何のために働いているのか、を折に触れ問いかけた。従業員を主役にするという経営スタイルの中で1人ひとりが物事を自分事として捉えられるようになるにつれ、社長はこの問いに対するそれぞれの答えから、少しずつ理解や共感が進んでいる手ごたえを感じた。このような対話は企業理念の共有のみならず、

従業員個人の人生の内省にもつながるものだろう。

　こうして組織全体が良い雰囲気になっていると感じる中でも、従業員の声を聞き、経営者の想いを伝え続けることが大切だ。男澤社長は、ロジックモデル（インプット、アクション、アウトプット、アウトカム）を使い、自社が目指すサステナビリティを整理してバックキャスティング型のサステナビリティレポートを作成した際、従業員の反応が芳しくなかったことをきっかけに従業員との視線の差に気づかされたという。先を見据える経営者と目の前のお客さまやものづくりに注力する従業員。どちらも重要なことではあるが確かに見ているものには差が生じるのも想像に難くない。だからこそ社長は、組織が大きくなった今でも常日頃から現場に赴くことを怠らず、従業員の声に耳を傾けている。その一方で、レポートに記されていることは決して理想郷ではなく、日々力を尽くしてくれている従業員１人ひとりの行いの先にあるものだということを伝え、視線の差を縮める努力をしている。こうすることで、日々の業務とサステナブルな考え方がよりリンクするようになったのだろう。

　男澤社長は、理念の共有だけでなく経験学習も大切にしている。「経験に勝るものなし」という考え方をもち、新たな物事に取り組む際に感じる不安、恐れ、面倒さを乗り越え自ら経験することで本当の価値を語ることができるという。刻々と変化するサステナビリティな社会に順応していくためにもこのような経験学習が重要となるため、積極的でない従業員にはなぜその経験を設けているのかを丁寧に説明する。

　そもそもなぜ従業員にも地域貢献活動への参加を促すのか。これは何も企業の社会的意義を果たすことだけが目的ではない。このような活動に参加することで、従業員自身が社会のつながりの中に身をおいていることを認識する機会となるからだ。仮に従業員が会社を離れたとき、「従業員」という役割がなくなることで自身を「役割のない人間」と感じてしまうようなことにはしたくない、自分たちは社会の一員であり、その時間の一部を会社に預けているに過ぎず、どんな立場でも社会の役割を

担っているということを感じてほしいと語る男澤社長。会社と家との往復で日々の業務に追われているとなかなか意識できない社会とのつながりを、地域と関わることで感じ、組織の一員としてどうあるべきかを考えることはもちろんのこと、自身の人生にも役立ててほしいと願っている。男澤社長はマルチステージ時代を生きる従業員のサステナブルも支えているようだ。

　また、従業員が地域貢献活動を通じた越境学習によって体験から社会的視点を育む機会を持つことは、企業が地域の方々に従業員教育の機会をもらっているようなもの。そのため、社長は地域の方々への感謝の念を深め新たな貢献活動への意欲につながり、地域に笑顔や活気が増え、参加した従業員のスキルやマインドが高まり会社へ還元するパフォーマンスも向上するという、プラスの循環がうまれていた。

　男澤社長によると、従業員の育成方法のポイントは4段階に分かれるという。

　まずは、1人ひとりが主役であり1人ひとりに自分の居場所があると感じられる組織をつくる。次に、その自分の行動や言動が会社を良くするなど周囲に作用するという成功体験の機会をつくる。あわせて経営者が率先して地域に出て活動し背中を見せる。そしてそれらを経て従業員が地域貢献活動に参加する。

　この4つを実践することで、従業員自身が社会の一員として過ごしていることに意義をもち、周囲の課題を自分事として捉え、自然とサステナビリティにも積極的に取り組む人材へ成長していくことが期待できると。

　株式会社スリーハイのビジョンは「温かさをつくること」。従業員から新たな取り組みの提案があった際にも、誰を温めるのか、どんなことを温めるのかを問うそうだ。この点は、地域貢献活動においても共通している。企業理念やビジョンを1人ひとりが常に意識し一貫性を持つことで、内外から信頼される企業になりえるというのが社長の考え方である。

　お客様だけでなく、従業員やその家族、地域や社会を温め笑顔にしたいという男澤社長の想いの強さと一貫性、その理念の

中で主役となる従業員1人ひとりの存在が、同社のサステナブル経営を推進していた。

人材育成の課題

　激変の時代と言われる中で、いかに変化を捉え、その変化に対して適応していくかが求められる。自然の山に目を向けてみると、冬が近づいてくると、植物や動物たちは自然とその変化を察知して、植物は葉を枯らしたり、動物は冬を越えるための食料を備蓄したり、冬眠したり、それぞれで変化を感知して自然と対処している。

　一方で、実際に組織で起きていることは、植物も動物も山頂の木を見ていて、そこにある木が「冬が来るぞ」と指示を待っている状態が引き起こされている。それぞれ冬が近づいていることの変化を感じていたとしても、「指示がなければ動かない」ということが生じ、各自が持っている感性が生かされない。

　社会が変化し続けていく流れに組織が適応しながら価値を生み出し続けるためには、1人ひとりが元々持っている感性を活かして変化を感知し、そして組織にある知恵を結集して価値を生み出していくことが重要である。

　そのために人材育成の観点では、「研修」といった枠の中に留めるのはなく、現実の課題に紐づけて、1人ひとりがオーナーシップを発揮して実際に行動し変化を生み出していく育成のあり方や、より広く捉える視野を養うために環境を変えていく越境学習が求めらている。

— scene —

04

今後の人材マネジメントのあり方

「主体性を奪わない」組織構造

　時代は生産中心の工業社会から、知的生産の社会に移り変わっている。それは生産性の概念も変えることを意味している。

　例えば車を製造するために、部品や材料をインプットとして約7,000工程を経る必要がある工業社会においては、フレデリック・テイラー（Frederick Winslow Taylor）が1900年代初頭に提唱した「科学的管理法」によって生産性を高めることが有効であり、「作業管理」「作業の標準化」「作業管理のために最適な組織形態（計画と執行の分離）」のマネジメントが中心となった。そのため、階層型の組織構造で管理・統制を重視し、それを忠実に実行できるメンバーが求められていた。この科学的管理法は、大量生産大量消費時代にはマッチしていて、組織は発展し、生産性を高めることができた。一方で弊害として、官僚主義化による組織の硬直であったり、管理・統制による運営やベストプラクティスへの依存によって、環境変化に対するスピードは遅くなる。価値観の多様化にも対応できない。売上が上がり続けて給料が連動しているときは従業員のモチベーションも高まったが、その要素がなくなると従業員の働きがい・やりがいが高まりにくいことにもつながる。

　これからの時代は知的生産が求められ、情報をインプットとして考えることによって価値を創造しなければならない。従来のような生産性は「成果÷時間」のような単純な考え方では成り立たないのである（時間をかければ価値を生み出せるものでもない）。

　こうした変化の中で、1人ひとりが変化の兆候を捉え、主体

的に考えることによって、組織のメンバーの叡智を結集して価値を創造することが求められる。

　組織開発や人材育成で相談を受ける際に、多くの経営者や人事は、「メンバーに主体性やオーナーシップがない」と悩まれることが多いが、人は本来主体性を持っていることを忘れないでほしい。新卒の就職活動や転職活動においては、主体性があるからこそ働く企業を選んだり、そこで何かを成し遂げようと思っているわけだが、ヒエラルキーや官僚主義、多くの指示やルールが存在することに気づいて、それに従う構造ができてしまい、個人の主体性は埋没してしまうのだ。だからこそ「主体性を育てる」ではなく、「主体性を奪わない」組織構造が求められている。そして、1人ひとりの主体性が自然と発揮され、組織として人々の叡智を集め、「Co-Creation（参画型の組織運営）」がこれからの変化の時代に求められる人材マネジメントなのである。

従業員の感情を動かす

　また、知的生産の時代においては、ただ考えればいい価値が生み出せるというものでもない。サステナビリティはまさに答えのないテーマであるが、やらされ感で考えたところで表面的な施策しか思いつかない。つまり、「思考の質」を高めることが重要なのである。「思考の質」に与える要素は内発的動機づけがあるか、創造意欲を発揮できているかである。
　企業からの指示や方針、評価、給与などの外発的な動機では、それ以上の価値を生み出そうという活力は生じない。したがって、上位職は「何をするのか」ではなく、「なぜするのか」といった目的をメンバーに伝え、取り組む意義を実感してもらうことが重要なのである。先に説明した目的論のコミュニケーションである。
　私たちは人間であり、感情を持った生き物だから、いかに戦略が完璧であろうとも私たちがそれを実行しようと思わなけれ

●ウェルビーイング経営がもたらすプラスの効果

＋
ポジティブ

・イノベーションと創造性が300％増加（HBR）
・人材の流出阻止率44％向上（Gallup）
・営業数字が37％増加（Martin Seligman）
・生産性が31％向上（Greenberf & Arawaka）

－
ポジティブ

・燃え尽き症候群が25％減少（HBR）
・病欠日数が66％減少（Forbse）
・離職率が59％低下（Gallup）

ば、望む結果は得られない。感情は創造する上で大切な原動力
となり、意義を実感することによってポジティブな感情の力を
活かして価値を考えることができるからである。

　量的拡大や物質的な豊かさが重視されたこれまでの時代から、
SDGsによって持続可能性が重視されることになり、また最近
ではポストSDGsとして、GDP（国内総生産）ではなく、質
的向上や実感できる豊かさを大切にするGDW（国内総充実）
を重視する動きも出ている。そして、ウェルビーイング経営と
いった1人ひとりのウェルビーイング（持続的な幸福）を大切
にする動きも生じており、社員が心身共に充実した状態である
ことによって、創造性をはじめ、組織に様々な恩恵をもたらす
ことも統計により実証されている。従業員の働きがいや日々の
充実度が組織の生産性を左右する時代となってきたのである。
　それだけではない。2100年に向けて人口は半分以下に急速
に減少する予定であり、今後働き手の確保が困難になることは
目に見えている。そうした中で、魅力的な人材を惹きつける貴
重と、優秀な人材から辞めていき、環境変化を嫌う依存型人材
だけが残る企業とで今後は二極化していくことだろう。企業に
とって欠かせない人材の確保が困難な時代に入っているのだ。

　変化の激しい時代において、変化に適応しながら社員が働きがいを感じ、そして価値を創造し続けることをどうやって実現すればいいのか。

　その1つのマネジメントスタイルの1つの例となるのが、日本でも書籍『奇跡の経営』で注目されたセムコスタイルである。「セムコスタイル」とは、ブラジルのセムコ社をたった6年で改革したリカルド・セムラー（Ricardo Semler）の経営哲学と手法を、2年間かけて構造化・体系化して多様な組織に取り入れられるようにまとめたものである。

　リカルド・セムラーが21歳の時に父からセムコ社を継承した当時（1980年）は、製造業を営む倒産寸前の小さな会社であった。経営を引き継いだリカルド・セムラーは、初めて自社の工場を視察したときに、「死んだ魚のような目をして働いている」社員に驚き、どうすれば社員がイキイキと働けるかを追

● セムコスタイルの5原則

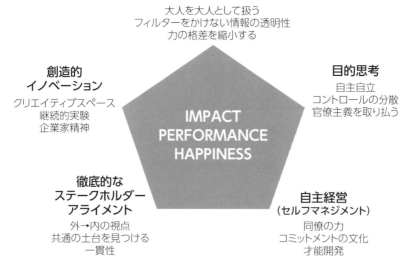

信頼
大人を大人として扱う
フィルターをかけない情報の透明性
力の格差を縮小する

創造的
イノベーション
クリエイティブスペース
継続的実験
企業家精神

目的思考
自主自立
コントロールの分散
官僚主義を取り払う

IMPACT
PERFORMANCE
HAPPINESS

徹底的な
ステークホルダー
アライメント
外→内の視点
共通の土台を見つける
一貫性

自主経営
（セルフマネジメント）
同僚の力
コミットメントの文化
才能開発

及し続けて先進的な取り組みを多数実施し、わずか6年で売上3,500万ドルから2億1,200万ドル、社員数は3,000名まで増加させた。過去20年の平均成長率も147％と高い水準を維持し、離職率が高いブラジルにおいて驚異的な離職率2％を記録したのである。そのセムコ社が成功した要因を体系化して、どんな業態、規模の組織にも必ず重要な5原則にまとめられた「セムコスタイル」は、組織といったきわめて抽象的でそれぞれの解釈が異なりやすいテーマにおいて、非常に有用なツールであり、GoogleやNetflix、ザッポスなどあらゆる企業が参考にしたセルフマネジメントシステム（自律分散型組織）の代表例ともされている。複雑性が増しながらビジネススピードが加速化しつづける現代において、これからの組織に欠かせないエッセンスが詰まっているものとして世界中で注目を集めている。「セムコスタイル」最大の特徴でありパワフルな点は、『どんな企業にも適応することができること』にあり、5原則は、どんな組織にも重要かつ普遍的な法則としてまとめられたものとして、それぞれの会社が最もインパクトやパフォーマンス、そして社員のハピネスを最大化させられるオリジナルの組織スタイルを実現できるのである。

　急速な人口減もあり、どの組織も優秀な人材の採用に苦労する現代。それに加え、価値観の変化と多様化は進み続け、従来のような指示命令による組織や、画一的な役割を担う組織は選ばれなくなってきている。

　時代は変わり続けている中で、組織や人材マネジメントもまた大きな変化の転機を迎えているのである。

第4章

4

IDGs
サステナブル人材の
内面成長フレームワーク

あなたは今の自分に満足しているだろうか。

人はそう簡単に変われない。
脳と意識の関係について、ベンジャミン・リベットが
「最後の 0.1 秒の間に意思を持って判断を行わない場合は、
無意識的な反応によって処理される」と指摘するように、
「意思」を持たなければ、人は変われない。

変わりたいと思った方へ。
人類が共に成長するためのフレームワークである IDGs。
IDGs は、個人の変容だけでなく、
組織風土や文化を変容へ導いてくれるだろう。

内面成長の方法に正解はないが、
5 つのカテゴリーと 23 のターゲットスキルを
あなたを成長へ導く鍵としてほしい。

内面の成長フレームとしての「IDGs」

　本章では、Inner Development Goals（内面の成長目標、以下「IDGs」という）の概要を説明し、内面の成長の必要性とIDGイニシアチブで策定された5つのカテゴリーを理解頂くことを目指す。

　まず、IDGsの成り立ちと背景・目的を説明し、その成り立ちを踏まえて、内面成長の必要性を掘り下げて考察する。次に、個人の内面の成長と企業の事業活動とのつながりを考察する。またIDGsの考え方の基礎となるシステム思考について簡易ではあるが概説を行うので参考にして頂きたい。さらに、企業などの組織でIDGsを導入する方法とその効果を考察し、最後に、IDGsの5つのカテゴリーとそれぞれの関連性を鳥瞰し、IDGsの具体的な内容を説明していく。

IDGsの背景と目的

(1)SDGsレポートから見る世界の取り組みの実際

　IDGsの取り組みの出発点は、持続可能な社会の実現に向けた取り組みSDGsの取り組みに盲点があるとの思いから発している[1]。SDGsは持続可能性に関連する17のゴールと169項目の個別の達成目標を設定しているが、多くの国々で、各年度とも達成状況が芳しくないことから、内面の成長の必要性が議論されることとなった。下表は国連の「SDGsグローバル指標」や各国の自主的な進捗評価を補完する目的で、毎年発表されている「Sustainable Development Report 2022」[2]からの抜粋である。

　2022年のレポートで示されたSDGインデックススコア（17のSDGsに関する各国の全体的な実績を評価したもの）の状況

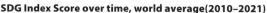

● SDGインデックススコアの推移、世界平均

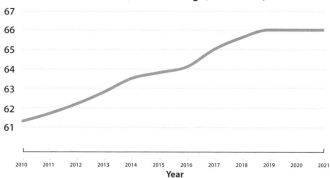

SDG Index Score over time, world average(2010–2021)

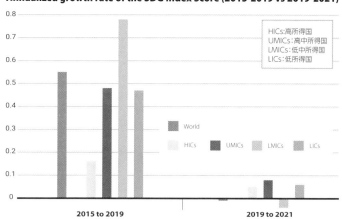

Annualized growth rate of the SDG Index Score (2015-2019 vs 2019-2021)

出典：「Sustainable Development Report 2022」より作成

　を見ると、2015年から2019年にかけては、2030年の達成目標に向けては不十分だが、それでも世界全体で年平均0.5ポイントの割合でスコアを伸ばしてきたことがわかる。ところが2019年から2021年は全世界でのコロナ禍の影響による経済的な混乱で、SDGインデックススコアは世界全体で0.01ポイント減少し、特に低中所得国での悪化が大きく、2030年までの達成に暗雲が立ち込めている。

　また、下表に示すように各地域別の17の目標に対する達成度をみても、2飢餓をゼロに、14海の豊かさを守ろう、15陸

の豊かさを守ろうで多くの国とエリアでチャレンジが必要な状況が続いている。

　2015年の国連の持続可能な開発サミットの成果文書、2030アジェンダで設定されたSDGsは、これまで各目標に対する実施方法や対策の議論はされてきたが、それを実践する人の育成や必要な能力がどのようなものであるか議論されることはなかった。達成に向けた具体的な取り組み内容やマイルストーンについての合意が得られても、達成状況は上記に示すように2030年までの達成が困難な状況に陥っている。これまで人材について議論されることがなく、実行に必要な能力とマインドを持った人財が不足していることも大きく影響していると考えられている。

(2)国内におけるSDGsの周知と実行の実際

　日本国内においては、メディアや経済産業省の尽力[3]もありSDGsの社会的な周知は進んだものの、その実行は限られた範囲での推進で、SDGsの意義と中身について理解して実践している人はわずかではないだろうか。

　本来SDGsの17の目標は、特定の目標だけでなくすべての

●各地域別の17の目標の達成度

	NO POVERTY	ZERO HUNGER	GOOD HEALTH AND WELL-BEING	QUALITY EDUCATION	GENDER EQUALITY	CLEAN WATER AND SANITATION	AFFORDABLE AND CLEAN ENERGY	DECENT WORK AND ECONOMIC GROWTH	INDUSTRY, INNOVATION AND INFRASTRUCTURE	REDUCED INEQUALITIES	SUSTAINABLE CITIES AND COMMUNITIES	RESPONSIBLE CONSUMPTION AND PRODUCTION	CLIMATE ACTION	LIFE BELOW WATER	LIFE ON LAND	PEACE, JUSTICE AND STRONG INSTITUTIONS	PARTNERSHIPS FOR THE GOALS
	1	2	3	4	5	6	7	8	9	10	11	12	13	14	15	16	17
東南アジア																	
東ヨーロッパと中央アジア																	
ラテンアメリカとカリブ																	
中東と北アフリカ																	
オセアニア																	
OECD																	
小島嶼開発途上国																	
サブサハラアフリカ																	
低所得国																	
低中所得国																	
高中所得国																	
高所得国																	

- ● SDG achievement
- ↑ On track
- ◍ Challenges remain
- ↗ Moderately Increasing
- ◑ Significant challenges remain
- → Stagnating
- ● Major challenges remain
- ↓ Decreasing
- ○ Data not available

出典：Sustainable Development Report 2022 (一部和訳)

達成が必須だが、各企業、自治体など自分たちの事業領域に合うゴールを選び出し、取り組みを行なっているケースが多いのではないだろうか。さらには、SDGsの本来の意義や目標を理解するところまでは至らず、取り組みが表面的なものとなり、宣伝的な役割を果たしてしまっているケースも散見される。

あるいは、個別のゴールを満たすだけでは不十分ですべてのゴールを満遍なく達成することが必要だと認識していても、自社や自身の影響範囲を鑑みるとごく限られた範囲や項目への取り組みにとどまることが多いのではないだろうか。そのためSDGsが全体として目指すべき方向と自社や自身の業務を別のものとして割り切ってしまうことも起きているように思う。

もっとも危惧してしまうのは、SDGsを経済活性のためだけの道具として、すべてのゴールを目指すことを意識的に無視してしまい、儲けの仕組みに組み込んでしまうケースだ。これは、SDGsにおけるあり得る最悪のシナリオだと言え、このシナリオでことが進んで行く限り2030アジェンダの達成は不可能なものになる。

このような状況を鑑みて、SDGsの達成のためには、実際に取り組みを行う人財の内面の成長なしには達成は不可能であるとの思いからIDGsの項目が議論されることになったと推察できる。

(3)普遍的・汎用的なテーマとしてのIDGs

また、ここで１つ言及しておきたいのは、SDGs自体もヨーロッパ式ゲームの枠組みだと言われることもあるということだ。欧州で枠組みや規則をつくることでイニシアチブ（主導権）をとる戦略的な意味合いも皆無ではなさそうだ。さらに補足するとSDGsの17のゴールは、各国が合意できる最低限の項目のゴール設定となっており、持続可能な社会の構築に不可欠と思われるようないくつかの項目が入れられていないことが指摘されていることにも注意が必要だ。

したがって、IDGsはSDGs達成のために必要不可欠なドライバ（駆動力）として議論され始めたという出自を持ってるも

のの、不完全な現在のSDGsの達成のためだけに使われる目標ではなく、より普遍的で汎用的な取り組みにしたいとの思いも、関係者の活動に垣間見える[4]。

　SDGsのゴール設定が達成状況や各国の情勢に合わせて修正されようとも、IDGsのゴールとカテゴリーはより普遍的なカテゴリーとして改善が進むよう、オープンな場で議論されブラッシュアップしていくことを前提に取り組みが進んでいる。現在、IDGsの策定には、IDGsイニシアチブ[5]が設立され、50を超える学術機関、組織、コスタリカ政府が参画している。企業では、GoogleやIKEA、Ericsson、Spotifyなど日本国内でも名を知られた企業がパートナー企業として名を連ねており、今後さらに注目が高まっていくと考えられる。IDGイニシアチブは非営利組織で、内面成長の力を通じて国連の持続可能な開発目標（SDGs）の達成に向けた取り組みの加速を目指している。

⑷IDGsの5つのカテゴリー

　SDGsでは17の目標と169のターゲットが設定されているように、IDGsでは5つのカテゴリーと23のターゲットスキルが設定されている。詳細は、後述するがここでは、どのようなカテゴリーがあるか眺めて頂きたい。

Being-Relationship to Self
　自分のあり方-自己との関係性
Thinking-Cognitive Skill
　考える-認知スキル
Relating-Caring for Others and the World
　つながりを意識する-他者や世界を思いやる
Collaborating-Social Skills
　協働する-社会的スキル
Acting-Driving Change
　行動する-変化を推進する

　IDGsの各カテゴリーの解説に入る前に、SDGsのような目標数値達成のために、なぜ内面の成長が不可欠であるかという点について少し詳しく言及しておきたい。

　そのための手がかりとして、実際に起こっている出来事や事象と、各人が持っている「メンタルモデル」などの内面がどのようにつながっているか、出来事とメンタルモデルのつながりを表すドネラ・メドウズの氷山モデルを紹介しながら解説したい。

　メンタルモデルとは、マインドセットに近い言葉だが、頭の中にある「ああなったらこうなる」といった「行動のイメージ」を表現したものである。

　ピーター・センゲ（Peter Michael Senge）は著書『学習する組織』で、メンタルモデルの理解を5つの重要な領域の1つの領域として解説し、学習する組織をつくる上で必要不可欠なものとしている。以下に、氷山モデルを用いた出来事を分析する際の手順を説明する[6]。この手順を追うことで、出来事がメンタルモデルとつながりを持って表出することを確認頂きたい。

その1
　出来事を断片的に見るのではなく、時系列で見ることでパターンとして認識する。
　世の中の出来事や行動は、時系列で観察するとパターンが見えてくる。突発的に見える事象も時系列で観察すると何かしらの因果関係が現れパターン化できたり、予兆が見えてきたりする。出来事を数値で定量化して時系列のグラフで表すことで、パターンとして捉えることが観察のスタートとなる。

その2
　出来事のパターンを発見することができたら、パターンを生んでいる構造すなわちシステムを明らかにする。
　出来事の時系列パターンは、影響する因子を整理すると構造的なものが生み出していることがわかってくる。

一例として、道路の渋滞状況と拡張工事の関係を考えてみる。とても渋滞する道路があるので渋滞解消のため拡張工事を行ったとする。効果が現れ渋滞は解消したが、渋滞解消を知った人はその道路を使うようになる。道路を使う人が増えればまた渋滞が起こる。渋滞が多くなるとまた拡張工事の必要が出てくるだろう。この一連の流れは、渋滞（出来事）への対策の拡張工事が、利用者の増加を生み、再び渋滞につながり、再度拡張工事が必要になる慢性的な渋滞を生む構造を示している。

要素のつながりを構造的に考える方法はシステム思考と呼ばれ、近年はビジネス業界のみならず、ソーシャルセクターでも必要性が高まり認知度が高まっている。

製造業で活用され知る人も多い、『ザ・ゴール－企業の究極の目的とは何か』の著者ゴールドラット（Eliyahu Moshe Goldratt）が提唱している制約理論（TOC）もシステム思考が使われている。構造を明らかにするために用いられる、因果ループ図というツールがあるが、こちらに関しては、より詳しく後述したい。ここでは、システム構造がパターンを生み出しているということを認識頂ければと思う。

●氷山モデル

出典：ドネラ・メドウズの氷山モデルより作成

その3

　構造の裏には関係者のメンタルモデルが隠れている。

　構造は、システムを生んだ人やシステムに関与している関係者のメンタルモデルから生み出されている。先の例でいくと渋滞の解消を目指す道路の管理者のメンタルモデルと、利用者が渋滞を避けたいというメンタルモデルが、渋滞と拡張工事を繰り返す構造を生み出してしまっていた。

　このようにSDGsの課題も根っこを辿れば、個人や集団が持つメンタルモデル（内面）が構造を生み出し、構造がパターンを、そして出来事を生み出していると考えることができる[6]。

　ただし、SDGsにまつわるような環境問題や各国間の経済格差などは取り扱う課題が広範で人類全体が関わる問題であるため、構造はより複雑に、構造をつくっている関係者のメンタルモデルも多様をきわめているのが実態である。

　それがために、これまでのSDGsの取り組みは、複雑に絡み合った構造全体を視野に入れることは難しく、達成目標値を定めた個別の取り組みが主体となってしまっている。

　構造全体を視野に入れた上で、技術的な解決策や、政策等で構造的な課題への対策も有効で必要なことに加えて、個々や集団のメンタルモデルへの取り組みを同時に行うことも必要不可欠だ。図に示すように、氷山モデルにおいて一番深い部分にあるとされているメンタルモデルはもっともレバレッジが高いと考えられている。レバレッジとはテコを意味する言葉で、氷山モデルのより深い位置にあるものほどレバレッジが高く、取り組みに対する効果が高いと言われている。出来事そのものに対処するより、パターンを見て対処する方が効果が高く、パターンを生んでいる構造に対策した方が変化を生み出しやすい。メンタルモデルを変容させるのはより難しさを伴うが、メンタルモデルが変容することで、生み出される構造そのものが変化するため最も効果が高くなるといった具合だ。

　メンタルモデルや内面を変容させることができれば、出来事そのものへの対策に比べて、恒久的な対策になる可能性も高い。

パターンを考慮せずに出来事そのものへ対策してもパターンとして再発するケースが想定されるが、より深くに位置する構造やメンタルモデルへのアプローチはより根本的な対策になり、持続性のある対策になるはずだ。

　私たちは、SDGsで取り上げられているような複雑で広範な課題に対しては、自分自身を個人として見るだけでなく、お互いの関係や相互作用についても考慮し、自分たちをより大きな集団として考察できるスキルを身につける必要がある。

　この点で、IDGsが提案するスキルやメソッドは、企業組織での人材育成にも活かすことのできる内容だと言える。

(5)メンタルモデルと構造

　ここまでで、個人や集団が持つメンタルモデルが、世の中の出来事を生み出している構造をつくっていることをおぼろげながらでもご理解頂けたのではないかと思う。

　では、メンタルモデルはどのように形成されるのだろうか。メンタルモデルの形成には構造もまた大きく影響している。

　構造はメンタルモデルの反映であるが、メンタルモデルは構造の影響も受けて形成されている。

　社会学者のブルデュー（Pierre Bourdieu）は著書『ディスタンクシオン』の中でハビトゥスという言葉を使って身体に刻み込まれた、行動・知覚・評価の図式のことを表現した。このハビトゥスは社会構造によって条件づけられるという。

　わかりやすい例として趣味が挙げられるが、私たちは自由に趣味を選んでいるつもりでも、実は育った環境や親の影響、経済的な環境の影響を受けて狭い範囲で趣味を選ばされていると言う。ブルデューのいうハビトゥスは、メンタルモデルの1つと捉えても良いだろう。つまり、私たちのメンタルモデルは、社会構造や生活環境によって身体に刻み込まれていくとも言える。

　一方で、メンタルモデルは社会構造や生活環境によって身体に刻み込まれたのちに変化しない固まってしまうものかというと、そうではないことも明らかになってきている。

近年では、成人発達理論として内面の変容や成長が可能であることも明らかになり、人生を変えるような衝撃的な出来事がなくとも、学習と実践の手法を取り入れることで内面の成長を意図的に促して行けることも実証されつつある。

成人発達理論のロバート・キーガン（Robert Kegan）は、著書『なぜ人と組織は変われないのか』の中で、研究を始めた時分は人間の知性の発達は肉体的発達と同じように20歳代でほぼ止まると思われていたが、今では脳科学の世界でも「脳の可塑性」という考え方が認められるようになり、人間の脳には生涯を通じて適応を続ける驚異的な能力が備わっていることを述べている。

⑹無意識とメンタルモデル

またメンタルモデルを理解する上で、避けては通れない「無意識の偏見（Unconscious Bias）」についても言及しておく。近年、Googleが組織づくりにおいて無意識の偏見の認知が組織における心理的安全性の構築に大きく寄与することを示し世に知られることになった[7]。メンタルモデルは無意識の偏見も含めた思考の癖のようなものと言えるだろう。

生理学者のベンジャミン・リベット（Benjamin Libet）は著書『マインド・タイム』の中で、脳が信号を受け取って反応するまでに0.5秒の遅れがあり、最後の0.1秒にしか自由意志が介在しないことを示した。つまり、最後の0.1秒の間に意思を持って判断を行わない場合は、無意識的な反応によって処理されてしまうことを意味している。

Googleが示した無意識の偏見もこれと同様のことを説いている。人間は毎秒1100万ビットの情報を知覚するが、その中で意識的に処理できる情報量は数十ビットに過ぎず、その他多くの情報は無意識の偏見によって処理される。無意識の偏見による情報処理は人類が原始の時代から生き残るために身につけたもので、悪いものではなく誰もが持つ技能であるが、その存在を認識していないと、無意識の偏見が積み重なり大きな影響を及ぼしたり、知らないうちに恣意的な意思決定を生んでしま

う可能性を言及している。

スティーブン・R・コヴィー（Stephen Richards Covey）は『7つの習慣』で、無意識の偏見による反応に流されず、刺激と反応の間にある選択の自由の重要性を説いている。7つの習慣ではこの刺激と反応の間で意識的な選択をすることを「主体的である」として、7つある習慣のうちの第一の習慣として取り上げている。

キーガン博士が脳の発達をどの領域まで意図しているか定かではないが、メンタルモデルは無意識の偏見の領域も含み、トレーニングによって適応させ成長させられるものであると考えて良いだろう。

IDGsを用いて内面を成長させることは可能であり、出来事を改善していくための効果の高い取り組みになる可能性を持っていることをご理解頂ければと思う。

⑺人新世の時代とメンタルモデル

昨今人類の活動が地球環境へ無視できないほど大きな影響を与えるようになり、完新世の時代から人新世（Anthropocene）の時代へ移り変わったと言われるようになった。完新世が氷期が終わり、温暖化が始まった1万年前から現在までをさすのに対して、人新世とは、人間の活動の痕跡が地球の表面を覆いつくした年代という意味でノーベル化学賞受賞者パウル・クルッツェン（Paul Jozef Crutzen）が名付けた言葉である。

人新世の時代の象徴ともいえる調査結果がプラネタリ・バウンダリー[8]という言葉に如実に現れているので紹介したい。

プラネタリ・バウンダリーはSDGsの策定にも大きな影響を与えた調査結果で地球環境の限界を以下の9つのカテゴリで整理したものだ。

①気候変動（Climate Change）
②成層圏オゾン層の破壊（Stratospheric ozone depletion）
③海洋の酸性化（Ocean acidification）
④生物圏の一体性（Biosphere integrity）

●プラネタリー・バウンダリー

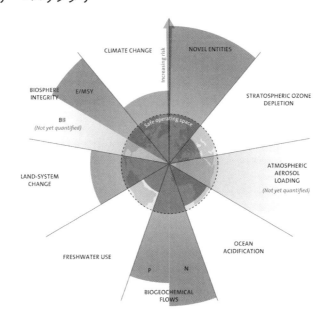

出典：Azote for Stockholm Resilience Centre, based on analysis in Persson et al 2022 and Steffen et al 2015

　　　⑤生物地球化学的循環（Biogeochemical flows）
　　　⑥淡水利用（Fresh water use）
　　　⑦土地利用の変化（Land-system change）
　　　⑧大気エアロゾルによる負荷（Atmospheric aerosol loading）
　　　⑨新規化学物質（Novel entities）

　このうちすでに、①気候変動、④生物圏の一体性、⑤生物地球化学的循環、⑦土地利用の変化、⑨新規化学物質の5つで限界もしくは安全域を超えているという。
　いずれも人類の活動の影響が地球の限界を超え始めていることを意味している。
　グラフは、9つのカテゴリの状況を表したもので、点線内の領域に収まっている緑色の部分は地球環境の中で持続可能に運用できるレベルに収まっていることを表し、点線を超えてオレンジから赤に近くなるほど地球環境の限界を超え、暴走してし

まうリスクが高まることを示している。

　一方、IPCC（気候変動に関する政府間パネル）は、2030年が気候変動の分岐点と調査報告しており[9]、2030年までの7年以内に産業革命以前からの気温上昇を1.5℃未満に抑えることが必要だと勧告し、2020年時点ですでに1.1℃上昇していることが報告されている[10]。気温上昇が1.5℃上昇のポイントにティッピングポイント（臨界点）が存在し、1.5℃以上の上昇で気温上昇が暴走し、様々な環境問題を引き起こすとされ、第6次報告書では、地球温暖化が起きていることはもちろん、人間の活動が温暖化に影響を与えていることを「疑う余地がない」と表現した。

　プラネタリ・バウンダリーの提唱者のヨハン・ロックストローム（Johan Rockström）は次のように語っている。

　地球上の歴史で2℃気温が上昇したことはなく残された時間はない。かつてない危機を乗り越えていくには、SDGsのように様々な視点で同時に達成していくイノベーションが必要だ。ハーバード大学の政治学者エリカ・チェノウェスが、「人口の3.5％を動員して成功しなかった運動はなかった。3.5％の人を動かせば社会は変わる。」と語ったように、一定数に達したマイノリティがイノベーションを起こしてきた。

　エイブラハム・リンカーンが「市民の感情が全て」と言ったように、内なる指針なしにこの困難を乗り越えることはできない。

　世界がどこに行くかというこの状況で、子孫が生活できない場所にするか、繁栄できる場所にするかの岐路に立っている。今まさにメンタルモデルを変えるエキサイティングな瞬間にいる。

「IDGs Summit 2022 基調講演」

　環境問題の多くは、複層的に重なった人間の経済活動に起因していることは議論の余地はないだろう。

　人新世の時代になった今、人類の持つメンタルモデルが我々の住む地球に与える影響が無視できなくなり、改めて個人や集団の内面の重要性を見直すタイミングだと言える。

企業の経済活動においても同様だと言えるだろう。足元では、利益を上げ従業員の生活維持や事業継続に心血を注がざるを得ないが、同時に地球環境や社会的責任を無視しては、我々人類全体の生存を維持することが不可能な局面が目前に迫ってきているということである。

(8)IDGsの背景と目的のまとめ

ここまでで、IDGsが議論される発端となったSDGsの芳しくない達成状況、出来事とメンタルモデル（内面）とのつながりの考え方、地球環境の時代背景を述べてきた。

IDGイニシアチブが発行した書面によると、IDGsの目的は、「人類が直面するすべての地球規模の課題に内面の成長の力をもたらすことだ」とまとめている。

改めてIDGsの目的や背景についてまとめる。IDGsは達成状況が芳しくないSDGs達成のために必要不可欠な「ドライバ（駆動力）」としての出自を持つが、人類が人類を取り巻く世界と共存共栄を目指す上で必要な、高めるべき資質とカテゴリーを整理したものだ。IDGs策定のプロジェクトは、IDGsを人類の共通認識にし、共に成長するための枠組みをつくるプロジェクトということができるだろう。

また、IDGイニシアチブは、人間の成長、集団学習を加速し、システムの構造的変化を達成する可能性があるため、組織との連携に重点を置いている。そのため、組織活用のためのソリューションやコンテンツが適宜、展開されることも期待できる。

内面の成長が企業の経営維持・成長へとつながっている

(1)「人間力」の構成要素＝IDGs

ここでは、IDGsを企業で活用する視点、人間力の観点からIDGs内面の成長の重要性を説明する。

内閣府の人間力戦略研究会報告書（2003年）によると人間力とは「現実の社会に生き、社会を構成し運営すると共に、自

律した 1 人の人間として力強く生きていくための総合的な力」
と定義され実業界でも「人間力」という言葉が使われるように
なり、その重要性を耳にすることも多くなった。

　人間力の構成要素の定義を見ると知的能力的要素、社会・対
人関係力的要素、自己制御的要素の 3 つの要素で説明されてい
る。さらに詳しく知りたい方は、報告書を参考にされたい。[11]
参考に報告書での各要素の説明を抜粋する。

① 「基礎学力 (主に学校教育を通じて修得される基礎的な知的
　　能力)」、「専門的な知識・ノウハウ」を持ち、自らそれを継
　　続的に高めていく力。また、それらの上に応用力として構築
　　される「論理的思考力」、「創造力」などの知的能力的要素
② 「コミュニケーション・スキル」、「リーダーシップ」、「公共
　　心」、「規範意識」や「他者を尊重し切磋琢磨しながらお互い
　　を高め合う力」などの社会・対人関係力的要素
③ これらの要素を十分に発揮するための「意欲」、「忍耐力」や
　　「自分らしい生き方や成功を追求する力」などの自己制御的
　　要素
などあげられ、これらを総合的にバランス良く高めることが、
人間力を高めることと言えよう。

「人間力戦略研究会報告書」

　内容を噛み砕いて解釈してみる。実業務で考えてみるとど
うだろうか。企業において 1 人で成し遂げられる仕事は少ない。
複数の人間が知恵を絞って協力することで成し遂げることがほ
とんどだろう。このように考えると人間力の重要性は職場にお
いて必要不可欠なものだと感じられるだろう。

　昨今、起業家が増え特殊な技能や才能を持っていれば人間力
がなくても成功できるようにも感じるが、人間力なくして長期
的、継続的に成功を収めることは難しい。

　松下電器 (株)(現 Panasonic (株)) の創業者、松下幸之
助は、学び成長し続けることで大成した人物の代表だろう。[12]

幼少期に一家の経済的な破綻を経験し、９歳で丁稚奉公に。丁稚奉公先を15歳で辞めて、配線工になった後に、起業家となった。特殊な技能や才能を最初から持ち合わせていたわけではなかったが、その時その時の過程で成長し続け起業を果たし会社を少しずつ大きくして成功を収めた。その絶え間ない成長とそれを支える人間力が今も続く世界的な企業へと成長させた。当然、潜在的に持ち合わせていた才覚も人並みはずれたものだったと思うが、その半生を知るにつけその時その時で成長し続けることで稀代の大経営者になったと思われるエピソードが多い。

　内閣府の人間力の３つの構成要素を見ても知的能力的要素には継続的に学ぶ力などBeing、Thinkingの内容が含まれ、対人関係力的要素はRelating、Collaboratingの内容が、自己制御的要素はActingの内容が含まれ、IDGsが意図する内面的なあり方が求められていることがわかる。
　人間力と表しているものは、IDGsの中に項目として多く含まれている上、IDGsでは、成人発達理論やインテグラル理論をベースに内面の構成要素を系統的に整理して達成目標の項目としているため、項目ごとの関係性と全体が俯瞰しやすく、取り組みやすいものとして理解頂けるだろう。

⑵企業経営とメンタルモデル

　先に氷山モデルを用いて出来事とパターン、構造、メンタルモデルとのつながりを確認した。企業活動における成果出しや利益の追求も同じように氷山モデルを用いて分析することが可能だ。出来事を企業組織における成果や、利益、経営指標などに置き換えると同じようにパターン、構造、メンタルモデルの結果として分析できるからだ。
　事業活動におけるより具体的な事象でも良い例となるだろう。テーマを取り上げ、パターンを観察し、その内側に隠れている構造的な課題を見つけ出していく。構造的な課題に手を打っていくことは、経営そのものと言えるかもしれない。パターンを生み出す構造には、組織の構造や評価の仕組み、制度やルール、

情報のインフラなどが含まれ、場合によっては自組織内だけに止まらず、お客さまや関係会社もその構造をつくり出している登場人物を担っていることが多いだろう。この場合、構造をつくり出しているメンタルモデルには、企業文化や風土を含み、経営層や関係者が持つメンタルモデルを指すことになるだろう。

(3)システム思考とシステムループ図

出来事のパターンから構造を分析する手法として、システム思考が適している。IDGsの考え方の基本となっているので、概要だけでも知っておくとIDGsを理解する上で助けになるはずだ。

システム思考の強力なツールである因果ループ図は、見方やつくり方に慣れるのに少し時間を要するが、活用次第で強力なツールとなり、組織内で共通言語とできた時には、組織に大きな強みをもたらすものになると確信している。

特に、先行きが見えにくい経営環境に晒されている昨今の状況においては、システム思考を身につけることは、必須の教養となっていくといっても過言ではないだろう。システム思考を身につけることで、把握が困難な複雑な課題への手がかりを掴み、複雑な課題への打ち手を検討できるようになってくるからだ。

過去の偉大な経営者や歴史的な功績を残した先人たちは、システム思考で行っている多面的なものの見方、考え方を暗黙的な知として自然と身につけていたものと考えられる。システム思考を身につけることで、偉人たちの知恵の出し方を形式知として学べる、またとない機会ととらえていただければと思う。

また、世界に目を向けるとBP、デュポン、シェルなどの世界的な企業をはじめ、世界の多くの政府組織や非政府組織などで活用が進んでいる。SDGsや本書で紹介するIDGsも考え方の源流には、システム思考のものの見方が存在している。俯瞰的に全体をとらえるものの見方で、これまで取りざたされてこなかった環境負荷や大気汚染、国家間で生じている不均衡に光が当たり、それを解決するためにSDGsやIDGsの枠組みが生

まれたと考えていただいて良いだろう。

　これらの思考法やIDGsを活用することは、我々の思考レベルを拡張することにつながると感じている。「我々の直面する問題は、その問題をつくった時と同じ思考のレベルで解決することはできない」とは、相対性理論で知られる物理学者のアインシュタイン（Albert Einstein）の言葉である。

⑷システム思考とは

　これから紹介する考え方は、マサチューセッツ工科大学のシステムダイナミクス[13]の考え方をベースにしている。

　システムの定義は、2つ以上の要素が互いにつながっている集合体のことを指す。言い換えると要素同士が相互作用しながら全体の特徴を決めるものを指す。要素同士が影響を与えあっているため、ある要素の変化がすべての要素に変化をもたらしうる。

　また、システムは、すべての要素が機能していなければ機能できないものをシステムと呼ぶ。仮に、システムに影響しない、またはされない要素があったとするとその要素は、システムの一部ではないということになる。

　システムにおいては、要素そのものの質よりも、要素と要素との間の関係（つながり）の質が重要となる。これについては、後述する因果ループ図で確認頂きたい。

　システムを例示すると、パソコン上で動作するアプリケーションソフトや車などはイメージしやすいのではないだろうか。例えば、会社で使用する勤怠管理のシステムは、従業員の日々の勤務時間、休暇、残業時間などを管理できるシステムである。勤怠の記録を入力することで、時間管理が可能になるシステムだ。

　約3万点の部品で動作する車も1つのシステムとして動作している。システムとは、このような比較的イメージしやすいものにとどまらない。地球そのものも、無数の要素が関係し合って、1つのシステムとして機能していると捉えることができる。視点を変えることで多くのシステムが世の中に存在しているこ

とがわかる。

　システム思考の概要について、システム思考がどのようなものか、アナロジーで紹介したいと思う。

　システム思考は論理的思考と対比されることが多い。この2つの思考法は、東洋医学と西洋医学の違いで比較するとわかりやすい[14]。

　論理的思考は、問題の原因と結果の因果関係を明確にしていくことで課題の解決を図ることができる思考法だ。この思考法は、西洋医学的な思考法だと言われている。

　西洋医学的な対処は、症状をみることで、特定の場所にある病巣を探り、直接的な対処をすることを指向する。例えば、喉の痛みが出る場合に、風邪の症状と診断されたら、のどの痛み止めや風邪薬を処方するといった具合だ。

　一方、システム思考は、東洋医学的な思考法だと考えることができる。症状そのものだけでなく、その症状を生み出す周辺の要因にも目を向け、全体に対処することを指向することにな

● **論理的思考とシステム思考の違い**

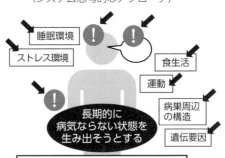

出典:「マンガでやさしくわかる学習する組織」より作成

る。喉の痛みの例で考えると、喉の痛みの原因となった、生活習慣や食生活、睡眠環境にまで考慮は及ぶ。また、対処することが及ぼす心身全体への影響も勘案して対処方法を模索することになる。

　論理的思考は、問題の原因が想定された範囲内にある際には非常に有効な思考法だと言える。一方、システム思考は、問題の原因が想定された範囲内にない場合にも適用できる思考法で、より複雑性の高い問題や影響範囲が多岐に渡る問題、答えが1つでなく適応を必要とする問題に対処するときに役立つ思考法だといえる。

⑸因果ループ図

　ここまで、システム思考の概要を解説してきたが、システムを構造的に捉える手法として用いられる因果ループ図の書き方を例を示しながら解説したい。

　図のように要素と矢印で構成される図になる。要素を繋ぐ矢印は、要素間の関係を表す2種類の矢印で示される。矢印の根元の要素が増えると矢印の先の要素も増える、または、矢印の根元の要素が減ると矢印の先の要素も減る、このような関係の場合、矢印に「同」という文字を入れて表す。もう1種類は、矢印の根元の要素が増えると矢印の先が減る、または、矢印の根元の要素が減ると矢印の先の要素が増える、逆の関係を持つものを矢印に「逆」という文字を入れて表す。基本的に要素間の関係はこの2種類で表すことになる。

　表記方法は「同」「逆」の組み合わせで表したり、矢印の色を青、赤で表したり、係数のような考え方で「＋（プラス）」「－（マイナス）」で表したり、英語表記から「S（same）」「O(opposite)」と表したりと書き手によりいくつかのバリエーションがあるため、Webなどで例を見られる場合は、読み解きの参考にしていただければと思う。

　次に、因果ループ図の「ループ」の所以であるが、要素間が

●因果ループ図

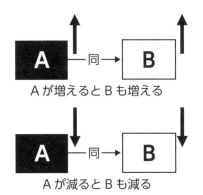

Aが増えるとBも増える

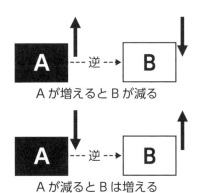

Aが増えるとBが減る

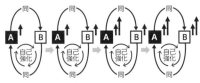

Aが減るとBも減る

Aが減るとBは増える

（ⅰ）自己強化型ループ

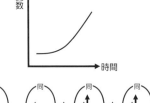

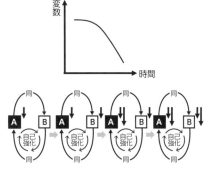

（ⅱ）バランス型ループ

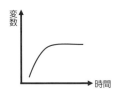

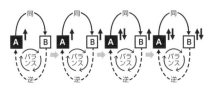

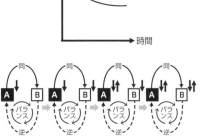

お互いにつながりあっていることでループをつくることから
ループ図と呼ばれる。要素Aは要素Bに影響を与え、影響を与
えられた要素Bが要素Aに影響を与えるといった具合だ。3つ
以上の複数の要素がつながりあってループをつくるのもよく見
られる形である。

⑹自己強化型ループとバランス型ループ

　ループの基本形の2種類を紹介する。自己強化型ループは、
ループを周回するごとに同じ方向に動きが強化されるループで
ある。

　例で見て頂くのがわかりやすいだろう。図（ⅰ）のように、
Aが増えると、Bが増える。Bが増えるとBの影響を受けてA
がさらに増えるといった具合である。この場合、雪だるま式に
影響が大きくなっていくループとなる。同じループ図で、起点
が減る場合は加速度的に減っていくことになる。Aが減るとB
が減る。Bが減った影響を受けてAがさらに減るといった具合
になる。

　バランス型ループは、ループを周回する間に同方向とバラン
スする逆方向の力が働いているループである。図（ⅱ）のよう
にAが増えるとBが増えるが、Bが増えた影響を受けてAが減
る動きをするループ図だ。ループ内に奇数個「逆」の矢印が含
まれている場合、バランス型のループとなる。バランス型ルー
プができている場合、時間が経つにつれてある一定状態に向
かって落ち着いていくことになる。

⑺因果ループ図を用いた現状分析の手順と使い方の例
❶パターンを把握するための追跡する指標を決める
　因果ループ図のつくり方の手順は、氷山モデルで示したよう
なパターンを把握するための追跡する指標を決めることから始
める。指標が決まったら、その指標が時系列で観察したときに
どのようなパターンで変化しているかグラフ上に示していく。
　パターンが確認できるデータが揃わない場合は、パターンを

イメージすることから始めてもよいだろう。いずれにしてもどこかのタイミングで実際に指標がどう変化しているか確認することは必要になるだろう。

　例では、チームでプロジェクトをこなす数を指標にグラフ化を行なった。一時プロジェクトの件数は増加したものの伸び悩んでいる。

❷因果ループ図を作成する

　いくつかの指標の時系列パターンがわかったら、その背後にある構造を理解するために因果ループ図を作成していくことになる。

　指標とした変数を要素として書き込み、その周辺で関わる要素とのつながりを考えていくとよい。因果ループ図を作成する際には、よくあるシステムの型として原型がいくつか確立されているので、そちらも参考にすると、より理解しやすいループ図ができるだろう。システム原型については、システム思考の別書籍を参考にされたい。

　例では、従事しているプロジェクト数を起点に分析した。左側のループは、プロジェクト数をこなすことで評判が上がり、依頼が増えていく自己強化型ループだ。右側は、プロジェクト数が増えることで1プロジェクトにかけられる時間が減ってしまい、仕事の質が落ちることで、評判が下がり、依頼が減るバランス型のループだ。一時的にプロジェクトが増加するが、その後時間差でプロジェクト数を増やせないバランス型ループが発現している。

❸因果ループ図を共有し不足のある矢印や要素を書き足す

　この因果ループ図作成までのプロセスを関係者と共同で作成しても良いし、誰かがたたき台として作成したのちに議論を始めるのも良いだろう。作成した因果ループ図を、当事者たちと共有しループ図に不足のある矢印や要素を書き足していく。

●因果ループ図の例（従事するプロジェクト数）

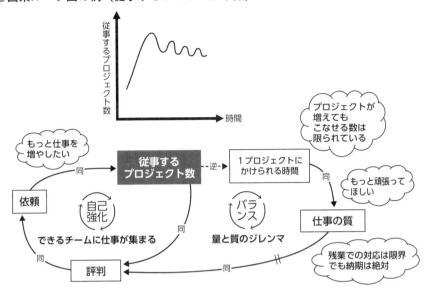

❹因果ループ図の要素や矢印では表しきれない当事者たちの感
　じた思いや気持ちを、雲マークを用いて書き込んでいく
　ここに登場人物のメンタルモデルが投影されることになる。
　例では、チームのプロジェクトメンバーの声を記入している。
当初は全員一致で仕事を増やしていたが、仕事が増えることで
質が下がってきたタイミングで、頑張らせたいリーダーと時間
の余裕がなくなったメンバーとの間に考えの齟齬が生まれてき
たことがわかってきた。

　ここまでのプロセスを実際に関係者と因果ループ図を用いな
がら議論を進めると当初想定していたよりも多くの現状がわ
かってくることになるだろう。自身が認識していた事実に加え
て関わっている人が見ているシステムの見え方の違いや、時点
時点での関係者の思いや気持ちがわかるようになってくるから
だ。

(8)システムループ図の見るべきポイント

ここで、出来上がってきた因果ループ図の見るべきポイントについて少しだけ紹介しておきたい。

出来上がった因果ループ図の中には、いくつかの要素を辿って1周するループができていたり、当初意図していなかった箇所でループができていることもあるだろう。その場合に、ループが「自己強化型ループ」になっているか「バランス型ループ」になっているか確認して頂くとよいだろう。1周する間に「逆」の矢印が何回入っているか確認することで「自己強化型ループ」か「バランス型ループ」かの見分けが可能だ。

偶数個「逆」の矢印が含まれるとき、1周する間に、「同」方向になっているはずだ（例1）。つまり、スタートの要素をAとしたとき、偶数個「逆」の矢印が含まれている場合は、Aが増えるとさらにAが増える結果になる自己強化型ループとなる。

奇数個「逆」の矢印が含まれる場合は、Aが増えると1周する間にAが減る作用になるバランス型のループを形成しているはずだ（例2、例3）。

●因果ループ図のポイント

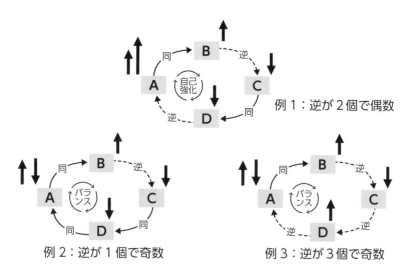

例1：逆が2個で偶数

例2：逆が1個で奇数

例3：逆が3個で奇数

　　現在の状況がバランスのもと起こっているのか、加速度的に
発生しているものなのか確認いただけるとよいだろう。

⑼システム思考のまとめ

　　ここまでで、因果ループ図を用いた現状分析の仕方を簡単に
紹介したが、システムに関わる人が持つ思いや気持ちまで見て
いくことで、各人のメンタルモデルの違いや見えているシステ
ムの範囲の違いに気づくことになる。

　　重要なポイントは、因果ループ図の作成時にループ図上で自
身がどのように介入しているか確認することだ。ループ図上の
要素にあえて入らない、無視しているという立場ですら、実は、
無視していることが影響を与える立派な介入になりうる。した
がって、因果ループ図を描くことの核心は、ループ図上のどこ
に自身が入っているか確認する自分事化のプロセスも含まれて
いるということだ。

　　また、システムの構造的な問題で、予期せぬ結果をもたらし
ていることもあるだろう。システム思考で要素同士のつながり
や全体感が明らかにした後、全体を見据えた上でどのようなア
クションを取るかは、行為者のメンタルモデルや心のあり方が
大きく影響してくることになる。人によって重視する要素が変
わってくる可能性があるからだ。

　　現状の構造も関係者のメンタルモデルや状況の結果としてあ
らわれた構造と言ってよいだろう。世の中の複雑性が理解され
るにつれて、関わる人の内面のあり方の重要度が高まっていく
時代になっている。企業経営においても、専門的な素養や技能
も当然必要ではあるが、素養や技能自体を使って貢献するのも
人、そして貢献する対象にもやはり人が含まれる。1人ひとり
の内面を高めていくことで、組織の仕組みやシステムを改善
し、より強い組織となってアウトプットを最大化することにつ
ながっていく。1人ひとりの内面の成長の必要性が高まるのは、
SDGsの達成だけでなく企業経営においても同じだと言えるだ
ろう。

⑽補足　共有ビジョン

　システムループ図でメンタルモデルまで掘り下げて現状の分析ができると、できるだけ効果的でレバレッジの高い施策を検討していくことになるだろう。しかし実際に対策を検討する際に、関係者で対策の方向性を一致させておくことの重要性を忘れてはならない。

　ピーター・センゲの『学習する組織』ではこのプロセスを共有ビジョンと呼び、関係者でビジョンを共有し、組織としての共有ビジョンを持つことの重要性を説いている。共有ビジョンを持つことで同じ方向を向いてことに当たることが可能になり、効果的な対策の検討がより効率的に行えるようになるだろう。ビジョンの共有が上手くいっている場合、上手くいっていない場合で、どのような姿勢で取り組むことになるか、『学習する組織』でビジョンに対する姿勢を7段階で整理しているので紹介しておく。

コミットメント
それを心から望む。あくまでもそれを実現しようとする。必要ならば、どんな「法」(構造)をも編み出す。

参画
これを心から望む。「法の精神」内でできることならば何でもする。

心からの追従
ビジョンのメリットを理解している。期待されていることはすべてするし、それ以上のこともする。「法の文言」に従う。「よき兵士」

形だけの追従
全体としては、ビジョンのメリットを理解している。期待されていることはするが、それ以上のことはしない。「そこそこよき兵士」

嫌々ながらの追従
ビジョンのメリットを理解していない。だが、職を失いたくもない。義務だからと言う理由で期待されていることは一通りこなすものの、乗り気でないことを周囲に示す。

不追従
ビジョンのメリットを理解せず、期待されていることをするつもりもない。「やらないよ。無理強いはできないさ」

無関心
ビジョンに賛成でも反対でもない。興味なし。エネルギーもなし。「もう帰っていい？」

真に共有ビジョンができれば、7段階の中のコミットメントの状態を生み出すことができ、活動はより効果的で柔軟性の高いものになるだろう。

(11)レバレッジの高い施策の検討

共有ビジョンができ、関係者が進むべき方向性を合致させることができたら、実際の施策を検討することになる。

現状の分析ができると目の前の課題も見えてくるのですぐに解決策を実行したくなるのが人間の性だが、ここでもシステム思考は活用できる。因果ループ図を用いて対策の影響や背反をシステム的に確認することが可能だ。出て来た場合対策案を因果ループ図に書き込むことで対策を実施した場合にシステム内にどのような影響を及ぼすか吟味することができる。予期せぬ背反が想定される場合は、対策の見直しが必要になるだろう。対策案を出す際の参考に、ドネラ・H・メドウズ（Donella H Meadows）が『世界はシステムで動く』で示すシステムにおけるレバレッジの高い項目（システムが介入すべき場所：12のレバレッジ・ポイント(有効性の増す順)）を紹介しておく。

⑫数字	補助金、税金、基準などの定数やパラメーター
⑪バッファー	フローと比較したときの安定化させるストックの大きさ
⑩ストックとフローの構造	物理的なシステムとその結節点
⑨時間的遅れ	システムの変化の速度に対する時間の長さ
⑧バランス型フィードバック・ループ	そのフィードバックが正そうとしている影響に比べてのフィードバックの強さ
⑦自己強化型フィードバック・ループ	ループを動かす増幅の強さ
⑥情報の流れ	「誰が情報にアクセスでき、誰ができないか」の構造
⑤ルール	インセンティブ、罰、制約
④自己組織化	システム構造を追加、変化、進化させる力
③目標（ゴール）	システムの目的または機能
②パラダイム	そこからシステム(目標、構造、ルール、時間的遅れ、パラメーター)が生まれる考え方
①パラダイムを超越する	

人の内面の状態・成長目標を組織に導入する

(1) IDGイニシアチブの見解

　内面の成長を企業でどのように推進するのが適しているか、定式がなく各企業模索している状態ではないかと考えられる。一部の企業では、人間力にまつわるカテゴリーを評価項目として設定し、能力評価制度の中に組み込む動きもあるだろう。企業や組織で内面の成長目標をどのように取り扱うのがよいか、現時点でIDGイニシアチブの考えを参照したい[15]。

　IDGイニシアチブは、設定した内面の成長目標のターゲットスキルを誰でもがすべてのスキルを開発できるとは考えておらず、生涯でトレーニングをしても極めることが難しい、継続的に取り組むべきスキルだと位置づけている。また、成長目標や目標に沿った能力開発に興味がない人がいたとしても問題ないとし、誰も能力開発を強制することはできないし、強制されるべきではないとの見解も示している。この背景には、人間の内面の発達について未だ学術的にも解き明かされたものでないということと、もし解き明かされていたとしても倫理的な観点で強制力を働かさるべきものではないとの考えだ。しかし、IDGイニシアチブは、SDGsの現状のような取り組みの方法では不十分であるため、企業やNGO、政府などの組織との連携に力を入れその取り組みを加速させたい意向も表明している。

　組織でIDGsを活用していくことに関しては、内面の成長に関する意識を高めて、組織が従業員を成長させるためにどのようなサポートを提供できるか、提供すべきかについて幅広い議論を進めることに積極的だ。IDGsのカテゴリやターゲットスキルは、従業員の能力開発支援を計画するときや、上級管理職などの重要な役割を当てるときに役に立つと考えている。そして、IDGsのカテゴリーに関する評価方法やIDGsを用いた採用の方法については今後のテーマとして触れていきたいとしている。

(2)IDGsの組織への導入方法の考察

　ここで、企業でのIDGsの活用について考察したい。前述したように現時点では、評価の指標として5つのカテゴリーと23のターゲットスキルの習得状況を評価測定する明確な指標は存在していない。そのため、すぐに指標として人事考課と連動させることは難しいだろう。

■360度評価で導入する方法

　最も導入を想像できる方法としては、360度評価の指標として取り入れる方法だ。360度評価は、上司、同僚、部下など文字通り社内の360度の関係者から日頃の業務の進め方や他者との関係の仕方についてのフィードバックをもらう評価方法だ。この評価の利点は、自身では気づけない盲点に気づかせてもらえることで自身の振り返りと改善のきっかけをつくってくれることだ。近年では、ネット上のサービスも増え360度評価システムを導入している企業も増えている。この360度評価の設問をIDGsの5つのカテゴリーや23のターゲットスキルについての設問を設定することで振り返りの機会を設けることができる。

　実際に設問を導入する場合には、IDGsの5つのカテゴリーと23のターゲットスキルが何を意味しているかある程度のガイドラインとセットで実施することや、自己評価との比較を行えるようにすることが重要だろう。自己評価することと他者へフィードバックすることを通してIDGsの各カテゴリーとターゲットスキルに関する理解が深まると考えられる。

■職層教育で導入する方法

　次に、教育を通じてIDGsを導入する方法だ。人間力のキーワードは、管理職教育など多くの人と関わりを持ち協働を加速させるタイミングで教育のキーワードとする企業も多いようだ。IDGsを管理職教育等の職層教育のキーワードとして取り入れることで、これまでの働き方の振り返りとこれからの働き方の指針となり、昇格者の気づきのきっかけにつながるはずだ。

このシナリオの実現を考えると、専門の講師を呼んでの実施
は、現状では講師人材が不足しているため難しく、自社内の人
材開発部門を中心にIDGsの導入を検討し、社内講師で始める
のが現実的だと考えられる。

■専門教育で導入する方法
　2022年12月にIDGs Toolkitが公表された。このToolkit
は、IDGsの5つのカテゴリー、23のターゲットスキルを高め
るための方法を紹介したツール集である。ここで紹介されたい
くつかの方法を専門教育として教育やワークショップで実施す
るのは、比較的現実的な導入方法だと考えられる。Toolkitで
紹介されたツールの中には、専門家が多い方法も多数あり、導
入も比較的容易に実施できるだろう。各企業の課題に応じて適
したツールを選択いただけるとよいだろう。
　注意点は、Toolkitで紹介のあったツールをいくつか取り入
れることが必ずしもIDGsのすべてを網羅しているわけではな
いということだ。1つのツールがいくつかの項目の内面成長を
カバーすることはあるが、5つのカテゴリー、23のターゲッ
トスキルすべてを網羅するのは難しい。IDGsが5つのカテゴ
リーで成り立っていることを念頭に、網羅的に専門教育プログ
ラムを準備することを推奨したい。網羅的に5つのカテゴリー
を高めていくことで、課題に対する改善に相乗効果が生まれ、
5つのカテゴリーを同時に高めることで教育受講者の学習効果
が高まることを期待しているためだ。

■自部署で適用する方法
　上記の導入方法は、経営者や人事担当部門が実現可能な手段
だと感じられる向きも多いだろう。人材開発や人事評価に寄与
が難しい場合のシナリオも考えてみる。
　人材開発部門や経営者への提言も考えられるが、所属部
署や同僚にIDGsを紹介することから始めるのも1つだろう。
IDGsで設定されたカテゴリーとターゲットスキルは学術的な
下支えと実証、そして科学的な背景を持っているため勉強会で

学びを深め実践していくのも良い。上記の専門教育で導入する
方法で示したように、いくつかのツールは専門家も多いため、
自所属の課題に応じて社外講師によるワークショップなどを通
して学びを深めることもできる。

　改めて強調しておきたいのはIDGsの取り組みは5つのカテ
ゴリー、23のターゲットスキルが設定された統合的なフレー
ムワークであることだ。個別のカテゴリーやターゲットスキル
を高めるツール単位でみると専門教育として専門家も存在して
いるが、統合的に体系化されたフレームワークとしては世の中
で考えられている最も新しく更新され続けているものと言える。
IDGsと考えの近いフレームワークを検討している研究者の多
くもIDGsのフレームワーク策定にも関わっているため、個別
に当たるよりIDGsのフレームワークの活用を推薦したい。

(3)IDGs導入により期待される効果

　IDGsのフレームワークを組織に導入することで期待される
効果は組織風土や文化すらも変容させる可能性があるという意
味でとても大きい。その根拠は、メンタルモデルと出来事との
つながりの項で示したように、レバレッジの高いメンタルモデ
ルの変容が期待できるからだ。

　VUCAの時代においては、少数の経営者がすべてに対応し
た最上のソリューションを提案し続けることは難しくなってい
る。予測が困難な課題に対応するために、1人ひとりが自己を
成長させ、組織としての力を向上させることが喫緊の課題と
なっている。IDGsのフレームワークを活用し、自己を成長さ
せ他者との協働で変化を推進し集団の力を向上させることがで
きれば、組織の課題を解決しながら、お客さまや関係者に支持
される最適なソリューションを生み出し、成長し続ける組織と
なっていくはずだ。

　IDGsのフレームワークを活用することの弊害を次にように
懸念される方もいるのではないだろうか。

　内面の成長に注力することは、実務に必要な専門的なスキル
や知識の習得を妨げるのではないかと。この懸念に対しては実

際は逆だと考えている。IDGsのフレームワークの活用によって、組織のビジョンやミッションに対してのコミットメントを生み出しやすくなるはずだ。ビジョンやミッションに対してのコミットメントが生まれるとIDGsのフレームワークの範囲内外に関わらずビジョンやミッションの遂行に必要なスキルや知識を特定し、学び続けることができるようになるだろう。

　必要性を感じられない知識の習得に苦労された経験は多くの方がお持ちではないだろうか。必要は発明の母である。遠回りに見えるかもしれないが、この一手間をかけ続けることが成長し続ける組織をつくることにつながると考えられれば十分意味のある活動になるはずだ。

(4)IDGs導入により想定される変容

　IDGsを導入し個人が成長するとどのような変容を生み、どのような行動の変化が期待できるだろうか。

　成人発達理論やインテグラル理論をベースとしたビル・トルバート（Bill Torbert）の著書『行動探求』では、個人の典型的な行動パターンを発達段階に応じて7つの行動論理として整理している[16]。次頁の表は、それぞれの型の特徴と主に取り扱う体験領域と『行動探求』で示された個人の発達理論と組織の発達理論を大まかに対応させたものだ。表中、下に表記された型であるほど発達段階が進んだ状態だとみなされている。

　体験領域とは、行動する際に意識している領域を分類したもので、結果、行動、戦略、注意の4つの領域で分類されている。

　この4つの体験領域は、氷山モデルで示した、出来事、パターン、構造、メンタルモデルと対応していると考えて差し支えないだろう。発達段階が進むほど、レバレッジがより高い氷山の下部の領域を意識した行動が取れるようになる。

　これらの7つの型は、組織における発達段階の型とも整合した考え方となっている。組織の発達段階に関しては、フレデリック・ラルー（Frederic Laloux）の著書『ティール組織』によって認知が広がり、世の中で現れ始めた新しい型の組織がティール型の組織であることを発見して、ティール型組織が持ってい

る特徴や、共通した慣行が紹介された。

　『行動探求』で示された個人の発達理論もティール組織で示された組織の発達理論も、成人発達理論やインテグラル理論をベースにしているため親和性は高い。組織内の個人の発達段階と、その組織が持つ発達段階とは必ずしも一致しない。また個人が持つ発達段階を組織の発達段階が超えることは考えにくく、組織の成長は所属する個人が成長することで成し遂げられる。

　個人が成長し、成長した個人が増えることで集団の発達段階が上がる素地ができて、組織の文化、風土として醸成されることで、組織の発達段階も上がっていくという順番だ。また、組織の文化、風土を維持発展させるために学習インフラを整えたり、仕組みやシステムや構造を整えることも重要となることは、氷山モデルを思い出すと理解できるのではないだろうか。

　個人の内面の変容が、集団へ広がり、システムレベルでの変容を遂げるプロセスを変容のプロセスとして図示する。個人の内面は、個人の学習や外部からの刺激を受けて学びによって変容する。個人の内面が変容すると、個人の行動や言葉、態度な

● 7つの行動論理の特徴と体験領域、組織の発達理論の関係

	行動論理	特徴	取り扱う主な体験領域	組織の発達理論
在来型	機会獲得型	自己に有利な機会を見出し、結果のために手段を問わず行動する	結果	レッド衝動型
	外交官型	周囲の状況・既存の秩序に合わせて調和重んじて行動する	行動	アンバー順応型
	専門家型	自己の倫理・効率を重視し完璧を目指して行動する	戦略	（アンバー／オレンジ）※
	達成者型	目標を掲げ、効果を得るために他者を巻き込んで行動する	結果・行動・戦略	オレンジ達成型
ポスト在来型	再定義型	戦略・手段・意図の一貫性を問いながら独創的に行動する	行動・戦略・意図	グリーン多元型
	変容者型	相互性と自律性を好み、時宜を得て発達を促しながら行動する	結果・行動・戦略・意図	ティール進化型（統合型）
	アルケミスト型	意図を察知し直観的・タイムリーに他者の変容を促しながら行動する		ターコイズ（全体包括型）※

※カッコ内の型名称は、『インテグラル理論』を参考に記載

ど外面に表すことで他者へ影響を与えるようになる。他者が影響を受けることで集団の変容が進むと、システムレベルでの変化をもたらせるはずだ。システムレベルで変化を起こすことができれば、そのシステムで行動している集団の個人のメンタルモデルへも影響を与え始め、より変容は強化されるだろう。

　なお、個人、集団、システムの変化までの速度は、変化を起こそうとしている個人や集団のシステムへの影響力や変化の前の発達段階にも依存すると考えている。ここでいう影響力は、組織構造、特に組織人事や学習インフラ、情報インフラなどへの裁量の大きさを指している。裁量の多寡により影響力の大きさも変わってくるものと思われる。

　以上、IDGsのフレームワークを用いて内面の成長を推進す

●体験領域とドネラ・メドウズの氷山モデル

体験領域	氷山モデル
結果	出来事
行動	パターン
戦略	構造
意図	メンタルモデル

＋ 変化と学習のレバレッジ

●変容のプロセス

個人の内面→個人の外面→集団→システム→集団へと、個人変容が集団変容を促す

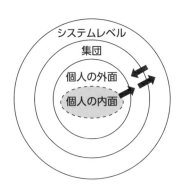

システムレベル
集団
個人の外面
個人の内面

230

ることで、組織としてどのような変化が見込めるかを示してきた。自組織の将来像と将来の姿をイメージする上での参考としていただければと思う[17]。

(5)インテグラル理論について

　補足として、上記の変容のプロセスや行動探求、ティール組織の背景となっているケン・ウィルバー（Ken Wilber）のインテグラル理論について簡単に紹介しておく[18]。

　インテグラル理論では、統合的な感性をわかりやすく説明するための方法として図のような4つの象限で「全象限、全レベル」（all quadrants, all levels）を表している。縦軸を個人と集団、横軸を内面と外面で分けた4象限で、それぞれの象限を次のように分類している。

　　　個人的な内面：「私（I）」自己や意識の領域
　　　個人的な外面：「それ（It)」脳や有機体の領域
　　　集合的な内面：「私たち（We)」文化や世界観の領域
　　　集合的な外面：「それら（Its)」社会制度や環境の領域

　著者は、これらのすべての象限を意識的に成長させることが重要だと述べている。先に示した変容のプロセスは、インテグラル理論の4つの象限で表すと、図の矢印で示したような個人の内面を変容の起点として、集合的な内面、外面の変容へ至る組織の成長プロセスとして表せる。

●インテグラル理論の概要

	内面	外面
個	私 I 自己や意識の領域	それ IT 脳や有機体の領域
集団	私たち　We 文化や世界観の領域	それら　Its 社会制度や環境の領域

5つのカテゴリーとそれらの関連性

(1)IDGsの5つのカテゴリー

　IDGsのカテゴリーは、Being、Thinking、Relating、Collaborating、Actingの5つで、それぞれのカテゴリーに次のような補足となる言葉が添えられている。

Being-Relationship to Self
自分のあり方 ―自己との関係性

Thinking-Cognitive Skill
考える―認知スキル

Relating-Caring for Others and the World
つながりを意識する―他者や世界を思いやる

Collaborating-Social Skills
協働する―社会的スキル

Acting-Driving Change
行動する―変化を推進する

● IDGsの5つのカテゴリー

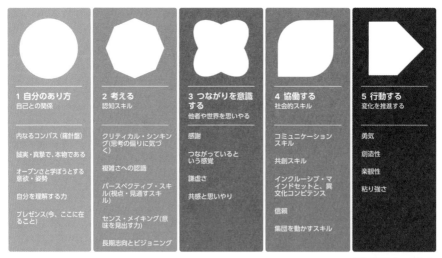

出典：IDGsウェブサイト

　この5つのカテゴリーに関して、それぞれの関連性を考えると、図のような関係性で捉えると理解しやすい。

　ベースとなる2つの資質BeingとRelatingを基盤として、ThinkingとCollaboratingで挙げられているスキルを身につけていくことで、Actingにつなげていくという考え方だ。

　図の描き方の位置関係からは、Actingが最終ゴールのようにも見えるが、矢印が双方向であることに着目して頂きたい。Actingの行動することを通して、他者からのフィードバックがあると、その結果をもって、BeingやRelatingを見直す。そうした相互依存の関係性があると考えている。

(2)行動と思考のフィードバックの関係

　ここで、行動と思考のフィードバック関係をつくり出し、個人・集団・組織全体が望む状態へ変容を遂げるために参考になる考え方を紹介したい。先述した、個人の発達段階の説明で活用した、行動探求（アクション・インクワイアリー）の考え方だ[19]。

　行動探求を実践すると、Actingの行動の結果をBeingの自己のあり方やRelatingの他者との関わり方にフィードバックし、再度Beingの自己のあり方やRelatingの他者との関わり方を見直すことで、そのあとのActingの行動の結果を改善し

●IDGsの5つのカテゴリーの関係性

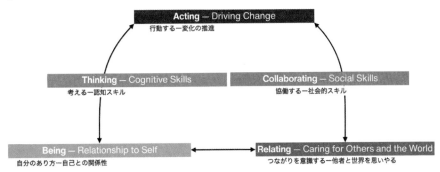

※IDGsのモデルをもとに作成。

ていく成長のスパイラルを実現できるようになると考える。行動探求は、端的にいうと、日々の行動において、より瞬間的かつ優れた探求や自己評価を伴わせる行動パターンのことをいう。

　以下の図は、行動探求のイメージを示している。矢印の長さは、その行動に到るまでの時間の長さを示している。通常、意識的に行わない限り、行動を起こしてその行動の振り返りまでは一定の時間を置いて振り返りを行うことになる。振り返った内容を行動にフィードバックするのも一定時間を要することが通常だ。これは、行動と探求が分離したやり方だ。行動探求では、この時間感覚をできるだけ短くしていき、最終的には、行動の最中に気づきを得ながら、その場で行動にフィードバックし、知るための行動を増やす、高度な実践手法となる。

　行動の最中に気づきや学びを増やす効果的な方法として、意識の向け方を４つの体験領域で分類することで整理している。４つの体験領域は、先述した「結果、行動、戦略、注意」の４つの領域だが、どの領域まで踏み込んでフィードバックをかけることができるかで、行動の結果の質が変わってくる。

●行動探求のイメージ

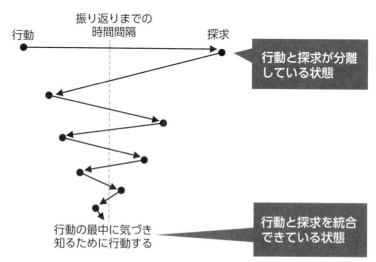

234

　良い結果を生むために行動のみを見直す1次ループのフィードバックが手始めとなる。さらに、行動そのものを規定している目標や戦略へフィードバックをかける場合は、2段階になっているため2次ループのフィードバックと呼び、さらにはメンタルモデルやパラダイムの変容をも探求する3次的なものを3次ループのフィードバックと呼び、4つの体験領域のどの領域まで意識を向けられるかで3段階のフィードバックで表すことができる。

　概念的で理解し難いかもしれないので例を示す。例えば楽器のドラムを練習するとする。右手、左手を別々に動かしながら、足も動かさなければいけない。基本動作ができるようになるために、練習しているとする。この時、初めは結果を見ながら行動を修正していくだろう。しかし、少しすると動きを上手く行うために、リズムを数えながらや、右手を中心に考えるなど、上手く行動するための戦略を考えるかもしれない。この時、単純に行動と結果だけを見る1次ループのフィードバックから、2次ループのフィードバックに移行していることになる。さらに、練習を重ねると、ドラムでリズムを刻みながら他の楽器をやっている者との同調性や、音楽を楽しむことに意識を向けられるようになってくる。一定のリズムを刻むだけでなく聞いている人や一緒にやっている人といかに良い音楽を演奏できるかという視点に移行する。この時、2次ループフィードバックを

●4つの体験領域とフィードバック

3次ループフィードバック	2次ループフィードバック	1次ループフィードバック	〈外の世界〉	目に見える 出来事、結果
			〈挙動〉	行動、働きかけ
			〈思考〉	戦略、構造、ゴール
			〈注意〉	意思、ビジョン

235

超えて３次ループのフィードバックが働き始め、一定のリズムという戦略から向かうべき方向性の意図が変わってくる。ここでは、楽器を例に取り上げてみたが、会話や対人での行動でも同じように適用することで行動探求が可能となる。

　IDGsは内面の成長目標であるため、Actingも行動そのものではなく、行動を起こす上での内面的な意識の持ち方を意味している。とはいえ、内省を行うことだけで内面を成長させることは難しく内面の成長と実践とを切り離して考えることは難しい。常に実践を伴って実体験によるフィードバックがあるからこそ内面の成長が達成されるものと考える。

(3) Being と Relating の関係

　Beingが示す自己のあり方とRelatingが示す他者や世界とのつながりを意識することを２つの項目として分けて捉えることは、特に日本人的な感覚としては、違和感を感じるかもしれない。日本人的な感覚では、自己のあり方に他者や世界とのつながりの意識が含まれている感覚を持ってしまうからだ。

　この感覚の背景には西洋的な哲学の伝統として自他を分けて考えることと、東洋哲学の自己を自然の中の一部として捉えて一体感を持つ考え方の違いからきているようにも思える。

　IDGsのフレームワークで、哲学的な部分まで踏み込むことは今の所はないが、西洋思想と東洋思想の違いを理解しておくと、IDGsの理解の助けになると思われるため、少しだけ西洋と東洋思想の対比に関して、哲学者の西田幾多郎の思想に触れておきたいと思う。

　西洋哲学の伝統的な考え方の基本として、認識する主観と認識される客体を分けて考え、対立構造として語られてきた。デカルト（René Descartes）の「我思うゆえに我あり」という言葉や主観が対象を認識するメカニズムを感性、悟性、理性で定義したカントの認識論も主体と客体を分けた上で、どのように物事を認識しているか論理的に解釈を進めたものだ。それに対して東洋哲学（西田幾多郎）は「ありのままの体験において

は、自我と世界は一体になっており、自己と客体を分ける分別はまだはたらいていないはず」として、主客一体の根源的経験を、純粋経験という言葉で表した[20]。

　このような違いが生まれてきた背景は諸説あるだろうが、それぞれの環境での人間と自然との関係性に起源があるように推測される。西洋人の自然に対する感覚は、自己と対立して、あるいは対峙していかなければいけない対象だったのに対して、東洋人や日本ではむしろ自然の恩恵を受けて生かされていて、自然の中の一部としての自己を認識していたのが背景にあるように感じる。さらに、その関係性は主語を必要としない主題優勢言語である日本の言語と、明確に主語を表現し動詞が人称変化する主語優勢言語の英語といった違いにも現れ、主体と客体をどのように認識しているかの違いを表していると分析することも可能だ。この時、使用される言語は構造として働き、メンタルモデルに影響を与え、主体と客体をどのように捉えているかの感覚を強化しているように感じる。

　もう1つ、東洋思想の例として仏教瞑想の例[21]を引くと、瞑想を通して、見ている対象を認識する際に、認識される対象（客体）のイメージ（色）が頭の中に浮かび、認識する主体側の心（名）があることに気づけるという。

　2つに分けられることを「名色の分離智」と呼ぶ瞑想の最初の智慧だとされている。主体と客体を分けるという点においては、西洋的な考え方と同じだ。しかし、仏教瞑想では、対象となる客体のイメージ（色）が先にあることを確認することで、認識する主体側の心（名）が認識され、その関係には必ず順番があるとしている。色（客体）がないと心（名）が現れない関係は、他との関係が縁となって生起することを意味する縁起の関係とされ、特に初期の仏教では一方的な関係と考えられているようだ。外からの刺激を認識するときに、認識する側の心が現れるのであって、心が先にあることはないとしている。

　縁起の一方向の関係を考えると、対象イメージが存在しないと、捉える側の心も現れなくなることになり、対象（客体）あっ

ての心（主体）ということになる。すると、自分自身も対象が
ないと認識できないことになり、相手があることによって自身
を確認できるという関係となる。自身は相手（客体）があるこ
とで初めて確認でき、相手も私によって自身を確認できるよう
になるため、この関係性を突き詰めると、すなわちすべては「空」
であるという「空」の概念に到達する。

　この「空」という概念に到達した後に、生じるのが、慈悲の
心だ。慈悲の心を知ると「無分別智」という、主客一体の智慧
に到達するという。

　究極的には他者との関係性が自己を規定することなり、
RelatingはBeingの一部のように密接に関係しているという
のが、東洋的な捉え方となるだろう。

　西洋的な考え方で分けて理解したとしても、Beingと
Relatingが密接に関係していることに変わりはない。そのよう
な意味で、図においては、BeingとRelatingを双方向の矢
印で示している。

●IDGsの５つのカテゴリーの関係性

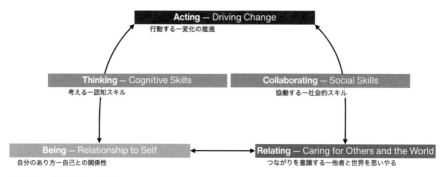

※IDGsのモデルをもとに作成。

02

「自分のあり方」自己との関係性
Being–Relationship to Self

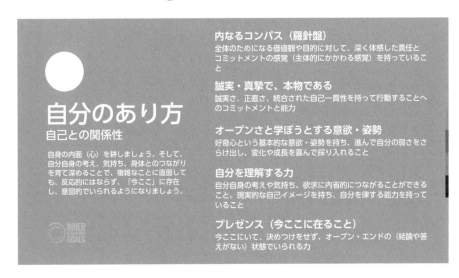

自分のあり方と自己マスタリー

　なぜここにいるのか、どのような衝動があってここにいるのか、どういった生き方をしていきたいか、どうありたいか。人生という旅において、この問いに答えられるようになるには、自分自身への内省的な問いかけが必要になる。問いかけて、自分自身を見つめ直し、自身のあり方を心の内から見つけ出していく。時間をおいてまた問いかけてみる。こうして、心を耕していくうちに自分自身のありたい姿が確たるものになっていくのではないだろうか。

　自己のあり方を問うことは、ピーター・センゲの『学習する組織』においては、5つの領域の自己マスタリーという領域で表現される。マスタリーは熟達することや精通することを意味

し、自己マスタリーは、個人の成長と学習を深め個人のビジョンを高いレベルで習熟させていくための領域を意味している。

『学習する組織』の自己マスタリーの領域では、いかに個人のビジョンをつくっていくか、いくつかの手法の紹介があるが、自己マスタリーの本質は、個人のビジョンと今の現実（ありたい姿に対する現在地）のはっきりしたイメージを対置させた時に生じる、「創造的緊張」（クリエイティブ・テンション）を生み出し、どう維持するかを学習することだとされる。

　創造的緊張とは、ビジョン（ありたい姿）と今の現実（ありたい姿に対する現在地）のはっきりしたイメージを対置させたときに生じる引き合う力のことだ。ビジョンと現実の関係は、図に示したように、右手と左手の間にゴムで張ったような状態で例えられ、ビジョンを掲げて、現実を把握すると、その間にゴムのテンションがかかる。テンションがかかった状態ができると、そのテンションを弱める方向に、左手と右手の間が少なくなる方向に動かす力が働く。この時、このテンションを弱める手段は２つある。１つは、ビジョンを高く掲げ続け、現実を引き上げていくこと。もう１つは、テンションを弱めるためにビジョンを引き下げてしまうことだ。

　現実に比較して高い位置にビジョンを掲げ続けることで、現実を引き上げることができる。このテンションを維持し続けるために、ビジョンを継続的に見直していくことが自己マスタリーだと言える。

ビジョン

現実

　では、どのようにして個人のビジョンを確立していけば良い
のか。IDGsが提供したTool kitの中では、90歳の誕生日パー
ティーにどのような場面でありたいか想像する「90歳のワー
ク」の紹介があるが、長期的な目線でありたい姿を想像してみ
ることもビジョンを考えやすくなる。

　ビジョンを考えやすくするために自分を駆り立てるものを探
すのも有効である。自分を駆り立てるものを探す際には、幼少
期から今までを振り返って、自身の原点になっている体験や大
事にしている思い、幼少期にどのようなことに興味を持って、
心を動かされていたかを考えてみるのもよい。心を動かされた
体験をいくつか思い出してみることで、どのようなものが源に
あるかヒントが見つかるかもしれない。

　自身の源のようなものがぼんやりとでも見えたら、その源を
ベースに、どのような姿でありたいかを考えてみる。すでに考
えたことがある場合でも、何度でもありたい姿を描くことが推
奨される。ビジョンは瞼を閉じた時に瞼の裏に浮かんでくる憧
憬だという。

　何度も継続的にビジョンを描くことで、高い位置にビジョン
を保つことができ、創造的緊張を保つことができる。

自己マスタリーの注意点

　『学習する組織』では、自己マスタリーを推奨している一方、
その注意点も触れている。

　組織のメンバーに共通のビジョンがなく、自分たちが置かれ
たビジネスの現実についてのメンタル・モデルも共有していな
い場合は、メンバーに権限を与えても、組織のストレスを増や
し、マネジメントが一貫性や方向性を維持するのを難しくする
だけだと述べている。つまり、自己のあり方を探求することを
推奨すると共に、組織の方向性も同時に示すことや、メンバー
と共に組織としての共有ビジョンをつくるといったプロセスと
セットで行わなければ、逆効果になりかねない。

　また、自己マスタリーを強制してしまうことも裏目に出てし

まい難しい状況をつくりかねない。やらされているという感覚を持たせてしまうと自己のあり方を純粋に見つめることが難しくなってしまう。

個人のあり方を探求し、個人のビジョンと組織のビジョンとを擦り合わせて共有ビジョンをブラッシュアップしていくこと、そして現状を把握してビジョンとのギャップから創造的緊張として駆動力にすることを通して、個人のビジョンを実現しながら、組織としてのビジョンも実現していく未来を描く力が立ち現れてくる。

自己とは

ここで、自己とは何か、世の中での言われている捉え方を紹介したい。自身のあり方を内省する際の助けになるはずだ。

インテグラル理論やスティーブン・コヴィーの『7つの習慣』の続編『第8の習慣』を参考にすると、おおよそ4つの領域で語られることが多いようだ[22]。

自己と認識しているもので、肉体的なものと精神的なものがあるというのは理解しやすいだろう。心と体という言い方も一般的に聞く用語で心と体の両方の健康が重要であるなどよく聞かれる言葉だ。また、心と体が相互に影響を与え合っていることも心身相関という言葉で実証されている。運動をすれば気分がスッキリするし、大勢の人の前で話す際に緊張して鼓動が早くなるなどがその例で、体がメンタル（心）に、メンタル（心）が体に、それぞれ影響を与えていることがわかる。

心の部分はさらに、3つの領域に分類して整理されている。概念として理解しやすい『第8の習慣』の考え方を用いて紹介する。『第8の習慣』では、心の部分を「知性」と「情緒」と「精神」で分けて整理されている。精神の働きに注目しているのが近年の特徴だといえる。これらは、脳の構造とも密接に関わっているが、精神に関しては、未だ結論の出ていない問題でもある。

知性：知性的な思考をする時に活性化する大脳新皮質が担っ
　　　ている働き
情緒：情緒や感情的な反応で活性化する大脳辺縁系が担って
　　　いる働き
精神：意識と無意識の作用。意思や意欲など精神的な部分。
　　　特定の部位が担っているとは結論が出ていない。

　精神や意識については心身問題として長く語られている話題
でもある。精神や意識を物質的に説明できるとする唯物論と、
物質では説明できない意識が存在するとする心身二元論、精神
的な作用こそが起点であるとする心的一元論で語られてきた[23]。
IDGsによる内面の成長や探求の過程でこれらの議論が発展す
ることを願う。
　本書では、深入りしないが、最近の研究で意識は特定の部位
ではなく神経回路の共鳴現象とする議論がなされている。すな
わちニューラルネットワーク（神経回路網）の作用だとする仮

●脳の役割

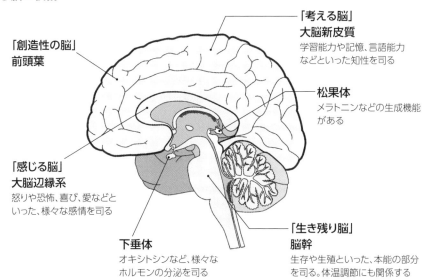

出典：『ICE MAN 病気にならない体のつくりかた』をもとに作成

説だ。意識と無意識はニューラルネットワークによる神経回路網のフォーカスの違いだと考え、覚醒している際はニューラルネットワークの特定の回路網が活性になっている状態でこれを意識だと考えると割と理解しやすい。また、無意識の偏見は、神経回路のニューロンが強化されて回路が固定された状態だと考えると思考の癖が出来ることも理解できる。一方で、物質そのものが、極めて原初的な意識を持っているのではないかとする仮説も注目されている[24]。

生物の進化の歴史を見ると、脳幹、大脳辺縁系、大脳新皮質の順で発達してきたため、脳幹の外側に大脳辺縁系が位置し、最も外側に大脳新皮質という順になる。思考を司る大脳新皮質よりも感情を司る大脳辺縁系の方がより原始的な脳であり、生物としての生命維持を担っている部分も多い[25]。

それがため、感情的な反応は、大脳新皮質の思考を介さず大脳辺縁系にある扁桃体で即時的な反応も起こしてしまうようだ。感情を知って冷静行動することの難しさの証左となるのではないだろうか。要は、感情にハイジャックされる状態[26]が脳科学的にも生じていることがわかっているのである。

情緒は、知性の領域で理性的に思考することに比べて、より身体的な反応に近い。そのため、人による差がないように感じたり、本来備わった生理的な反応かのように感じ、変更できない個性的なものであるかのように捉えられるかもしれない。確かに、情動は人によって遺伝的に配合が決まっていて、それが気質を決定している。しかし、この情動に関係する脳の神経回路は柔軟性があり、訓練によって変わったり、意識的に感情に流されないようにできることも実証されている。

精神（スピリット）は、知性や情緒をコントロールする意思や意欲を表し、精神を通して身体と心をつないだり、より根源的なものを見出す起点になるものだとされている。

知性については、最も馴染みのある領域で学校教育でなされる教科科目の知識を身につけ記憶し思考することも知性の領域がほとんどで、会話を行うときの言語能力もこの領域で行っている。この領域は、学んで高めることができるとイメージしや

すい領域だが、この領域と同じように、情緒や精神の領域も訓練によって高めることができることが近年の研究で盛んに語られるようになってきている。

　無意識の偏見の項で説明したように、意識的な思考を行わない場合、無意識の偏見による反射的な反応をしてしまったり、先述したような感情にハイジャックされることになる。人間にはそのような性質があると知った上で、判断を保留することが重要だ。判断を保留するとは、自身のメンタルモデルを通して感じたことを是とも非とも判断せずに、受けた感情を目の前に吊り下げておく状態のことを指す。特に他者と共創的な対話を行う場合の、判断を保留できることと今ここにある感覚から対話を行うスキルは重要なスキルとなるので、別途後述したい(本項「(5) プレゼンス」参照)。

　一点、注意したいのは、判断の保留を行うことは、直観をないがしろにすることではない。自己のメンタルモデルを通した無意識の偏見を伴うような判断は、偏った考えに陥ってしまうため保留が必要だ。しかし、自己のあり方を見つめていく中で、思考的な部分、感情的な部分、精神的な部分を理解しながらより根源的で普遍的なものとのつながりを感じながら、直観したものは大切にするべきものだと考える。

　ここで、無意識の階層構造について言及しておく。ユングは無意識を個人的無意識と普遍的無意識で表現した[27] が、実際には、階層構造のグラデーションで表現できる。個人の「習慣や普段の生活」から身に付く無意識から「生活環境」、「社会構造、通念(ハビトゥス)」、「言語(阿頼耶識)[28]」、「土地、気候」、「男女の本能」など後半になるに従い、普遍性の高い無意識の要因となる。さらに、「人間の本能や特性」、「哺乳類の本能」、「生物の本能」、「生命体の本能」、「循環物の本能」となるにしたがって、変更し難く多くの人が共有している、より普遍性の高い無意識が存在することになる。階層が浅いものほど、変容が容易で、無意識が働いていることを意識し保留することで、新たなメンタルモデルへの変容につなげることが可能となる。

最後に、身体についても言及しておく。身体性については、西洋と東洋で認識の違いが出やすかった部分だとも考えられる。

　日本には「身土不二（しんどふじ・しんどふに）」という言葉がある。食の分野や仏教用語として語られる言葉だ。西洋と東洋の自他の認識の違いについて解説した中で、その違いの起源が自然との対し方の違いではないかと言及したが、この言葉は東洋の考え方を如実に表した言葉だと言えそうだ。

　人間の身体は細胞でできており、細胞は日々少しずつ古い細胞が新しい細胞に入れ替わっている。腸管の上皮細胞は数日で、皮膚は1か月程度、血液（赤血球）は4か月程度、骨は3～5年ですべて入れ替わると言われている。では、この身体をつくっているものは何か。我々が日々口にする食物である。この食物は土からできた野菜や、土からできた植物を食べて育った動物の肉などだ。つまり、我々の身体は土からできたものでできていて、身と土は切り離すことができない不二の関係だ、というのを「身土不二」という言葉であらわしている。昔の人の自己の認識が皮膚と空気が触れた境目にとどまらず、その周辺環境や土や気候までも含めて、自己という認識をしていたことがこの言葉から想像される。一方、西洋や現代の人の自己の認識は、皮膚と空気との境目と捉えていることが一般で、大多数ではないだろうか。

● 「自己」について

	知性的な領域	感性、情緒的な領域	精神、意思の領域	身体的な領域
第8の習慣	知性	情緒	精神	肉体
インテグラル理論	マインド	シャドー	スピリット	ボディ
脳の動き	大脳新皮質	大脳辺縁系	意識・無意識（ニューラルネットワーク）	
これまでの傾向	学習によって向上させやすい領域。高等教育で重視されている。	学習によって向上させやすい領域。高等教育で重視されている領域。	意思や意欲などやり遂げるうえで必要な領域。個性として捉えられやすく、生活を通して個人で高めるものだとされている領域。	体育や体育会系の部活動、クラブ活動などを通して向上させてきた領域。職種によっては、あまり重視されず、健康維持のために最低限メンテナンスするべきとされている領域。
最近言われていること	知性だけ高めればよいわけではない。	知性だけ高めればよいわけではない。	学究が進んでいる領域。精神の力を高めるのは、そのものを強くするというよりも、もともと潜在的に持っているものに気づいて引き出すという言葉の方がふさわしい。知性、情動だけで動いていると気づけない領域。	心身相関として語られているように、内面と密接にかかわっているため、おろそかにできない領域。

Beingの５つのターゲットスキル

(1)内なるコンパス（羅針盤）

　内なるコンパスとは、全体のためになる価値観や目的に対して、深く体感した責任とコミットメントの感覚（主体的に関わる感覚）を持っていることである。

　一般的に、インナーコンパス（内なるコンパス）を語るときには、人類で普遍的だと考えられるような項目、例えば公正、親切、正直、誠実、人間の尊厳、奉仕、貢献、美徳、他者への敬意、忍耐など、これまでの過去の人物が持っていた資質をキーワードで表し、自身の普遍的なコンパスとして持つことが重要だと、自己啓発本などで書かれることも多い[29]。しかし、ここでは、むしろ自身でそのコンパスに気づく能力を指していると考える。

　それでは、どのようにしてその普遍的なコンパスを見つけ出すことができるだろうか。自己の認識をどこまで拡張できるかが普遍的なコンパスに到達できる鍵だと考える。

　自分だけの欲望で動いた場合を考えると、たまたま関係する

● 「影響の輪」と「関心の輪」

人との利害の一致があるかもしれない。しかし、多くの個人が関わる組織で考えると個人の欲望から発した利己的なものは全員の納得がいくような全体善にはつながりにくく普遍的なコンパスにはならないだろう。個人や個という視点を超えて、家族としての視点、コミュニティとしての視点、人類としての視点、生物としての視点…と視点を拡大することでより普遍的なコンパスに到達できると考える。ここでコミュニティが意味するものは、地域コミュニティや、会社組織、個別に属している団体など意味合いは広く、属しているコミュニティを複数持っていることも想定される。

　より広く全体を自分事として見ることができる視点を獲得するには、内省によって自己の認識を深めていくことや、様々な体験を通した日々の学びが必要になるように思う。そして、内省や学びを通してより広く全体を自分事として見る視点を獲得し、深い体感ができたのならば、その体感を得られた責任と共に、内なるコンパスが何たるかを自身に問いかけることで、自分の内にコンパスを見出すことができる。そして、コンパスに沿った行動に心からやりがいと充実感を感じられるコミットメントの感覚を持てるようになるのではないだろうか。

　次に、コンパスに沿った行動をどのように取るかだが個人においても組織においても影響の輪[30]を考えて行動するとよいだろう。影響の輪とは、自身が影響を与えられる範囲ことだ。それに対して関心を持っている領域を表す関心の輪が存在する。普遍的なコンパスをもつことができると関心の輪も広がるかもしれない。しかし、関心の輪の内側にあって、影響の輪に入っていない領域に力を注いでも、徒労に終わってしまう。影響を与えられないからだ。自身の影響の輪の範囲を認識し行動することで、徐々に影響の輪を広げて、やれることを増やしていくことが肝要である。

⑵誠実で真摯で、本物である

誠実さ、正直さ、統合された自己一貫性を持って行動することへのコミットメントと能力。

　利己的なあり方を超えて、より広く深い範囲での視点を獲得することで、内なるコンパスを持つことができると説明した。その普遍的なコンパスに沿った全体の善につながる行動を実行するには、誠実さと真摯さが必要になる。また、コンパスに沿って行動するということは、自分の意思でもあり、全体善にも通じる、一貫性のある本物の行動になると考える。

　上述を少し詳細に見ていく。ここでの広さは、空間的な広さをイメージしている。コミュニティや国や地域を超え人種や文化を超えていく広さだ。

　深さは、人類に止まらず、他の生物、地球上の生命や環境も含めた種を超えるもの。そして時間的にも過去、未来の世代も含め、時間を超えるもの。これらを深さと表現している。広く深く世の中を見られるようになることで、普遍的な内なるコンパスを手にできることになる。

　しかし、いかに内なるコンパスを手にしようとも、利己的な欲は常に存在する。生物としての個体の生命維持の本能（生存本能）は常に存在しているからだ。個体の生存本能は、利己的な欲望に直結するため、誰しもが常に持っていて当然でもある。その利己的な欲望を認識した上で全体善に向けた行動を取れるようになるために必要なのがそれぞれ（個人、家族、コミュニティ、人類、生物、生命…）に対して誠実であり、真摯であることで、内なるコンパスへの誠実さ、真摯であることと同義となる。広い視点で見た内なるコンパスを持つことで、自身の思いや行動に一貫性が生まれ、内なるコンパスに沿った一貫性のある行動には、コミットメントが生じ、ブレることがなくなる。これが本物であるということではないだろうか。

　「一貫性」の意味するところは、1つの断面で見た局所的な正解ではなく、どの断面で見ても一貫して誠実さと、真摯さが伴っていることで全体を通した善を導き出して行けることを示している。地球上の生命にとって善いことと、所属する組織の

●インサイドアウトで影響の輪を広げる

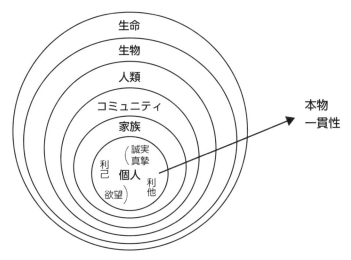

善いことは相反するものではなく、両立できると考える楽観性
（Actingの項で後述）も必要になる。

　そして、行動するときには、先に示したように影響の輪を考
慮した行動をしながら、インサイドアウト（内から外）で影響
の輪を広げていくことが肝要である。インサイドアウトとは、
自分自身が変わり、自分の内面にあるものを変えることで、外
にあるものを良くしていくという態度と考え方を指している。

(3)オープンさと学ぼうとする意欲・姿勢
　**好奇心という基本的な意欲・姿勢を持ち、進んで自分の弱さ
をさらけ出し、変化や成長を喜んで取り入れること。**

　学びや学習という言葉の意味から解説したい。IDGsで語ら
れる場合の「学び」のニュアンスの中には、学校教育や専門知
識を習得する際の学習に止まらない意味を持っているように
感じる。真の「学び」や「学習」は、自己の変容、つまりはメ
ンタル・モデルの変容を伴った成長を導くものだと考えられる。
「メンタル・モデルの変容」がわかりにくい場合は、パラダイ
ムシフトと言い換えてもらってもよいだろう。パラダイムシフ

トは、あるものの見方からあるものの見方へ変わることを意味
する。天動説から地動説へ見方を変えることで物事がすっきり
と説明可能なかたちで整理されたことをその発見者にちなんで
コペルニクス的転回と呼んだが、パラダイムシフトとは、まさ
にそのような視点や考え方の基本が変わることを呼ぶ。

　真の学びを得ようとすると、自己の考えやメンタルモデルの
変容を受け入れるオープンさが必要になる。逆に自身の考えに
固執してしまうと、異なる考えを聞く耳を持たずシャットアウ
トしてしまうため、変容は起こりようがなくなる。真の学びに
よって、インサイドアウトが実現可能になり、影響の輪を広げ
られる。そう考えられれば学ぶ必要性やモチベーションを感じ
ていただけるだろうか。
　深く考えずとも、好奇心を持って学ぶことに喜びを感じられ
るよう、学びを奨励して、心理的に安全な場をつくることが組
織としては肝要だと思われる。
　組織としての学びについて、80年代にロイヤル・ダッチ・シェ
ルのグループ・プラニング・コーディネーターであったアリー・
デ・グース[31]は、「組織としての学習とは、経営陣が会社や市場、
競合企業について自分たちが共有するメンタル・モデルを変え
るプロセスである。それゆえ、私たちは計画を学習と考え、企
業計画を組織としての学習と考えるのだ」と言っている。事業
経営や、業務そのものが学びの場でもあると言える。

(4)自分を理解する力
**　自分自身の考えや気持ち、欲求に内省的につながることがで**
きること。現実的な自己イメージを持ち、自分を律する能力を
持っていること。
　自己とは何かに関しては、先に示したように、「知性、情動、
精神、身体」で整理すると理解しやすい。自身のそれぞれにつ
いて認知するには、意識的な内省を伴う自己分析や自分自身
では見えない盲点も含めて他者からどのように見えているか
フィードバックしてもらうことも必要になるだろう。内省の

ツールに関してはIDGsのtool kitでも最初に紹介されている
のが、マインドフルネスのトレーニングだ[32]。Googleが採用
したことによって、世の中的にも周知が進んだが、日本では仏
教や禅の世界で瞑想として古くから取り入れられていることか
ら、東洋思想にもつながるバックグラウンドを持っていると言
える。

　マインドフルネスの効用は脳科学も含め明らかになってきて
いる。その効用の1つは自身の現在の状態について自己点検が
できる点にあると考える。習慣的にマインドフルネスを行うこ
とで、自身の体調や感情、何かに囚われているか、落ち着いて
いるかどうか、自身の状態が次第に認識できるようになる。通
常のフラットな状態が認識できるようになると、情動や欲望に
ハイジャックされた状態にも気づきやすくなる。この気づくと
いうことが、情動や欲望に対処するキッカケとなる。情動的に
なった場合の対処法として、特にその情動が怒り場合、発端と
なった理由をもう一度問い直してみる方法やしばらく対象から
距離をおくという方法が挙げられる。怒りは、最初に衝突があ
り、それに対する評価から発生し、さらに評価検討が繰り返さ
れて増大していくという。怒りが発生してから早いタイミング
で気分を静めることができれば、怒りを回避できる。できるだ
け早いタイミングで自身の情動に気づくというのがポイントに
なる[33]。

　また近年、瞑想やマインドフルネスの効果が脳科学的にも明
らかになってきている。マインドフルネスの実践により、思い
やりや慈悲の心など優しい感情に関する機能を担っている耳の
上付近にある側頭頭頂接合部が大きくなることや、闘争反応を
起こす扁桃体の灰白質を減少させることもわかっている。また、
学習や記憶、感情のコントロールに関係する左の海馬の一部が
厚くなり、活性化されることなど、特に自分を律する能力を高
められる部分が発達することが認められている。
　自分自身と自分の意見を分けて考えられるようになることも

重要なスキルだ。マインドフルネスなど内省を通して、自身を俯瞰して客観的な視点でみる「メタ認知」の能力を高めると、よりこの切り分けがスムースにできるようになり他者とのコミュニケーション力も向上するのではないだろうか。

(5)プレゼンス（今ここにあること）

今ここにいて、決めつけをせず、オープン・エンドの（結論や答えがない）状態でいられる力。

一般的にビジネス用語としてのプレゼンスは、「プレゼンスを高める」といった使い方がされ、存在感を意味して使われる場合が多い。しかし、IDGsにおけるプレゼンスは、「存在すること、今ここにあること」を意味するため、ニュアンスがずいぶん違う。オットー・シャーマー（Otto Scharmer）の著書『U理論』において、プレゼンス（存在）とセンシング（感じ取る）を組み合わせた造語でプレゼンシングという言葉が使われるが、ここでのプレゼンスはU理論で使われるプレゼンス（存在）とほぼ同義だと捉えてもらってよいだろう。プレゼンシングについては、Collaboratingの項で解説するが、未だ出現していない「前にあるもの」（ラテン語でプレゼンスは前にあるものを意味する）を、自身や相手、第三者を超えた視点で感じ取り（センシングし）ながら、最善のアイディアを創出していく状態を指している。

反応的にならずに今ここに意識を集中して存在すること、つまりプレゼンスな状態になるためには、判断を保留した、結論のない状態でいられる力が必要になる。判断をしようとすると、理性的な働きが大きくなる。判断する際は、自身の経験やメンタルモデル、周辺情報を基に頭の中で考えるため、今ここの場を感じその場にとどまるよりも、頭の中の思考の方に意識が集中することになるからだ。そうではなく、判断を保留することで、その場を感じながら今ここにあることができるようになることが大切だ。

判断を保留することは、自分の思い込みや、相手の意見を目の前に「吊り下げる」状態をつくることだと表現される。日常

生活では、それはこうだと判断してしまうことに慣れきっているかもしれないが、意識的に我慢して判断を保留し、わざと結論を出さない状態をつくり出す。この余白をつくることで、自身のメンタルモデルだけではなく、他者の視点や第三者的な視点、内なるコンパスを通した視点で物事を感じることができ、他者との共創的な対話につながっていくことになる。

　IDGs Toolkit より内省のための問いかけを紹介する。IDG フレームワークを活用するには様々な方法があるが、簡単な方法の１つは、次の質問を友人や同僚、家族や子どもに尋ねてみることだ。

　「IDG フレームワークから私が１つスキルを開発するとしたら、どのスキルが私の人生に最も大きな違いをもたらすでしょうか？」

　スウェーデンのヨーテボリ大学のトーマス・ジョーダンの助けを借りて、内省のための包括的なツールを、「内省するための問いかけ」（IDGs のフルバージョンの解説版からの抜粋・翻訳）として示す。
　このツール（問いかけ）は、個人としても組織としても使用できる。ただし、質問は基本的に仕事の状況を念頭に置いて作成され、個人や組織として探求の旅で取り組むことができる興味深い面を発見するのに役立てることを目的としている。

　すべての質問に答える必要はなく、内省ツールの早見表のようなものとして使ってもらえればよい。スキルが特定できたら、そのスキルに関する内省の問いかけの具体例を見て活用して頂きたい。

Being（自己との関係性）を内省するための問いかけ

⑴内なるコンパス（羅針盤）

個人

・あなたのもっとも重要な価値観は何ですか？

・どのような方法で世の中に貢献したいと考えていますか？

組織

・あなたが働いている組織のもっとも重要な３つの価値観は何
ですか？

・あなたが働いている組織は、どのような方法で世の中に貢献
していますか？

⑵誠実・真摯で、本物である

個人

・あなたが、自分に誠実な自分であることができなくなるのは、
どのような状況やどのような場面ですか？

・どのような状況で自分の価値観やなりたい自分に忠実である
ことが難しいと感じますか？

組織

・あなたの組織の進む方向が、組織の価値観に沿った方針か
ら逸れてしまうのは、どのような状況やどのような場面です
か？

・あなたは、どのような状況で組織の価値観に沿って行動する
ことが難しいと感じますか？

⑶オープンさと学ぼうとする意欲・姿勢

個人

・あなたは、他の人と意見が異なる場合、どうやってオープン
な率直さを保っていますか？

・あなたは、自分の意見とは大きく異なる意見に出会ったとき
にも、探求心を真剣に持ち続けることを心掛けていますか？

組織

・あなたの組織は、定常業務の実施や適用中の戦略に関して問題が発生したときにどのように対処していますか？

・あなたの組織は、たとえ組織内の一般的な意見と大きく異なる意見が出てきたとしても、真摯に探求の姿勢を貫くことができますか？

⑷自分を理解する力

個人

・あなたの長所と短所は何ですか？

・あなたは、自分自身の思考、判断、反応、感情の本質に気づく能力を養っていますか？

組織

・あなたの組織の長所と短所は何だと思いますか？

・あなたの組織では、判断、反応、感情的な状態が起こったときに、それに気づく能力を促進する方法を開発していますか？

⑸プレゼンス（今ここに在ること）

個人

・今、あなたの中にある最も大きなものは何ですか？

・あなたは、挑発されたと感じた時に、判断を下さない状態の自分で居続けることを意識して、他の誰かと会話できた経験を思い出すことはできますか？

組織

・あなたの組織の中にあると感じる最も大きなものは何ですか？

・あなたが働く組織の中で、結果を恐れずに自由に自分を表現できた瞬間を思い出すことができますか？

考える（Thinking）認知スキル

考える
認知スキル

認知スキルを伸ばすことは、賢く適切な意思決定のためには欠かせません。多様な視点を持ち、情報を評価し、世界を相互につながり合う全体として捉えましょう。

INNER
DEVELOPMENT
GOALS

クリティカル・シンキング（思考の偏りに気づく）
ものごとの捉え方、結論、プランに対して、妥当かどうかをクリティカルに熟考するスキルと

複雑さの認識
複雑でシステム的な状況と因果的なつながりを理解し、それを活用するスキル

パースペクティブ・スキル（視点・見通す力）
対照的な視点からの洞察を求め、理解し、積極的に活用するスキル

センス-メイキング（意味を見出す力）
パターンを見てとり、未知のものを構造化し、ストーリーを意識的に紡ぐことができるスキル

長期志向とビジョニング
長期志向を持ち、より大きな全体性の文脈につながるビジョンを描き、それにコミットメントし続ける力

Thinking-Cognitive Skill
（認知スキル）とは

　認知の「スキル」というだけあって、学び実践することで身につけることが可能な領域を指している。Beingに比べてフレームワークが整備されているものもあり、なじみやすく手をつけやすい領域だ。

　この認知スキルで挙げられているいくつかのスキルの眼目は、限定的なものの見方になってしまう論理的思考から視野を広げ、全体最適に到達するための思考スキルに焦点が置かれている。

　システム思考の項で見た要素と要素が影響しあう実世界は、単純な線形関係で表せる世界ではなく、非線形な挙動にあふれ

ている。論理的思考は物事を分けて限定的な範囲で論理性を見ることに長けた思考法であるため、上手く課題を切り出せると、その課題の因果関係を効率よく探し出すことができる。しかし、論理的思考を中心に据えて課題解決を図る場合には、問題の切り出しや想定が不十分なことが多く、対策も不十分であったり想定外の背反を生み出す結果となりがちである。

　その回避策としての思考法の紹介がこの領域の主たる内容である。

Thinkingの5つのターゲットスキル

⑴クリティカル・シンキング（思考の偏りに気づく）

　物事の捉え方、結論、プランに対して、妥当かどうかをクリティカルに熟考するスキル。

　クリティカル・シンキングは批判的思考と訳されるように、物事に対して「本当なのか？」と問いかける思考法で、他者の考えにも自身の考えにも批判的な思考を加えることで、自身の思考の偏りに気づき、自律的に行動できるようになるための思考法だ。

　クリティカル・シンキングのフレームワークを使うことで、できるだけ偏見をなくし客観的で多面的な視点で判断ができるようになる。

　物事を判断する際に一側面からみた論理的な判断は、限られた範囲で妥当だとしても、複数の前提条件や登場人物、タイミングなど多面的に検討すると、必ずしも正しい判断ではなくなってしまう。VUCAの時代である現在、多くの情報を頼りに多面的な判断が求められるようになった。その時に自身の判断や得られた情報が「本当か？」と問い直すことを促す多くのフレームワークが考え出されている。クリティカル・シンキングのフレームワークは、思考法として書籍も充実しているため学習もしやすいと思われる。ここでは、思考法のいくつかを紹介する。

■目的思考

　解決しようとしている課題や取り組んでいる問題のそもそも
の目的にズレがないか、手段と目的が整合しているかを考える
思考法のことを指す。瞬間的に問題そのものを疑ってみて、違っ
ていたら目的自体の再設定をおこなう真摯な態度も必要となる。

■相手思考

　具体的な「相手の関心」に向かって思考を行う。仕事をする
上ではお客さまは誰なのかと問うことが重要となる。その相手
の関心と現状とのギャップが解決すべき課題と捉えることがで
きる。この相手の視点の想定を外してしまうと、見当はずれな
行動を生み出しかねない。また、自身で想定した相手がこう考
えるだろうという考えには、自分自身の思考の偏りが入ってし
まうことに注意が必要だ。相手思考に関しては、(3)パースペク
ティブ・スキルの項でも後述する。

■５Ｗ１Ｈの活用

　５Ｗ１Ｈ（Why、What、Who、Where、When、How）
で問い直してみる。この中でもWhy（なぜ）、What（何を）、
How（どうやって）の３つを常に問いかける習慣を持つことで、
自分の考えの妥当性を検証するきっかけとなるはずだ。

　次に思考や判断の際に誰しもが持ってしまう認知バイアスに
ついて言及しておく。物事を認知する際に、その認知の対象に
よって意図せぬバイアスが入ってしまうことを認知バイアスと
呼ぶ。いくつか判断時の助けになるものを紹介する。

●VUCA時代に必要な多面的判断

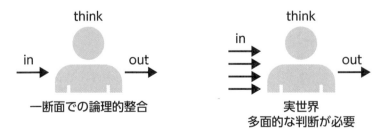

●基本的帰属錯誤

対象	失敗	成功
自分	状況のせい	自分のおかげ
他者	人のせい	状況のおかげ

■原因帰属

原因帰属とは、物事の原因がどこにあるかを示す言葉だ。能力や性格、行動など自身の行動に原因があると考える場合は、内的原因と呼び、状況や他者に原因があると考える場合は外的原因と呼ぶ。

■基本的帰属錯誤

認知バイアスにより発生する現象として、基本的帰属錯誤という言葉がある。この現象は、自分自身のことを対象にするか、他者のことを対象にするかで原因の帰属を錯誤しやすいバイアスがかかることをいう。上の表は、その端的な例を表したものだ。

■自己奉仕バイアス

自分が失敗した場合は、その原因を状況に求めがちで、その逆に、成功した場合は自分のおかげだと思いやすくなるバイアスがかかることは、基本的帰属錯誤の例となる。特に成功は自分のおかげだと思いたくなるバイアスがかかることを自己奉仕バイアスと呼び、多くの人が持っていることがわかっている。

また、他者との協働の際や他者への判断をする際には、自分とは180度逆のバイアスがかかり、他者の失敗はその人のせいと見がちで、他者が成功した際は、その人ではなく状況のおかげだと判断しやすい。

このように、いくつかのフレームワークを活用することや、認知バイアス、無意識の偏見を誰もが持つことを知っておくことで、妥当な判断の助けとなるはずだ。

⑵複雑さの認識

　複雑でシステム的な状況と因果的なつながりを理解し、それを活用するスキル。

　システム思考の項で説明した要素間のつながりを見る手法。SDGs、IDGsのバックグラウンドには、複雑性の認識とその認識のためのシステム思考が基本となっている。ここでは、2種類あると言われている複雑性について記述し、現在の世の中で複雑性の認識が必要になる背景を説明する。

　複雑性には2種類あると言われている。1つは「種類による複雑性（detail complexity）」と呼ばれるもので、要素や種類が多いことによる1つ目の複雑性である。もう1つは、「ダイナミックな複雑性（dynamic complexity）」と呼ばれるもので、要素のつながりや相互関係から生じる複雑性。

　例えば、森の中には様々な種類の動植物が存在していることによる種類による複雑性がある。種類による複雑性に対しては、ロジカル・シンキング（論理的思考）といわれる、種類を分類してパターン認識できるようにするアプローチが重視されてきた。しかし、現在、社会や経済、企業や組織は、ダイナミックな複雑性のある環境下に置かれている。森の例で言えば、森に存在する多種多様な生物の相互関係がつくり出す森の営みそのもののような、いくら種類を分類し、パターン認識をしても、理解することができない複雑性だ。種類による複雑性への対応も重要だが、これからの時代に違いを生み出すのは、ダイナミックな複雑性への対処力となってくるといわれている。複雑な問題や状況の構造とそのツボ（レバレッジ）を見抜く力、そしてシステムの力を利用して効果的に働きかけていく力がなくては、加速度的に複雑さを増す社会や経済の中で生き残り、成功を収めることは難しくなってきている。システム思考は、このダイナミックな複雑性を扱うアプローチであり、プロセスであり、共通言語となる。システム思考を身につけることで、より効果的によりストレスの少ないかたちで変化に対応でき、また、望ましい変化を自ら創り出していく力を養うことができる[34]。

　次に、ツールを1つ紹介する。ThinkingのToolkitの中に
キーガン博士の免疫マップ[35]の紹介があるが、Toolkitの説明
だとイメージしにくかったため、ここで補足しておく。免疫マッ
プは、次の4つの枠を使ったフレームで変革を阻む裏の目標と
自身の中にあるメンタルモデル（強力な固定観念）を明らかに
していくプロセスだ。

　①改善目標
　②阻害行動
　③裏の目標
　④強力な固定観念

　上記の項目を持つフレームでワークを実施することで、改善
目標と裏の目標のどちらを真に望んでいるのかメンタルモデル
まで掘り下げて探求することができる。すると本当に求めてい
ることがどこにあるのか見つめ直せる面白いフレームだ。
　このフレームの活用方法は、個人で記載してみて確認するに
とどまらず、相互コーチング等で他の人と一緒に掘り下げてみ
ることを強くお勧めする。自分のことはわかっているつもりで、
実はあまりわかっておらず他者の言葉や反応で気づくことが多
いためだ。自分自身のことが、盲点になっているのが他の人の
視点を入れることでよくわかり、気づきが増えるはずだ。
　免疫マップは、任意に上手くいっていない事例を取り挙げて、
上記①～④まで記入してみることで、自身の行動を何が引き起
こしているのか明らかにしていくものだ。特に、メンタルモデ
ルの変容や行動を変える必要がある際には、人間の本能として、

●キーガンの免疫マップの4つのフレーム（部下の指導の例）

① 改善目標	② 阻害行動	③ 裏の目標	④ 強力な固定観念
部下の自律的な成長	細かく口出しをする	きちんと指導できている上司であること	自身の思っているやり方でできていないと上手くできていないように感じる

変えることへの抵抗が必ず起きるとキーガン博士は言っている。その本能的な反応があるために免疫マップという名称が付けられている。

　一例として部下の指導の例を挙げるので参考にして頂きたい。前頁の表の例は、部下の自律的な成長を求めているのに、上手くいかない例を示している。阻害行動は、部下の一挙手一投足に細かく口出しをしてしまうことだ。ここで何がこの行動を引き起こしているか考えるために、裏の目標となっている考えを考慮する。阻害行為によって、周りからきちんと指導できている上司だと見てもらえる裏の目標が達成されることに気づいた。さらに、この時の強力な固定観念は、自身の思っているやり方で部下ができていないと、上手くいっていないと思ってしまうことだった。しかし、よく考えると部下が自律性を持つということは、上司である自身のやり方ではなく、部下が自分なりのやり方を確立することにあると気づくことができた。これに気づき、程よい距離感でアドバイスをすることを意識づけられるようになったという。

　免疫マップの記載手順を駆け足で紹介したが、免疫マップを使うことで、自身の固定観念に気づくことができアクションを変えられる可能性がある。ぜひ活用頂きたい。

(3)パースペクティブ・スキル（視点・見通す力）

**　対照的な視点からの洞察を求め、理解し、積極的に活用するスキル。**

　パースペクティブ・テイキング（視点取得）という言葉で使用されることが多い。心理学や社会心理学で使用される言葉だが、その意味は、自身の視点だけでなく、他人の心理的経験（つまり、思考、感情、態度）を理解し、その視点を取る能力を指す。他者の視点で物事を見ることで状況を認識したり、概念を理解したりすることは、人間力の開発にとって重要で、様々な有益な結果につながる可能性が示唆されている。

　一般的に使われる「お客さま目線」という言葉は、視点取得の象徴的な言葉だと考えられる。商品を提供する側の視点だけ

でなく、お客さまがどう感じるか、本当に嬉しいものを提供できているか深く考えることが必要になる。

　他人の視点で理解するためには、自身の判断や意見に不確実性があるため、本当に正しいかどうか批判的に見ることからはじまる。つまり、クリティカル・シンキングでも紹介した、「本当かな？」と問いかけることをきっかけとして、相手思考で考えてみることが、パースペクティブ・スキルの一例だと言える。

　ではどのようにすれば、このスキルが身につけられるだろうか。「お客さま目線」という言葉と同様に、継続的にその視点を持つことを奨励し、意識づけを行わなければ、定着していかないように思われる。また、実際に相手の視点で洞察するロールプレイを行ってみるのも大変有効である。その一例として行動探求の演習とロールプレイを組み合わせたものを紹介する。実施してみるとロールプレイの重要性が体感できるので、やり方を理解するだけでなく実践をお勧めする。相手役としてロールプレイすることで、発言の感じ方が変わってくる。一度このような体験をすることで、会話中に相違点があっても、対照的な視点として積極的に活用できる可能性を理解できるはずだ。

〈難しい会話を振り返るワーク〉
※ワークには相手が参加する必要はなく、当事者と第三者とのワークを想定している。

❶自分と相手との会話のセリフを振り返る。
　会話の際に自分が感じていたことを併記する。上手くいかなかった会話を題材にするとよい。

❷実際の状態と望ましい状態を併記しながら、振り返る。
　表の数字の順に、望ましい結果、実際の結果、その結果を生み出した実際の行動、実際の枠組み、望ましい枠組み、望ましい行動の順にワークへの参加者と当事者（自分）で記載していく。枠組みとは、その場の目的は何で、どんなジレンマを解決しようとしていたのか、どんな前提が共有されていたか、どん

な前提が共有されていなかったかを指す。

❸会話のロールプレイを行う。

　3、4人で1組になって、他者に自分役になってもらい、当事者は、相手役となる。❶❷で分析した結果を元に、自分役は会話の途中からアレンジして望ましい状態を目指す。当事者は相手役となって、会話をしてみる。

❹最後に誰か1人に相手役になってもらい、自身で自分役を実施する。

●難しい会話を振り返るワーク
❶

自分と相手との会話	自分の考えたこと、感じたこと
自分： 相手： 自分： 相手： 自分： 相手：	

❷

	枠組み	行動	結果
実際	4	3	2
望ましい状態	5	6	1

※数字は書き込んでいく順序を示している

⑷センス・メイキング（意味を見出す力）

　パターンを見て取り、未知のものを構造化し、ストーリーを意識的に紡ぐことができるスキル。

　すべての人間は、自分の経験を理解し、機能させるために絶えず活動している。経験を理解する際には経験に何らかの意味づけをすることで理解しているはずだ。世の中の複雑性が高まると、経験の意味づけは困難になる。そのため、センス・メイキングのスキルは今後さらに重要性が増してくる。

　センス・メイキングとは、個人や集団が直面している課題に関連するパターンを積極的に探し、追加情報を探しながらそのパターンを理解しようとし、異なる解釈を試し、他の人々と対話しながら、より根拠のある結論を導き出すことを指す。センス・メイキングは、本当の問題が何であるかについて個人または、集団で合意形成することを意図している。VUCAの時代で多くのなるのは、正しい問題に対して間違った解決策をとってしまう失敗よりも、間違った問題を解決したから失敗してしまうことの方が多くなるだろう。センス・メイキングでは、情報をノイズから分離して、何が真実に見え、何が真実であるかを理解するプロセスとなる。

　パターンを見て取り、構造化し、何が起きているか分析するプロセスは、システムループ図の作成方法で説明したプロセスでもある。システム思考では、出来事をパターンとして確認し、パターンを引き起こしている構造を検討する。構造化ができたら、構造的に起きている事象を俯瞰し、ストーリーづけを行うということになる。システムループ図をツールに使用して対話を行うことも紹介したが、この一連の流れはセンス・メイキングとも一致している。システムループ図を描く場合には、どのパターンに着目するか、どの変数に着目するかは、ループ図の検討者に依存する。つまり、パターンや変数への意味付けや意味を見出す力が大きく影響することになる。複雑性を認識していることでセンス・メイキングの能力が上がり、センス・メイキングのスキルがあることで、より複雑性の認識を助けてくれ

ることになる。

　このサイクルは、センス・メイキングのツールとしても紹介されるOODAループでも説明ができそうだ。OODA（ウーダ）ループとは、Observe（観察する）、Orient（方向付ける）、Decide（判断する）、Act（行動する）の頭文字をとったものだが、観察から始まることを特徴としている。このループのOD（方向付けと判断の部分）が意味を見出し判断しているセンス・メイクの部分だが、行動後の結果を再度観察することで、意味づけの精度をあげて根拠のある結論を導き出す方法で、高速に繰り返しながら行うことにも適している。

　センス・メイキングは、IDGフレームワークの他の部分クリティカルシンキング、複雑性の認識、パースペクティブ・スキルなどとかなり重なる部分がある[36]。

(5)長期志向とビジョニング

　長期志向を持ち、より大きな全体性の文脈につながるビジョンを描き、それにコミットメントし続ける力。

　Beingの項で自己のあり方について説明する際に、『学習する組織』の自己マスタリーを紹介した。個人のビジョンの描き方と現状を把握することで、創造的緊張をつくり出し、ビジョンを高く保ち続けることで、ビジョンに実現に向けて現実を引き上げる努力ができることを紹介した。

　ここでは、より長期のビジョンとより大きな全体性の文脈につながるという点に焦点を当てて解説する。

　2030アジェンダのSDGsに記載されているような複雑で地球規模の問題として挙げられる、気候、環境問題、社会経済構造、世界秩序など[37]は、非常に複雑なシステムやダイナミクスによって引き起こされたり、条件づけられたりする。これらの問題は、すぐに解決できるものではなく長期にわたる持続的な取り組みが必要になる。

　このような問題に戦略的に取り組む当事者は、問題を生み出す長期的なプロセスのパターンを理解し、ビジョンを策定し、複雑なシステムの発展に影響を与えるための行動を設計し関与

するという点で、非常に長い時間軸を持つ必要がある。長期的志向は 複雑性の認識と忍耐力に強く関連し、依存している。

　このような複雑性の高い社会課題に対して、関係者で合意形成をしながら長期ビジョンを策定し、変化を推進する方法として「変化の理論（Theory of Change：ToC）」がある。

　現状と将来の目指す姿を関係者とつくり出し、長期、中期、短期のアウトカムを検討する。アウトカムとは、活動の結果として起きる変化を意味し、アウトプットが意味する、直接的な成果やモノ、サービスと分けて考えていることに注意していただきたい。長期視点で検討する場合は、アウトプットを目標にするのではなく、アウトプットの先に生み出されるアウトカムを描くことで、目指す姿への変化を促進できる。欧州のソーシャルセクターではToCで企画されることが増え、助成金等の申請では、ToCを用いた申請も浸透してきているとのことである。日本においても内閣府が長期的な活動が伴う社会的企業に向けて、アウトプットとアウトカムの違いを意識した、社会的インパクト評価とロジックモデル（図表参考）として普及促進している[38]。今回のIDGsのツールには含まれていないが、長期のビジョニングの参考とされたい。

●社会的インパクト評価とロジックモデル

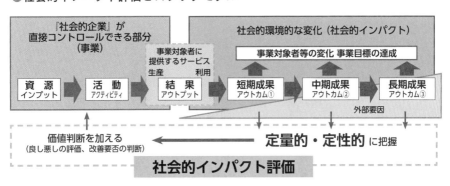

出典：新日本有限責任監査法人作成資料より作成

Thinking（認知スキル）を内省するための問いかけ

(1)クリティカル・シンキング

個人

・あなたは、自分の信念の盲点をどのように見極めますか？

・あなたは、重要な主張に対して、探究心や批判的な質問をする習慣を養っていますか？

組織

・あなたは、あなたの組織の盲点を知っていますか？

・あなたの組織では、重要な主張に対して批判的な質問をすることが可能な文化が維持されていますか？

(2)複雑さの認識

個人

・あなたが「両方とも」や「あれもこれも」という視点で考えるのを助けてくれる思考ツールや手法を何か持っていますか？

・あなたは、原因、潜在的な影響、他の問題との関連性など、自分が関心を持っている問題に関してより深く理解するために、どのような方法があるか探していますか？

組織

・あなたの組織は「両方とも」や「あれもこれも」という視点で考えるのを推奨していますか？

・あなたの組織では、問題をより深い意味で（原因、起こりうる結果、他の問題との相互依存性など）理解する方法を開発していますか？

(3)パースペクティブ・スキル(視点・見通す力)

個人

・あなたに深く問いかける視点を持っているのは誰ですか？

・あなたは、困難な問題に取り組む際に、対照的な視点を活用することに強い意欲を持っていますか？

組織

・自分の働いている組織とはまったく異なる視点で物事を捉え
　ている他の組織を知っていますか？
・あなたの組織は、困難な問題に対処するために、対照的な視
　点を用いる方法を開発していますか？

(4)センス・メイキング(意味を見出す力)
個人
・あなたは、どのようなストーリーに意味を感じることができ
　るでしょうか？
・あなた自身について、自分の関心ごとのストーリーをどのよ
　うにつくり上げているのか、振り返ってみてください。
組織
・あなたが働く組織の文脈の中で、どのようなストーリーが意
　味を持つのでしょうか？
・あなたが働いている組織は、ストーリーがどのようにつくら
　れるかについて、組織を巻き込んだ実践を展開しています
　か？

(5)長期指向とビジョニング
個人
・5年、10年、100年の視点で、最も重要な3つのことをそれ
　ぞれ挙げてください。
・長い時間がかかる課題に取り組むことに、やりがいを感じま
　すか？
組織
・5年後、10年後、100年後、あなたが働く組織の視点から、
　最も重要な3つのことをそれぞれ挙げてください。
・あなたの組織は、解決に長い時間を要する問題に対処するた
　めの方法を開発していますか？

つながりを意識する（Relating）
他者や世界を思いやる

つながりを意識する

他者や世界を思いやる

となり近所の人や未来の世代、生物が生息する
空間全体など、他の存在に感謝し、思いやり、
つながりを感じましょう。それは、すべての人
にとってより公正で持続可能なシステムや社会
をつくることにつながります。

INNER
DEVELOPMENT
GOALS

感謝
他の存在や世界に対し、感謝、ありがたさ、喜びの基本的
な感覚を持ってつながること

つながっているという感覚
コミュニティ、人類、地球の生態系など、より大きな全体
とつながっている、またはその一部であるという鋭い感覚
を持つこと

謙虚さ
自己の重要性にとらわれることなく、その場の状況が必要
としていることに応じて行動できること

共感と思いやり
優しさ、共感、思いやりをもって、他の存在、自分自身、
自然とつながり、それらに関わる苦しみに対処する能力

Relating – Caring for Others and the World
（他者や世界への配慮）とは

　他者や世界とのつながりをどのように個々人が感じているか、
組織内で意識したり、共有することはあるだろうか。所属し
ている組織によっては、より深く他者や世界とのつながりを意
識して組織文化として醸成しているかもしれないが、会社組織
においては、分業の名のもとにつながりも分担により分断され
ることのほうが多い。私が知る限り、前者のほうが多いのでは
ないかと思う。

　創業者の意思や、組織の標語として行動指針や大事にしたい
価値観として、「感謝」や「謙虚さ」というキーワードが出て
くることも少なくない。「共感と思いやり」という言葉も企業

において、人間力の文脈や360度評価が導入される中で、よく聞く言葉になってきた。

　しかし、ここでいう「感謝」「謙虚さ」「共感と思いやり」の項目の中身や「つながっているという感覚」の説明文には、より広く深い視点を想像できる文言の記載となっている。企業内のコミュニティや社会に対しての貢献をうたっている企業は多いと思うが、コミュニティ、人類、地球の生態系など、より大きな全体とのつながりや一部であるという感覚を持つことまで明言するケースはあまりない。そのため、組織の中でつながりを意識してその感覚を高めていくことはチャレンジングなテーマになりそうだ。しかし、根源的にこの意識を持つことにより働き方や他者への思いやりが変わり、行動も変わってくるはずだ。行動はより有効性を増し、コミュニティにとっても社会にとっても公益的な行動を生み出すようになるだろう。

Relatingの4つのターゲットスキル

(1)感謝

他の存在や世界に対し、感謝、ありがたさ、喜びの基本的な感覚を持ってつながること。

　IDGsにおける感謝は、従来イメージされる感謝に補足するべき内容も含まれている。感謝は、努力によって強化することができるもので、人々との関係や社会的、物質的、自然的世界との関係の捉え方によって生まれてくるものだとしている。感謝の気持ちは、人と人とのつながりや信頼関係を築くのに役立ち、創造的で協力的な仕事を促進してくれる。他者だけでなく、自然を大切にし他の存在や世界に感謝することは、自然環境を守ろうとする姿勢の基礎となる。自然環境を守るというコミットメントを感じる根拠として、自然を大切にし、感謝することが重要との意見がIDGs策定時の調査結果でも確認された。

　また成人発達における後期発達段階（ポスト在来型の発達段階）と感謝の気持ちを持つ傾向や能力との間には関連性があると考えられている[39]。エゴを守ることに関心がなく、あらかじ

め決められたプロジェクトやアイディアに没頭している人ほど、自分が置かれた様々な状況の肯定的な側面を感じやすくなるという。

「ありがたさ」や「喜び」は、他人を鼓舞し、憂鬱な現実から感謝・賞賛に値するものへと注意を向けさせ、創造的な活動へのエネルギーを結集させる絶妙な効果があるのだろう。感謝は、「謙虚さ」、「オープンさと学ぼうとする意欲・姿勢」、「プレゼンス」と関連し、「集団を動かす力」の重要な要素になり得る。

仏教瞑想の説明で示した、慈悲の心とIDGsの「感謝」はかなり近い意味が含まれると考えられる。縁起の一方向の関係から相手や周りが存在しないと自分自身の存在もないと考えられ、相手もまた周りがいないと存在しないことになり、自分も相手もすべては「空」である、という概念に到達する仏教の思想。すべては、「空」であるという感覚に到達した時に、慈悲の心が生まれるという。お互いがお互いを支え合っている関係を感じることで生まれる慈悲の心は、ここで解説した「感謝」と同様の意味を含んでいると考えられる。

(2)つながっているという感覚
コミュニティ、人類、地球の生態系など、より大きな全体とつながっている、またはその一部であるという鋭い感覚を持つこと。

つながっているという感覚は、自己のアイデンティティを感じることに最も深く関わっている項目の1つとなる。より大きな全体とのつながりを感じ、その一部であるという感覚を持つことができると、自動的により大きな全体の幸福を大切にする感覚につながっていくことになるだろう。

したがって、「つながり」は、「より大きな全体」に対してよい結果をもたらす行動に強く結びつく。つながっているという感覚は、訓練によって得られるスキルではないと言われているが、体験を伴うことでつながりを感じる方法や、すべての生き物との相互関連性を体系的に意味付けし紐解くことで、知識に

基づいてつながりを認識する方法など様々なアプローチがある。CSR（企業の社会的責任）やSDGsの文脈で企業経営と社会や地球環境とのつながりを意識することは増えた方も多いだろう。

　しかし、ここで示されたつながっているという感覚には自己の存在自体にも関わる、より広く深い意味が込められている。日々の業務でこの感覚を持ちながら組織での活動を継続することは難しさも伴う。企業の業務推進においてはサイロ化されたごく一部の業務を推進することがほとんどである。そのため多くのステークホルダーとの接点や共有ビジョンがないとつながっているという感覚を維持することは難しい。また、自身の身を守ることで精一杯であったり、生きていくことが至上命題になるような状況では、より大きな全体と聞いても自分事と捉えるのは難しい。したがって、様々なワークや体験を通してこのような感覚が得られたのであれば、つながっているという感覚から生じる感謝と責任を持ちながら、この感覚をできるだけ維持し、ことあるごとに思い出せるようにして、その感覚を広めるためにどうすればよいか模索していただければと思う。

　IDGのフレームワークでは、「つながり」は他の多くのスキルや資質と結びついており、「つながり」の感覚を生み出すもの、そして「つながり」の感覚から生まれるものの両方がある。センス・メイキング、複雑性の認識、内なるコンパス、感謝、共感と思いやり、謙虚さ、インクルーシブなマインドセットなどである。

(3)謙虚さ

**　自己の重要性にとらわれることなく、その場の状況が必要としていることに応じて行動できること。**

　ここでいう謙虚さとは、他人に対して（自分に対しても）、よく見せることを意識せずに行動できる能力を指している。謙虚な姿勢とは、ある種の自己イメージに（過度に）同化しないこと、そしてその自己イメージを他者から確認されることを必要としないことの結果であると理解される。これは、自分自身の限界やその他の性格を現実的に受け入れ、認識することの結

果であると考えられる。

　ある種の自我イメージを維持する必要が多かれ少なかれない
ことは、行動する際に、例えば専門家としての特定の自己イメー
ジを投影することに気をとられるのではなく、状況の必要性に
完全に集中できることを意味する。そうすることで、他者に対
してオープンで、柔軟で、尊敬に満ちた態度で接することがで
きるようになる。

　Beingの項目で説明したプレゼンシングと名付けられたU理
論における会話の4象限（collaboratingの共創スキルの項で
後述）の最後の領域は、自身の立場、相手の立場を超えて、よ
り大きな全体からみた視点でその場の状況が必要としているこ
とに応じて行動をしていくことを示している。この領域に到達
できる前提として、この謙虚さが必要だと考える。謙虚さがな
ければ、自身の保身や利己的に後先を考えた行動を生み出し、
全体よりも個人を優先してしまうことになるためだ。利己的な
欲望を優先するか利他を優先するかという言い換えもできる。
　組織で謙虚さを引き出すには、お互いへの尊敬や尊重も必要
だろう。お互いに尊敬、尊重の念を持って心理的に安全な場で
あれば、謙虚さを持ち自己にとらわれることなくより良い未来
のために献身的に動けるようになるはずだ。逆に、自己の重要
性を主張しなければいけないような、心理的に安全でない場や
状況を生み出す構造があるとすると、謙虚であることが難しく
なるため、謙虚さを引き出す組織や場をつくることが重要にな
る。
　謙虚さは、オープンさと学ぼうとする意欲・姿勢、自己を理
解する力、つながっているという感覚、共感と思いやり、プレ
ゼンスとインクルーシブ・マインドセットと異文化コンピテン
スに関連している。

⑷共感と思いやり
　優しさ、共感、思いやりをもって、他の存在、自分自身、自
然とのつながり、それらに関わる苦しみに対処する能力。

　文献上では様々な概念化がなされているが、IDGsでは、その定義をかなり広義にすることでオープンに捉えてもらう余地を残している。IDGsでは、共感とは、他の人が感じていることを比較的正確に理解し感じ取る能力であり、一方、思いやりとは、他の人に慈悲の心をもって関わりたいと思う資質である。共感と思いやりは、もちろん感情的知性（EQ）の重要な構成要素でもある[40]。

　共感力や思いやりは、その人の性格や資質の部分が大いに関係しているように感じる。しかし、この社会的能力は訓練で高めることも可能で、共創のために必要な要素であることを忘れてはならない。共感や思いやりが必要ない世界を想像してみてほしい。すべてが科学法則に従った論理的判断で事足りる世界ということになるだろう。実際はそうだろうか。最終的にすべてのモノコト、サービスなどは、人が関わることになる。人は情動的な動物でもある。一側面では論理的に正しい内容に見えても、多様な前提、多様な価値観を通して見るうちに、ある視点や前提、タイミングでの論理的な正しさでしかなかったことに突き当たってしまう。つまるところ、共感と思いやりから生まれる協働が、最善の未来を導く方法になるのではないだろうか。「それらに関わる苦しみに対処する能力」の記述には、共感と思いやりは必要だが、簡単にできるものではなく誰もが苦しみも伴い、それに対処していく必要があることを意味していると思うと、共感を持つことにもチャレンジする気持ちも湧いてくるのではないだろうか。

　共感とは、他の人の立場と感情の状態を感じる能力、一方、思いやりはもう一歩踏み込んだ感情で、他の人の不安に共感した上でそれを和らげたいと思う気持ちも含まれる。近年、専門家による研究が進み、過度な共感は共感する側にストレスを与えて消耗させる一方、思いやりを持つことは、気遣い、温かみ、他の人を助けたいというモチベーションになるという事が科学的にも証明されている。これらは、Googleが公開しているマネージャーの行動規範としても取り上げられているので参考とされたい[41]。

Relating（他者や世界を思いやる）を
内省するための問いかけ

(1)感謝

 個人

・あなたの成功を思い出してください。その成功に貢献してく
　れたのは誰ですか？

・あなたは、人々の努力や世の中の美しさなど、感謝に値する
　ものに意識を向けていますか？

 組織

・あなたの組織の成功を思い出してください。その成功には、
　何が、そして誰が貢献したのでしょうか？

・あなたの組織では、人々の功績や世界の美しさなど、感謝に
　値するものに感謝する習慣がありますか？

(2)つがっているという感覚

 個人

・あなたは、誰と、そしてどんなことにもっと関わりたいと思
　いますか？

・あなたは、人類や地球の生態系といった、より大きな全体へ
　の帰属意識を持ち、その一部であるという、強く、深い感覚
　を育み、維持しようとしていますか？

 組織

・あなたの組織は、誰に対して、そして何に対して、より献身
　的になれるでしょうか？

・あなたの組織は、人類や地球規模の生態系といった、より大
　きな全体への深い帰属意識を確立することや、それを維持す
　るための方法を開発していますか？

(3)謙虚さ

個人

・「私」より「私たち」を優先させることが必要な時に、それを助けてくれるのは何でしょうか？

・あなたは、やるべきことよりも見栄えの方が気になることがありますか？

組織

・あなたの組織では、状況に応じて、組織のニーズよりも社会的利益を優先させる習慣が身についていますか？

・あなたの組織は、やるべきことよりも外部からの見栄えの方を重視することがありますか？

(4)共感と思いやり

個人

・他人の苦しみを察知した時、あなたを行動に向かわせるのを助けてくれるのは誰ですか？何ですか？

・あなたは、自分とはまったく違う人、自分が否定するような行動をとる人に対しても、共感や思いやりの気持ちを持つように努力していますか？

組織

・あなたの組織では、他者の苦しみに気づき、それに応えるための実践を積み重ねてきましたか？

・あなたが働いている組織は、自分とはまったく異なる（価値観や考えの）人々や、自分が否定するような行動をとる人々に対して、共感や思いやりのスキルを身につける機会を与えてくれていますか？

05

協働する（Collaborating）社会的スキル

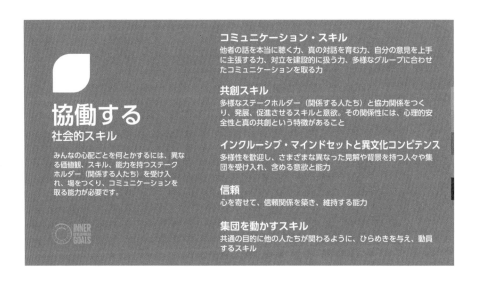

協働する
社会的スキル

みんなの心配ごとを何とかするには、異なる価値観、スキル、能力を持つステークホルダー（関係する人たち）を受け入れ、場をつくり、コミュニケーションを取る能力が必要です。

INNER
GOALS

コミュニケーション・スキル
他者の話を本当に聴く力、真の対話を育む力、自分の意見を上手に主張する力、対立を建設的に扱う力、多様なグループに合わせたコミュニケーションを取る力

共創スキル
多様なステークホルダー（関係する人たち）と協力関係をつくり、発展、促進させるスキルと意欲。その関係性には、心理的安全性と真の共創という特徴があること

インクルーシブ・マインドセットと異文化コンピテンス
多様性を歓迎し、さまざまな異なった見解や背景を持つ人々や集団を受け入れ、含める意欲と能力

信頼
心を寄せて、信頼関係を築き、維持する能力

集団を動かすスキル
共通の目的に他の人たちが関わるように、ひらめきを与え、動員するスキル

Collaborating – Social Skills（社会的スキル）とは

　社会的スキルを高める機会は学校教育の中でどれくらいあっただろうか。日本の教育においてはこれらのスキルに焦点をあてられることは初等教育以降は少なくなり、スキルを身につける機会も少ないように思う。学科教育に含まれない社会的スキルは、学校生活や社会生活の中で自然と身につけていくものだと思われる方がほとんどではないだろうか。中には意識的にこれらの能力を高めるために、社会活動や、サークル活動、部活動などに力をいれた人もいるだろう。日常生活では身につけられなかったが、あるタイミングで必要性を感じて、例えば大学卒業時に自己啓発としてこれらのスキルが高まるようなワーク

ショップや専門教育に参加してみたり、社会人になったのち、
これらの必要性を感じ、受講してみたりという方もいるだろ
う。そのような機会を逃したほとんどの人は、自然と高まるも
の、持って生まれた個性だと片づけてしまうのではないだろう
か。組織の内外で協働する上では、大変重要なスキルであるは
ずなのにである。

　5つのスキルを確認して頂きたい。5つのスキルを見ていく
と、これらのスキルをマスターしていれば、組織のリーダーに
ふさわしい人材と言えるのではないだろうか。これまで、個性
とみなされていたこれらのスキル、人により得手不得手はある
かもしれないが、1人ひとりが少しずつこの能力を高めること
ができれば学習するより強い組織に変容していくのではないだ
ろうか。
　IDGsではこれらのスキルを高めるツールやワークが提示さ
れている。これらのスキルを高めることは、どのような業種や
職種においても必要だと考える。

Collaboratingの5つのターゲットスキル

(1)コミュニケーション・スキル
　他者の話を本当に聴く力、真の対話を育む力、自分の意見を
上手に主張する力、対立を建設に扱う力、多様なグループに合
わせたコミュニケーションを取る力。
　コミュニケーション・スキルは、積極的な意図や配慮を伝え
る、注意深く積極的に聴く、自由な質問をする、建設的な方法
で意見を主張する、といった特定の具体的行動で表現すること
もできる。しかし、より根本的な価値観や心理的な成熟がなけ
れば、特定の行動を実践するだけでは、真の理解や信頼できる
安全な場づくり、実りある対話につながらないかもしれない。
文化的背景や、職業的専門性、政治的世界観など、これまでの
人生経験の違いにより、個人個人で意味づけのパターンが大き
く異なる可能性がある。この可能性を認識することは、コミュ

ニケーション行動を様々な文脈に適応させる出発点となる。

　他者の話を本当に聴くのは1つのスキルである。聴いているようで次に何を言おうか頭の中で整理しているのでは、本当に聴いていることにはならない。相手がどのような思いでどのような思考をしているか共感的に聴くことから、真の対話が生まれる。長時間に渡って本当に聴くというのはスキルと忍耐力、集中力を要するものになる。意識していなければ、そして練習していなければ、日ごと、時間ごと、タイミングでできている、できていないが大きくばらつくことになるだろう。

　コミュニケーション・スキルを高めるためには自身の変容も必要となる。上手くいかなかった会話やコミュニケーションを振り返り、自身と相手のメンタルモデルの違いを認識した上で変容を伴うスキル向上をしなければ、すれ違ったままになってしまう可能性が高くなる。Thinkingの項のパースペクティブ・スキルで示した難しい会話の振り返りは、自身のメンタルモデルに気づくきっかけともなり変容のきっかけともなる。当然コミュニケーション・スキルの向上にもつながるため、参考としていただきたい。コンフリクトマネジメントやストーリーテリングのスキルもコミュニケーション・スキルのカテゴリーに含められている。これらは多くの文献もあるため、興味の向きはコミュニケーションに関する古典的な文献[42]も参考にされたい。

　コミュニケーション・スキルは他のいくつかのIDGsの項目、プレゼンス、謙虚さ、パースペクティブ・スキル、オープンさと学ぼうとする意欲・姿勢、インクルーシブ・マインドセットと異文化コンピテンスなどと強く関連している。

(2)共創スキル

**　多様なステークホルダー（関係する人たち）と協力関係をつくり、発展、促進させるスキルと意欲、その関係性には、心理的安全性と真の共創という特徴があること。**

　共創スキルという言葉は、コラボレーションの創造的で生成的な側面を強調している。共創スキルは多くのサブスキルがあり、IDGsのフレームワークの他のいくつかのスキルや資

質、すなわち信頼、コミュニケーション・スキル、インクルー
シブ・マインドセットと異文化コンピテンス、集団を動かすス
キル、オープンさと学ぼうとする意欲・姿勢、パースペクティ
ブ・スキルなどと重なりがある[43]。

　この項では、生産的なコラボレーションと共創のために好ま
しい条件をつくり、それを促進するスキルに焦点が当てられて
いる。サブスキルとしては、信頼と心理的安全性を特徴とする
オープンな環境を創造するスキルや、共有された前提によって
ワークプロセスを構成し、創造性と多様な意見への開放性を促
進する方法で会議をファシリテートするスキル、オープンで創
造的なコラボレーションを阻害するパワーダイナミクスを再構
築するスキルが含まれる。

　これらは、会議の場でファシリテートするスキルや、チーム
づくり、プロジェクトの推進などで体現されることになる。場
のファシリテート能力には、話題に関する知識もさることなが
ら、心理的に安全な場をつくり、オープンなマインドで自身
の変容すら辞さない、真の共創の場を保持する能力が含まれ
ている。ファシリテーターの心の持ちようや能力が重要である
ことは確かだが、簡単に始められるような手法や慣行だけでも
場づくりはかなり改善されるだろう。例えば、会議のはじめと
終わりに、チェックインとチェックアウトと呼ばれる慣行を
実施するだけでも、場の雰囲気は大きく変わるので紹介してお
く。チェックインとは、ホテルや航空機のチェックインのよう
に、会議などの場に入る際に一言でよいのでお題を決めて、全
員に話してもらうことだ。ここでは、話す側の話す練習と聞く
側の聞く練習も兼ねることになる。チェックアウトは、終了時
に一言話してもらうことを指している。これらの慣行は、今こ
の場の質を高めることにもつながる。

　もう 1 点、ファシリテートの指針になる会話のモードについ
て説明しておきたい。会話のモードは、議題の焦点が全体であ
るか部分であるかと、既存の話題か未来の話題かで 4 つの象限
で分類することができる。図に示したように、通常会話は、既
存の全体について話すダウンローディングというモードから始

まる。このモードでは、頭の中にある知識や内容をそのまま話すモードであることからダウンローディングと呼ばれている。相手がいる場合、ダウンローディングが終わるとお互いの意見を討議する討論（ディベート）のモードに移行する。このモードでは、お互いが主張し合うことになる。このモードは、どちらかが論破するというモードであり、意見の衝突が起きる。明らかに相手の存在は認めているが、お互いの立場から発言をしている状態である。

　さらに、何かをきっかけに視座の転換が起きると、相手の立場で共感的に話を聴くことができるようになり対話（ダイアログ）のモードになる。このモードでは共感的に聞き相手の立場に立つため、自身のメンタルモデルを認識することも可能になる。さらに、自分と相手の立場を超えて第三者的な視点から会話ができるようになると、プレゼンシングというモードに移行することになる。このモードは、創発的な会話が可能になり、我々にとって本当に進むべき道を模索するモードである。このように会話のモードを変化させながら、対話、プレゼンシング

●会話モード（会話の４象限）

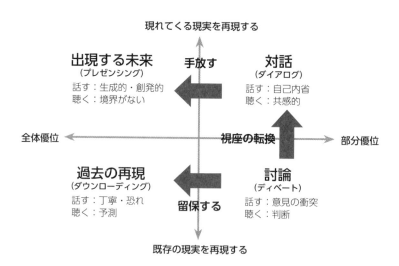

出典：Reos Partners ウェブサイト、日本語訳：チェンジエージェント「学習する組織」セミナー資料より作成

のモードで会話する場をつくり出すことがファシリテーターと
参加者にとっての命題となる。

　以上のように、共創のスキルは、様々な手法が存在するため、
組織での能力開発の教育プログラムを設計する際に特に注目す
べきものとしていただければと思う。

(3)インクルーシブ・マインドセットと異文化コンピテンス

　**多様性を歓迎し、様々な異なった見解や背景を持つ人々や集
団を受入れ、含める意欲と能力。**

　この項目は、態度とスキルを組み合わせたものだ。多様なバッ
クグラウンド、アイデンティティ、見解を持つ個人やグループ
を探し、考慮し、巻き込むことに積極的であることは、このス
キルの一面を表している。具体的には、国際的な場で仕事をす
る場合には、文化的な違いで生じる規範、価値観、態度、期待、
行動パターンなどの違いが、共同作業を成功させるために重要
な役割を果たすということだ。

　異文化コンピテンス（異文化を理解して交流する能力）は異
文化間で生じる食い違いの可能性を認識し、その違いの一般的
な次元（例えば、権力格差、性別の役割、ハイコンテクストま
たはローコンテクスト・コミュニケーション（空気を読む傾向
か、言葉で伝える傾向か）、意思決定の慣習）に関するある程
度の知識とコミュニケーション能力を必要とする。

　インクルーシブ・マインドセット（包括的な考え方、転じて、
多様性を許容するマインドセット）には具体的に2つの側面が
あり、1つは現地の知識に耳を傾け、それに適応しようとする
意欲であり、もう1つは権限を共有しようとする意欲を指す。

　所属している組織によっては、自身の所属している組織は多
様性の低い組織だと思われる向きもあるかもしれない。特に日
本国内の企業は多様性の拡大は他国と比べると少ないと認識さ
れている。しかし、多様性と一言で言っても国籍、性別、年代
など比較的イメージしやすいものから深く相手のことを知って
みないとわからない個人の趣味嗜好まで幅が広い。これまでは
同質性が高く統率の取れた行動が求められていた時代だったか

もしれないが、工業化が進みモノが普及した現代では、同質性の高さは予期しない危機的な状況においてはレジリエンスの低さの方が課題になる。むしろ、多様性を高めることでレジリエンスを高め、新たな創発を生むことができる利点の方を生かす方向で検討するべき時がきているといえる。

(4)信頼

心を寄せて、信頼関係を築き、維持する能力。

信頼はスキルや基本的な態度ではなく、結果として理解されることが多いが、IDGsでは1つの項目として設定している。

単純な信頼は、争点の多い問題に取り組む際に大きな問題となることもある。しかし、信頼が示すものには、状況を考慮しながらできるだけ多くの信頼を生み出そうとする意欲を持って他者と接することや、信頼を呼び起こす方法で行動すること(透明性を保つ、善意を伝える、信頼できる態度をとるなど)、信頼の構築と維持に配慮しながら継続的に物事に対処することといったスキルが含まれる。ただし、他人からの信頼を生み出すスキルは、良い方向にも悪い方向にも使われうるので、共感と思いやり、慈悲など他のスキルや資質と合わせて使用する必要がある。信頼は、IDGsの他の項目、誠実・真摯で本物である、コミュニケーション・スキル、共創スキルと関連している。

「信頼」という言葉は一般的な言葉なので、意識することが少ないかもしれない。もしそうだとしたら、信頼が協働のために必要な要件であると認識することから始めると良いだろう。そして、日々の生活を振り返り、信頼を得られる行動ができているか、逆に信頼を失う行動になっていないかを問いかけるだけでも行動が変わり、結果も変わってくるのではないだろうか。信頼を得るためには、誠実さや真摯さも必要となるだろう。Beingの項の内なるコンパスで示したどの領域から発言しているのか、本物であるかは信頼に大きく関わる。信頼を維持していくためにも、真摯であることも重要であろう。影響の輪について前述したように、信頼を得ることは、影響の輪を広げていくことに直結し、自身のビジョン実現のための大きな力となっ

● 「自己信頼」から「相互信頼」、「相手の自己信頼」

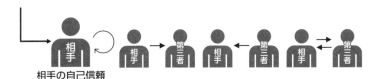

てくれるはずだ。

　ここまでは、他人からの信頼を得ることを記載したが、さらに詳しく見てみると自分を起点として、自分が自分を信頼すること、自分が相手を信頼すること、自分が相手から信頼されることの3つがあることがわかる。この3つについてもインサイドアウトで考えることができ、自分が自分を信頼することから始まり、自分が相手を信頼した上で、信頼関係が築かれていき、相手からの信頼が得られ、相互信頼の関係を構築できると考える。

　この考えを支持する考えとして、MITのダグラス・マクレガー（Douglas M. McGregor）が示したX理論とY理論についても言及しておく。動機付けに関わる理論で「人間は生来怠け者で、強制されたり命令されなければ仕事をしない」という性悪説に基づいたX理論と「人間は生まれながらに仕事が嫌いということはなく、条件次第で責任を受け入れ、自ら進んで責任を取ろうとする」という性善説に基づいたY理論が提唱され検証が行われた。そして、何度も検証を重ねた上でどちらも正しいことがわかった。その結果には、はじめに信頼があったかどうかでその後の相手の行動も決めてしまうことがわかったのだ。不信の目で見てX理論を適用した場合は、そのような行動を引き出してしまいX理論を適用するのが正しく、信頼を持っ

て接すると責任ある行動をとりY理論が正しいことが実証された。つまり、上記インサイドアウトで説明したように、自身が相手を信頼することを起点とすることで相手の信頼を生み、相互信頼を築くことのきっかけとなる。

最後に自己信頼はどこから生まれるかについてだが、内省を通した内なるコンパスを確立していく過程や、自分を理解することで生まれるものでもあるだろうが、信頼された経験があることが、自己への信頼にも大きく寄与するようにも感じる。通常幼少期からの体験が自己信頼の確立につながっていくと思われるが、不幸にしてそのような体験がなかった場合は、幸運にして自己信頼を確立できている人が信頼を前提とした心理的安全な場を構築することで信頼の輪を広げていく必要があるのではないだろうか。

⑸集団を動かすスキル
共通の目的に他の人たちが関わるように、ひらめきを与え、動員するスキル。
集団を動かすスキルには共創スキルと重複する内容も含まれるが、別立てで紹介したい内容があるために別項目としてあるようだ。その内容とは、集団を動かすスキルに含まれている「様々なグループに広く働きかけ、関係者の関心を呼び起こし、目標（SDGs）の達成に向けて様々活動に積極的に参加してもらうための生産的な方法」を含むことにあるようだ。ピーター・センゲの著書『学習する組織』の共有ビジョンの考え方を参考にしていただければと思う。共有ビジョンは、１人ひとりが持つ個人のビジョンを照射して、光が重なり合った部分にできるホログラムをイメージしてもらえばよい。個人のビジョンの一部が共有ビジョンに含まれる形ではなく、抜けもれなく、すべての人の個人のビジョンが共有のビジョンに含まれているというのが理想的な共有ビジョンである。このような共有ビジョンをつくるためには、自己のあり方（Being）を通して個々人がビジョンを持っていることや、共創スキルによる対話の場

をつくれることなど、これまでの項目を複数組み合わせることで実現が可能になる。

　他のスキルや資質と同様に、集団を動かすスキルは建設的な目的にも破壊的な目的にも使用できるため、善良な内なるコンパスによって導かれる必要がある。IDGsのフレームワークにある多くのスキルや資質は、意味のある取り組みに向けて集団を動かすスキルと関係する。例えば、コミュニケーション・スキル（少なくともストーリーテリング）や、共創スキル、信頼、インクルーシブ・マインドセットと異文化コンピテンスなどが挙げられる。

　このように、集団を動かすスキルは統合的なスキルであるため、1つのスキルというより、これまで出てきたスキルも含め実践するスキルのように思える。

Collaborating（協働する）を
内省するための問いかけ

(1)コミュニケーション・スキル

個人

・あなたが真の対話に貢献するのを助けてくれるものは何ですか？

・あなたが、さらに伸ばしたいコミュニケーション・スキルは何ですか？

組織

・あなたの組織は、従業員やその他のステークホルダーとの真の対話に貢献するための手法を開発していますか？

・あなたの組織では、どのようなコミュニケーション能力を促進するべきだと思いますか？

(2)共創スキル

個人

・形づくることと、形づくられることの間にある緊張関係をどのように保てば良いでしょうか？

・共同作業において、さらに創造的かつ建設的になるにはどうしたら良いでしょうか？

組織

・あなたの組織は、変化を感知し、適切に対応できるほど柔軟で堅牢（ロバスト）な安定性を持っていますか？

・あなたの組織では、協力をさらに創造的かつ建設的にするために、何を改善することができますか？

(3)インクルーシブ・マインドセットと異文化コンピテンス

個人

・あなたが、異なる考えを持つ人たちと協働するのを助けてくれるものは何でしょうか？

・自分とはまったく異なる人や考え方を理解し、一緒になろうとする努力を自身で感じられますか？

組織
・あなたの組織では、対立する者同士が協働する方法を開発していますか？
・あなたの組織では、異なる考えを持つ人々を受け入れるために真剣に努力しているという印象を持てますか？

(4)信頼
個人
・意識的に信頼を築くにはどうしたらいいと思いますか？
・様々な人との関わりの中で、信頼を築き、維持するスキルを磨きながら働いていますか？
組織
・あなたの組織では、意識的に信頼を構築するための実践がなされていると感じますか？
・あなたは、組織の中で、様々な人との関係において信頼を築き、維持するために意識的に働いていますか？

(5)集団を動かすスキル
個人
・共通の目標達成にむけて最もモチベーションになるのは何ですか？
・あなたは、共有されたビジョンに向けて、関係者を招いて、活気づける事に十分に取り組めていますか？
組織
・あなたの所属する組織の視点で、共通の目標達成にむけて最もモチベーションになるのは何ですか？
・あなたの組織では、共通の目標に向かって他の人々を招き入れ、動機付けるための実践の仕組みがありますか？実行されていますか？

行動する（Acting）変化を推進する

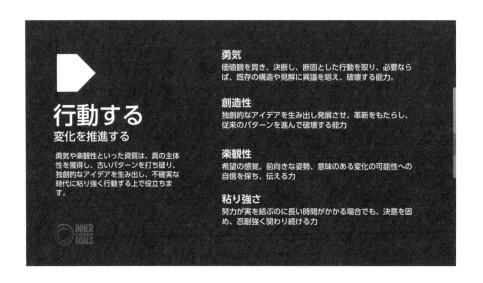

行動する
変化を推進する

勇気や楽観性といった資質は、真の主体性を獲得し、古いパターンを打ち破り、独創的なアイデアを生み出し、不確実な時代に粘り強く行動する上で役立ちます。

INNER
DEVELOPMENT
GOALS

勇気
価値観を貫き、決断し、断固とした行動を取り、必要ならば、既存の構造や見解に異議を唱え、破壊する能力。

創造性
独創的なアイデアを生み出し発展させ、革新をもたらし、従来のパターンを進んで破壊する能力

楽観性
希望の感覚、前向きな姿勢、意味のある変化の可能性への自信を保ち、伝える力

粘り強さ
努力が実を結ぶのに長い時間がかかる場合でも、決意を固め、忍耐強く関わり続ける力

Acting – Driving Change（変化をもたらす）とは

　SDGs達成のためにIDGsが策定されたことは前述の通りだが、現状の継続ではSDGsの達成は困難だ。だからこそ、変化の推進が必要な状況となっている。会社や組織においても変化の推進は必要だろうか。

　世の中が大きく、そして速く変わっている昨今、同じことを継続することの方が困難になってきている。同じことを継続するためにも変化の推進が必要になってきた時代だ。変化なしには生き残れないという危機感を抱いている方がほとんどではないだろうか。しかしいざ変化を推進しようとすると抵抗がつきものとなる。変化の推進者でさえ変化が必要だと頭でわかって

いても、変化させられることには抵抗してしまう。人は変化することよりも変化させられることに抵抗が大きくなる。自ら主体性を持って変化を推進するために必要な項目を紹介する。

Actingの4つのターゲットスキル

⑴勇気

価値観を貫き、決断し、断固とした行動を取り、必要ならば、既存の構造や見解に異議を唱え、破壊する能力。

　勇気は、自己を表す「知性」「情動」「精神」「身体」の中では、意思や意欲を表す「精神」との関連が強い。

　勇気もまた、スキルとは言い難いIDGsの項目だが、様々な方策を通じて育むことができる資質でもある。ここでの「勇気」には、信念を貫く勇気、アイディアから実際に決断する能力、具体的な結果を出すために果敢に行動する能力など、関連するいくつかの資質が含まれている。また、勇気は、創造性と変革の可能性を開くために、深く根付いたパターンや、考え方、慣習に挑戦し、破壊する意志も含んでいる。もちろん、勇気だけでは必ずしもポジティブな能力とは言えないため、慈悲の心、複雑性への認識、全体の善へのコミットメントに導かれる必要がある。

　より噛み砕いてみると、勇気とは自分の信じている方向に一歩踏み出す力と言い換えることができる。その源泉となるのは、内なるコンパスであったり、自分を理解することであったり、つながっているという感覚などから生まれる、自分への信頼と相互信頼ではないだろうか。

　自分自身は正しいと思っているが、周りと異なる意見を表明するのは勇気がいる行動だ。内なるコンパスに照らし合わせて、コミットメントの感覚があれば一歩踏み出す行動を後押ししてくれるだろう。コミュニケーション・スキルや共創スキル、集団を動かすスキルも助けとなる。それでも発言した結果を考えると躊躇することもあるだろう。信頼される経験が、一歩踏み出す勇気につながるはずだ。

⑵創造性

独創的なアイディアを生み出し発展させ、革新をもたらし、従来のパターンを進んで破壊する能力。

創造性は簡単に高められるような、狭義のスキルではないことに加え、特定のエクササイズによって誰もが高いレベルに達することができる認知能力ではないと捉えられている。

しかし、創造性は成人の発達段階と関連していると考えられていて、成人発達の分野では、意味づけのパターンを在来型（機会獲得型、外交官型、専門家型、達成者型）とポスト在来型（再定義型、変容者型、アルケミスト型）に区別するのが一般的だ[44]。在来型での意味づけは、代替の可能性を探るのではなく、一般的な規範や慣行を前提としているのに対し、ポスト在来型での意味づけは、何が望ましいのか、それはどのように実現できるのかを独自に創造することを想定している。複雑性の認識が強く発達している人は、因果関係や代替シナリオの可能性を探求し、理解を追求する習慣があることが確認されている。また、複雑性の認識が強い人は、既存の条件やパターンを当然と考えず、違うやり方をしたらどうなるかをより想像する傾向が強いこともわかっている。つまり、成人発達段階が進むほど創造性の必要性が高まり、その必要性が創造性をさらに高めていく結果を引き出していると考えられる。

一般的な規範や慣行、慣習の枠を外して考える力を身につけるのに、芸術やアートなどの創作活動を上手く活用することが考えられる。IDGsのToolkitにもアートプラクティスの紹介があるので参考にして頂きたい。

脳科学的にはどうであろうか。創造性の１つであるひらめきを生む脳の状態として最近語られているのがデフォルトモードネットワークという脳の状態だ。デフォルトモードネットワークとは、できるだけ何もしない状態のことを言い、ぼーっとしている状態などがそれにあたる。この時脳のネットワークは特定の箇所が活性化するのでなく、ネットワークが大脳皮質に伸び記憶の断片にアクセスしている状態になっていることがわ

かっている。この状態とひらめきが起きるタイミングの脳の状態は似通っているため、デフォルトモードネットワークがひらめきが生まれやすい状態だと考えられている。アイディアを生み出すことは、記憶の断片の組み合わせから生まれることになるため、多くの知識や体験を通して記憶の棚を増やすことも重要になる。さらに記憶力を高めるには身体の運動や食事とも関連すると考えられるようになってきた。近年、食事をした時に膵臓から出るインスリンや運動した時に筋肉から出るカテプシンBなどのメッセージ物質が記憶力を高める可能性が語られている。

　創造性に関連するその他のIDG項目としては、オープンさと学ぼうとする意欲・姿勢、パースペクティブ・スキル、そして創造性を集団現象として捉える場合には、共創スキルやその他の社会的スキルが挙げられる。

(3)楽観性
希望の感覚、前向きな姿勢、意味のある変化の可能性への自信を保ち、伝える力。

　一般的には、楽観主義は性格特性の1つと考えられているが、「悲観主義は気分によるものであり、楽観主義は意志によるものである」とフランスの哲学者アランの言葉にあるように[45]、意識的に楽観性の持てる方向を見出し推進していく力だと言える。IDGsでの楽観性は、「実現可能なこと」に焦点を当て、意味のある結果を導くことが可能だ、と他者（そして自分自身）に希望を抱かせる能力のことを楽観性としている。ここでの楽観性の一例は、人々の注意を、憂鬱な現実にのみ集中させるのではなく、可能性の方向に向かうよう支援するスキルである。

　複雑で困難な問題に対処するとき、課題があまりにも大きく、1人の力ではどうすることもできないと諦めを抱きそうになるのもよく理解できるが、氷山モデルで示したように物事がつながっていて、何らかのシステムを構築して機能しているとすれば、そのシステムには必ずレバレッジが存在する。自身のシステムにおける立ち位置を確認し、影響の輪を広げながらレバ

レッジに効果的に作用することができれば、改善していく可能性を希望として抱き、楽観性を持てるようになるのではないだろうか。

　もちろん、楽観性は、非常に複雑な課題に取り組む際に、具体的な結果を出すために常に機能するものではなく、現実的でなければならない。システム思考で物事をみることで、現実的な視野をもたらし、次に示す粘り強さを合わせることで変化を推進できるようになるだろう。

　楽観性は、「信頼」や「感謝」と密接に関係していると考えられる。

⑷粘り強さ

努力が実を結ぶのに長い時間がかかる場合でも、決意を固め、忍耐強く関わり続ける力。

　粘り強さは、性格特性や美徳として理解することもできるが、長期的にポジティブな結果を達成する可能性に意識的に焦点を当てることで、エンゲージメントを持続させる能力を指している。

　IDGsの項目では長期志向とビジョニングの項目とも関係する。忍耐力、復元力、判断力、決断力といった関連する概念も含まれている。

　ペンシルバニア大学の心理学者アンジェラ・ダックワース教授は、やり抜く力をGuts（闘志）、Resilience（復元力）、Initiative（自発性）、Tenacity（執念）の頭文字を取ってGRITと表現し、成功のためには才能やIQなどの資質よりも「情熱」と「粘り強さ」を表すGRITが重要であることを検証した[46]。IDGsの粘り強さの項目で表しているのもGRITで言われている「粘り強さ」と同様の意味が込められていると考えてよさそうだ。特に、SDGsに関わるような複雑で規模の大きい社会課題は、1つの施策で解決するような課題ではなく、長期的に行動しそのフィードバックを活かした改善の積み重ねでしか達成し得ない課題ばかりだ。根気よく長期間に渡って取り組み、やり抜くには粘り強さが必要となる。

　GRITは 1 人ひとりから引き出して、成長させることができるものとされている。IDGsの粘り強さの項目も同様に成長可能な項目と考えてよい。

　GRITには、8つの構成要素「情熱、幸福感、目標設定、自制心、リスク・テイキング、謙虚さ、粘り強さ、忍耐」があるとされる[47]。 IDGsの項目で説明可能で、粘り強さをIDGsの他の項目と合わせて身につけることでGRITが身につくと考えられる。

○情熱

　IDGsでは、自分のあり方を成長させる際には内なるコンパスや誠実・真摯で、本物であることを示した。ここからコミットメントの感覚が生まれ、コミットメントから情熱が生まれるものだと考えられる。

○幸福感

　自己のあり方を通してコミットメントの感覚が得られると、コミットメントした行動へのやりがいが生まれ、幸福感につながる。Relatingのつながっているという感覚や感謝も幸福感につながる項目だと考えられる。

○目標設定

　Beingの長期志向とビジョニング、内なるコンパスによって設定される項目で、自己マスタリーで説明した個人のビジョンの設定と同じと考えてよいだろう。

○自制心

　Beingの「誠実・真摯で本物であること」には、自制心が含まれ、謙虚さとも関連している項目だと考えられる。

○リスク・テイキング

　失敗を恐れずにリスクを取ることができることを意味するが、Actingの「勇気」に含まれる項目だと考えられる。

○謙虚さ

　Relatingの項目の 1 つとして取り上げられている。GRITにおいては、自己成長のためのフィードバックの受け入れが可能である姿勢のことも意味し、Beingのオープンさと学ぼうとする意欲・姿勢の内容も含まれる。

○粘り強さ

　Acting の「粘り強さ」に含まれる内容で、困難に直面して
も注意力や落ち着き、情熱を失わずに努力を続けられることを
指している。

○忍耐

　Actingの「粘り強さ」に含まれている内容で、満足感を先
送りする力が求められる目標でも安易な答えに飛びつかず焦ら
ずに遂行できることを指している。

　次に、GRIT を伸ばすための方法を参考として紹介する。

【内側から伸ばす方法】

○興味を掘り下げる。

　情熱は自身の興味からスタートする。興味は内省によって発
見するものではなく、外の世界と交流する中で生まれる。

○自分のスキルを上回る目標を設定してはそれをクリアする練
　習を習慣化する。

　的を絞ってストレッチした目標をたて意図的な練習を行いク
リアすることを習慣化する。このときプレゼンス（今ここにあ
ること）のスキルが意図的な練習を楽しさに変える助けとなる。

○自分の取り組んでいることが、自分よりも大きな目的とつな
　がっていることを意識する。

　意義を感じ、つながっているという感覚がやり抜く力を生む。
大きな目標とつながっているのであればやり方を変えても良い
とされていることを注記しておく。

○絶望的な状況でも希望を持つことを学ぶ。

　GRIT は年齢が高いほど高くなり、人の一生を通じて人格の
成長が止まってしまう時期はない。努力すれば今よりも成長で
きると考え、楽観的に考えられることで、逆境でも粘り強くな
れる。

【外側から伸ばす方法】

○親、コーチ、教師、上司、メンター、友人など、周りの人々
　の支えを得る。

　　高い期待と惜しみない支援、最後までやり通す経験、やり抜く力の強い集団の一員になることなどが有効だとされている。

　　アンジェラ・ダックワース氏が作成したグリットスケールを用いて、自身の現在のグリットを測定することで、成長目標を立てるというのも有用だと感じる。

　　以上、GRITとの関係も説明しながら粘り強さについて説明した。粘り強さもまた、個人や集団が追求する野心の性質によって、建設的にも破壊的にもなり得る資質だ。そのため、他の資質やスキルとの関連付けが必要となる。

●ダックワースの「グリットスケール」

	問	全く当てはまらない	あまり当てはまらない	いくらか当てはまる	かなり当てはまる	非常に当てはまる
1	新しいアイデアやプロジェクトが出てくるとついそちらに気を取られてしまう。	5	4	3	2	1
2	私は挫折してもめげない。簡単には諦めない。	1	2	3	4	5
3	目標を設定しても、すぐ別の目標に乗り換えることが多い。	5	4	3	2	1
4	私は努力家だ。	1	2	3	4	5
5	達成まで何カ月もかかることに、ずっと集中して取り組むことがなかなかできない。	5	4	3	2	1
6	一度始めたことは、必ずやり遂げる。	1	2	3	4	5
7	興味の対象が毎年のように変わる。	5	4	3	2	1
8	私は勤勉だ。絶対にあきらめない。	1	2	3	4	5
9	アイデアやプロジェクトに夢中になっても、すぐに興味を失ってしまったことがある。	5	4	3	2	1
10	重要な課題を克服するために、挫折を乗り越えた経験がある。	1	2	3	4	5

※情熱を測る質問=奇数の質問（1、3、5、7、9）、粘り強さを測る質問=偶数の質問（2、4、6、8、10）

出典：『GRITやり抜く力』より作成

Acting（行動する）を内省するための問いかけ

(1)勇気

個人

・思い出せる範囲で、あなたが勇気ある行動を最後に取ったのはいつですか？

・あなたが、もっと勇気のある行動を取りたいと思うのはどんな場面ですか？

組織

・思い出せる範囲で、あなたの組織が勇気ある行動を最後に取ったのはいつですか？

・あなたの組織に、もっと勇気のある行動を取ってほしいと思うのはどんな場面ですか？

(2)創造性

個人

・どうすれば、より創造性を育むことができると思いますか？

・あなたの仕事の分野で、あなた自身の性格を考慮して、これまでに増して創造性を発揮するためには、具体的にどのような貢献ができるでしょうか？

組織

・あなたの組織が、より創造性を発揮していくためにはどうすればいいと思いますか？

・共通の目標に関係するステークホルダーを含めた上で、あなたの組織が、より創造性を発揮していくためにはどうすればいいと思いますか？

(3)楽観性

個人

・あなたは、今世紀はどんないいことが起こると思いますか？

・あなたは、自分自身が推進したいことを希望に満ちた兆しや取り組みとして、自分や他人の気持ちを魅きつける力を持ちあわせていますか？

組織

・今世紀どんな良いことが起こるかについて、あなたの組織の考えはありますか？

・あなたの組織では、希望に満ちた兆候や取り組みに他の人の参画を促すような習慣や仕組みはありますか？

(4)粘り強さ

個人

・これまでにどのような真のチャレンジがあなたを成長させたでしょうか？

・あなたは、長期にわたって関わり続けたり、努力し続けたりするために、個人と集団の能力を強化する方法についての考えを持っていますか？

組織

・あなたの組織は、組織が成長するためにどのようなチャレンジをしてきましたか？

・あなたの組織は、長期にわたるコミットメントと努力を維持してもらうために、個人と集団の能力を強化する方法についての考えを持っていますか？

IDGs Toolkit （「IDGs Toolkit vol.1」の日本語解釈版）

	Being					Thinking				
	内なるコンパス	誠実・真摯で、本物である	オープンさと学ぼうとする意欲・姿勢	自分を理解する力	プレゼンス（今ここにあること）	クリティカルシンキング（思考の方よりに気づく）	複雑さへの認識	パースペクティブスキル（視点・見通す）	センス・メイキング（意味を見出す力）	長期指向とビジョニング
マインドフルネス・プラクティス	4			5	5			3	2	
ACT	5			5	4			3	3	3
90歳の自分に出会うワーク	5			4	4			4	4	4
弁証法的思考形式フレームワーク			3				4	4	5	
変化の免疫モデル			2	4		3	4	4	4	
極性レンズで見る自己成長			3	3			4	4	4	3
思いやりのトレーニング	3	3	4	3	4			2		
ネイチャー・クエスト				3	4					
立ち止まって聞く				3	4					
イマジネーション・アクティヴィズムと共生瞑想	5			3	3			4	3	4
NVC(非暴力コミュニケーション)				4	4					
コラボレーションの足場固め							4			3
異文化コミュニケーションのトレーニング							4	3		
心理的安全性										
シールド				3				4		3
パーソナル・エージェンシー＆パーソナル・イニシアチブ	3	4		3	3	3		3		3
芸術、創造性、想像力	3		4							
グループワークとプロトタイピングのためのU理論	4	4		4	5				3	
WOOP			3	3	3			3	3	

※表内の2〜5の数値は、19のツールとターゲットスキルと関連性を表す。5が最も高い数値となる。
※網掛け箇所は、そのワークが最も高い関係を持つスキルとなる。

Relating				Collaborating					Acting			
感謝	つながっているという感覚	謙虚さ	共感と思いやり	コミュニケーションスキル	共創スキル	インクルーシブ・マインドセットと、異文化コンピテンス	信頼	集団を動かすスキル	勇気	創造性	楽観性	粘り強さ
3	2	2	3						3			3
4	3	3										
2												
			3									
5	5	4	5			3	3					2
5	5	3	5								3	3
5	4	4	3	4	3		4	2				
5	5		4						2			2
			4	5	4	4	3		3			
	4			3	5	5	4	3		4	3	
			4		5	5	4	4	4	3		
	3		3	5	4	3	5	4		3		4
4	4		3	3		5	5					
				3				3	4		4	4
		4	4		3	3			4	5	4	4
	5				3		3	3	4	5	5	
	3								5	4	5	5

(1)Being　自分のあり方―自己との関係性

　自分の内面を育て、自分の思考、感情、身体との関係を発展させ、深めることは、複雑な状況に直面した時に、今ここに存在し、意図的で、反射的にならないことを助けてくれる。

　Being（自分のあり方）の領域は、「内なるコンパス（羅針盤）」「誠実・真摯で、本物である」「オープンさと学ぼうとする意欲・姿勢」「自分を理解する力」「プレゼンス（今ここにあること）」というスキルで構成され、注意と方向性を持って内面をどのように育成していくかを示している。ここでは、人生の方向性を定め、何に取り組むかを決めるだけでなく、私生活と仕事の両方における様々な問題が、どう現れて、どう対処するかも重要なポイントとなる。これは、私たちのプレゼンス（今ここにあること）の質と、私たちが自分自身と、自身の価値観と方向性に根ざしているかどうかに関わるものだ。

　他のすべてのIDGの領域と同様に、Being（自分のあり方）とThinking（考える）の領域は大いに絡み合っていて、両者の間に明確な線を引くことは困難だ。例えば、自分の内なるコンパスを明確にするためには、それについて考えることが必要であるし、脱フュージョン（「思考」は「ただの思考」に過ぎないと、しっかり認識すること）も必要だ。（アクセプタンス・コミットメント・セラピー（ACT）の要素である脱フュージョンは、自分のためにならない特定の思考パターンと、自分自身をいかに切り離すかということを意味している。）このことは、ほとんどの方法が、IDGのスキルのうちの1つ以上と、いくつかの領域にまたがっていることを例証している。

　ここで紹介する方法は、現代の心理学的実践と研究から生まれたものだが、多くのスピリチュアルな領域や、宗教的な伝統の中でも扱われているものだ。

●マインドフルネス・プラクティス

　マインドフルネスとは、オープンな姿勢、好奇心、配慮を持って意図的に今ここにある体験に注意を向ける能力である。
　より意識的な生き方を確立するのに役立つだけではなく、身体への気づき、感情の処理などを向上させることができ、健康や生産性、精神的な健康や幸福感の向上をもたらす。

DIY　　　　　　　　ファシリテート
〈身につく主なスキル〉
　プレゼンス、自分を理解する力、
　内なるコンパス
〈成長するその他のカテゴリー〉
　Thinking　Relating

［概要］
　マインドフルネスの実践は人間固有の能力で、オープンな姿勢、好奇心、配慮を持ってマインドフルネスを実践することで、自身の内面と自身を取り巻く周囲の環境（外面）の両方を同

時に体験している瞬間瞬間に意識的に注意を向けられるようになる。マインドフルネスは、心を空っぽにしたり、思考や感情をコントロールしようとするものではない。自分の注意が向いている方向をより意識的に認識するために、特定の方法で行う意識の向け方の実践を伴う。そして、マインドフルネスは、実践によって身につけることができるものだ。

マインドフルネスやマインドフルプレゼンスを身につけることは、何千年もの間、多くのスピリチュアルな領域や、宗教的伝統の中心的な課題でもあった。この数十年の間に、マインドフルネスに基づいた介入（MBI：Mindfulness-Based Intervention）と呼ばれるプログラムが標準化されてきた。MBIは臨床医療を通じてより大きな規模で西洋世界に浸透し、教育や職場内で採用されるようになった。これらのプログラムには、座禅、マインドフルムーブメント、ボディスキャンなどの手法化された実践方法のほか、日常生活で気づきをもたらす日常的な実践方法、「行動と保留」や「マインドフルな対応」も含まれている。また、最近では、優しさや思いやりに関連したエクササイズも行われるようになっている。

[どのように役立つのか]

マインドフルネスを身につけると、自分の内面だけでなく、他者や世界との関わり方にも意識を向けられるようになる。そのため、実践者はより意識的な生き方を日常的に確立することができるかもしれない。リーダーや従業員にとって、マインドフルネスを定期的に実践した場合のエビデンスに基づく効果として、集中力と生産性の向上、心の健康と幸福の増進、感情の処理、コミュニケーションの向上、自己・他者・自然とのつながりの認知向上などが確認されていて、集団やシステムの変革をサポートしてくれる。

[取り組み方]

はじめてマインドフルネスの練習を始めるときは、次のことを試してみてください。

1. 呼吸の感覚のような内的なもの、または周囲環境の物や音のような外的なもののいずれかを選択し、リラックスしてそこに注意を向けることから始めてみてください。
2. 心がさまようのに気づいたら、その対象を観察することに注意をそっと向けます。判断することなく、観察したもの、感じたものを、その瞬間のありのままに許しながら、判断せず、観察したもの、感じたものをその瞬間のままにしておくのです。時間をかけて、ありのままの自分の経験と一緒にいることができるようになります。

このようにして、思考や困難な感情でさえも、流されたり圧倒されたりすることなく、ありのままの自分の経験と一緒にいることができるようになる。

マインドフルネスは、人間が本来持っている能力であり、実践を通じて開発ができるものだ。この能力によって人は、開放性、好奇心、そして配慮の姿勢をもって、自分の内面と周囲環境の外面の両方で起きている、今この瞬間の体験に意図的に注意を向けることができるようになる。マインドフルネスを身につけると、自分の内面だけでなく、他者や世界との関わり方についても気づきを得ることができるようになる。そのため、マインドフルネスは、実践者がより意識的な生き方を日常的に確立することや、集団やシステムの変革をサポートするのに役立つだろう。

マインドフルネスの実践は宗教において重要な役割を担っているが、「マインドフル・プレゼンス」あるいは単に「プレゼンス」を開発することも、何千年にもわたって多くのスピリチュアルの領域や・宗教的伝統の中心的な実践であった。これらは過去数十年の間によく研究され、現在ではかなりのエビデンスベースが背後に存在する。MBIの理論やテクニックは、現在、認知行動療法（CBT）のアプローチ、思いやりのトレーニング、自己啓発のプログラムやコースに統合されている。

MBIは通常、座禅、マインドフルムーブメント、「ボディスキャン」トレーニングなど、様々な手法化されたマインドフルネス瞑想のトレーニングを含んでいる。また、最近では、優しさや思いやりに関連したトレーニングも含まれている。トレーニングは通常、週6～12回のセッションで行われ、クラスの合間には毎日の自宅練習も課される。参加者が日常生活の中で特定の方法で気づきを得ること、つまり、習慣や衝動で行動してしまいがちなところを、一旦立ち止まって心を込めて対応することを実践することで、プログラムを通して、日常的に実践しながら学習を統合することが奨励されている。

これらの実践は、一度に1つのことに集中する能力と、生命の流れを感じながら安息するための意識を大きく開く能力の両方を含む、意識の向け方の調整能力を開発する。実践は、思考、感情、身体感覚へのより大きな気づきを促す。そしてこの実践は、マインドフルネスを単なる注意のトレーニングやリラクゼーション以上のものにしてくれる重要な基本的態度（例：オープンな姿勢、好奇心、配慮など）を生み出すことを可能にしてくれる。トレーナー主導の探求と教育内容は、参加者が自分の心についてよりよく理解し、様々な形の苦痛とより健康的な関係を築くのを助けてくれる。

マインドフルネスは、心を空っぽにしたり、思考や感情をコントロールしようとするものではないが、自分の注意力をより意識的にコントロールするために、特定の方法で注意を向けることが必要だ。例えば、マインドフルネスの練習を初めて学ぶ場合、呼吸などの内的なもの、あるいは環境の中の物や音など外的なもののどちらかを対象として選び、そこに注意を向け、リラックスすることから始めると効果的だ。判断することなく、観察したり感じたりしたものがその瞬間のありのままの姿であることを許しながら、注意をそっと対象物の観察に戻す。

時間をかければ、思考や困難な感情でさえも、流されることなく、ありのままの自分の経験として共存することができるようになる。

組織的な文脈では、マインドフルネスに基づく介入と実践は、個人的および専門的な開発において、また日々の仕事のタスクや業務においてリーダーと従業員の両方をサポートすることができる。マインドフルネスを定期的に実践することによるエビデンスに基づく効果として、集中力と生産性の向上、メンタルヘルスと幸福感、感情処理、他者とのコミュニケーションとつながり、自然とのつながりが挙げられる。

マインドフルネスの実践は、個人、組織、社会、システムレベルの変化をサポートするサステナビリティ活動や成果（特にSDGs目標3「健康と幸福」に関連する）と同様に、変革的な資質や能力（すなわち、IDGsの5つのカテゴリに関連する、気づき、洞察、つながり、目的、エージェンシー^注）を高め、支えることが示されてきた。

注）変化を起こすために自分で目標を設定し、振り返り、責任をもって行動する能力

●ACT（アクセプタンス・コミットメント・セラピー / トレーニング）

アクセプタンス・コミットメント・セラピー / トレーニング（ACT）は、個人の心理的柔軟性の改善を促す心理療法的介入方法である。

心理的な柔軟性を高め、より安定したアイデンティティと自己肯定感を持つことができる。

DIY　　　　　　ファシリテート

〈身につく主なスキル〉
　内なるコンパス、自分を理解する力、プレゼンス
〈成長するその他のカテゴリー〉
　Thinking　Relating

［概要］

ACTは、心理的柔軟性を向上させるエビデンスに基づいた心理療法的介入であり、アクセプタンス、脱フュージョン、「今、この瞬間」への柔軟な注意、文脈としての自己、価値、コミットされた行為、という6つの中核プロセスから構成されている。心理的柔軟性の半分は、自分の内なる空間を拡げることだ。残りの半分は、自分の価値観を確認し、その価値観に沿った目標に向かって新たな行動の習性を構築する時にもたらされるもの、すなわちコミットメントされた行動を起こすことに向けられている。

持続可能性の問題への個人の取り組みとの関係はそれほど直接的ではないが、実際には、あなたが特定する価値観が例えばプラネタリ・バウンダリーに関するものと一致してはならないということではない。

ACTは、非営利の共創型オープンイニシアチブだ。ACT療法やACTトレーニングを受けることもできるが、実践者は書式と対面式のカウンセリングの両方を通して学ぶことで、同等の効果が得られることが実証されている。

［どのように役立つか］

心理的柔軟性を高めることは、認知タスクのパフォーマンス向上、人間関係の質の向上、ストレスや鬱のレベルの低下、陰謀論に巻き込まれる傾向の低下など、多くのポジティブな効果をもたらすことが実証されている。また、長期の視点や方向性を身につけるためのエクササイズも用意されている。

［取り組み方］

初めてACTを実施する時は、次のことを試してみてください。

1．まず、自分と自分の思考を区別することから始めます。例えば、「私は誰にとっても重要ではない」と考えることと、「私は重要ではない、という考えを持っている」ことには大きな違いがあります。
2．ACTを学んだり、ACTを訓練したりできるデジタルリソースを探してみましょう。例えば、非営利のプラットフォームである29k.org では、いくつかの無料のACTコースやエクササイズがあります。
3．https://contextualscience.org/ ここでは、ACTの自己啓発本、ACTに関するTED Talks、無料のACT関連の記事、ポッドキャスト、インタビュー、セラピストの検索など、

内なるコンパス（羅針盤）というスキルは、全体の善に関連する価値や目的に対して、責任とコミットメントを深く感じることを意味する。アクセプタンス＆コミットメント・セラピー（ACT）は、認知行動学の伝統から生まれた、根拠に基づく心理療法的介入である。ACTの中心的な関心ごとは、個人の心理的柔軟性を高めることである。心理的柔軟性は、アクセプタンス、脱フュージョン、「今、この瞬間」への柔軟な注意、文脈としての自己、価値、コミットされた行為、という6つの中核的プロセスで構成されている。

今ここに存在するというのは、まさにマインドフルネスで行うことだが、簡単にいうと、心理的柔軟性とは自分の内面のスペースを増やすことだとも言える。脱フュージョンとは、いかに自分と思考を区別するかということだ。「私は誰にとっても重要ではない」と考えるのと、「私は重要ではない、という考えを持っている」と考えるのとでは、大きな違いがある。ACTでの自己とは、「脱フュージョン」を行うことができる自己を想定しており、思考にとらわれたり、思考と戦ったり、思考を取り除こうとするのではなく、思考をモノとして見て、それを受け入れることができることを意味する。

「今、この瞬間」への柔軟な注意は、このプロセスを助けてくれるが、同時に結果として現れるものでもある。このことから、ACTはマインドフルネスとアクセプタンスを応用した心理的介入と見ることができる。

ACTのもう1つの側面は、外側に向けられた部分で、それは自分の価値観を確認する作業から生まれるコミットメントされた行動だ。ACTは、様々なエクササイズを使用して、クライアントが様々な領域、例えば家族、キャリア、環境に関することなど、人生の方向性を選択するのを助ける。そして、脱フュージョンが「誰も私と一緒にいたいと思ってくれない」「私は仕事で失敗した」「持続可能性に関しては、私はどうでもいい」などとは対照的な思考をもたらす。そして、これらの価値観は、私たちの新しい行動を、これらの価値観と一致する目標へと導くことができるのだ。

コーチングセッションなどでACTに取り組むと、心理的な柔軟性が増し、アイデンティティや自己意識を安定させる効果がある。これは、認知的タスクのパフォーマンス向上、人間関係の質の向上、ストレスや鬱のレベルの低下、陰謀論に巻き込まれる傾向の低下など、多くのポジティブな効果をもたらすことが実証されている。また、90歳の誕生日パーティーでゲストがあなたについて言うかもしれないことを想像するなど、視野を広げ、長期的な視野を持つ能力を開発するためのエクササイズも用意されている。

実践者の大きなコミュニティと共に、研究への関心も高まりつつある。ACTは、一般的な意味での人間の繁栄に貢献することが示されているが、この分野のために開発されたものではないので、個人の持続可能性の問題への取り組みとの関連性はそれほど直接的ではない。しかし、ACTは、広い意味でのサステナビリティに関連する貴重な洞察とツールを提供し、より持続可能な視点と行動を促進することができる。ACTは、主にBeing（自分のあり方）のカテゴリーを扱うものであり、特に内なるコンパス（羅針盤）、自分を理解する力、プレゼンス（今ここにあること）に重点を置いている。しかし、他のカテゴリー、例えば、パースペクティブスキル、

センスメイキング、長期志向とビジョニング、共感と思いやり、勇気と粘り強さなどのスキルもターゲットとしている。

●90歳の自分に出会うワーク

〈身につく主なスキル〉
内なる、自分を理解する力、プレゼンス
〈成長するその他のカテゴリー〉
Thinking Relating

［概要］

90歳の自分に出会うワークは、90歳の誕生日パーティーでの自分を思い描くことで、自分の希望、夢、優先順位、価値観と向き合うためのガイド付きエクササイズだ。

実践者は、自分にとって何が大切なのかに気づき、もっとやりたいこと（あるいはもっとやりたくないこと）があるかどうかを確認することができる。

このエクササイズでは、時に強い感情を引き起こし、時に涙を流すこともある。しかし、何が現れたとしても問題ではない。あなたは、すべての感情を受け入れられる、大きな存在であるからだ。

［どのように役立つか］

このエクササイズは、自分にとって何が重要なのかを認識し、もっとやりたいこと（あるいはもっとやりたくないこと）があるかどうかを確認するのに役立つ。

［取り組み方］

初めて「90歳の自分と出会うワーク」を始める時は、次のことを試してみてください。

ここでは、ガイド付きエクササイズをご紹介します。

椅子にゆったりと腰をかけてください。体を休ませて背筋を伸ばし、リラックスした状態で楽に座ってください。

今、自分がどこにいるのかを意識してください。そっと目を閉じてください。

あなたが自分の身体の中に完全に存在していることを感じてください。足が地面に触れていること、お尻が椅子に腰掛けていること、腕が脚に触れていることを感じてください。

今、自分の身体と意識の中で何を感じているかに気づいてください。身体の中の感覚や感情には何がありますか？　それらはどこにあるでしょうか？　あなたの意識の中では、どんな思考が流れていますか？

今この瞬間に感じていることすべてを、許して認めてあげてください。

それでは、あなたの意識を呼吸に集中していってください。吸った空気がどのように身体に入っていき、そして身体から出ていくかを観察してください。呼吸の仕方は変えないようにしましょう。どのように呼吸しているかにだけ注意を向けてください。呼吸を追って、呼吸のための呼吸を。この瞬間からこの瞬間へ。

（※約40秒間、参加者に呼吸を追わせてみてください）

今、この瞬間に体験していることすべてを自分自身に感じさせてください。

　時に強い思いを抱いたり、時に涙するエクササイズです。そして、どんなものが現れても、問題ではありません。あなたは、すべての感情を受けとめられる大きな存在なのです。もし、強い感情が生まれたら、あなたが体験していることすべてに対して、心を開いて、受けとめるスペースを準備できるかどうか観察してみましょう。

　不思議なことに、時間を進めて90歳の自分になることができたと想像してみてください。自分の居場所は自由に決められます。
　自分がどこにいるか確認してください。部屋の中にいるのか？　屋外にいるのか？　自分がいる場所をどのようにしたいかを決めてください。
　自分がそこにいることを想像し、本当にそこに身を置いてみてください。

（※短い休憩）

　あなたにとって大切な、あるいは意味のある友人や親族がもうすぐ訪ねてきます。
　この未来では、誰もが生きているのですでに亡くなっている人や、あなたが90歳になったときに生きていないかもしれない人であっても、誰でもくることができます。
　あなたの人生にとって大切な人たちに、あなたのことをどんな風に覚えていてほしいか考えてください。そして、ここに呼ぶ人を1人選んでください。
　では、その人をあなたのところに来させてみてください。
　友人として、パートナーとして、息子や娘として、同僚として、その人に何を言ってもらいたいですか？
　その人がその言葉を言っていることを想像してみてください。勇気を出して、相手があなたが選んだ一番言ってほしいことをそのまま言っていると想像してみてください。

　その相手に何を伝えてほしいですか？　その人に自分の何を話してほしいでしょうか？
　あなたはどんな人だったのでしょうか？あなたの人生はどんなものだったのでしょうか？
　たとえ、その人に言ってほしいことを言ってくれるとは思えなくても、とにかく言ってもらいましょう。何も溜め込まないでください。
　そして、その人が言ったことを、自分の記憶の中に小さく書き留めておいてください。

　このエクササイズも、いよいよ終盤です。もうしばらくの間、目を閉じておいてください。

　現在に戻ってきて準備ができたら、90歳の誕生日に言われたことを、少しの時間をとって書き出してみてはどうでしょうか。
　あなたにとって大切なことを思い出させてくれるような言葉はありましたか？　もしそうなら、もっとやりたい（あるいは、もっとやりたくない）と思うことはありますか？
　誰もあなたの書いたものを見ることはないので、完全に正直になって書いてみてください。
　自分が部屋の中に完全に存在していること、自分が身体の中に完全に存在していることを感じてみてください。

　それでは、ゆっくりと目を開けて、よかったら少しストレッチをしてみてください。

(2)Thinking　考える―認知スキル

　懸命な意思決定を行うためには、異なる視点を持つこと、情報を評価すること、世界を相互に関連する全体として意味づけすること、これらによって認知能力を高めることが不可欠である。

　Thinking（考える）は、「クリティカル・シンキング」「複雑さの認識」「パースペクティブ・スキル（視点・見通す力）」「センス・メイキング（意味を見出す力）」「長期指向とビジョニング」のスキルから構成される。これらのスキルは、主に周囲の環境から、あるいは自分の内面から情報を取り込み、処理する方法に関するものだ。サステナビリティの問題の多くは、互いに関連しあい、複数の視点、利害関係者、ステークホルダーを取り込み、調整する必要があるため、複雑なものとなっている。このような問題に取り組む前に、私たちはその複雑さを認識するだけでなく、適切な問いかけをする必要がある。

　この領域のスキルは、一般的な学問領域や研究領域から得られる最も明白な成果としてみることができる。IDGsのような理論、方法、フレームワークに関わることは、世の中の有益な事実を伝えるだけでなく、私たちの思考を助け、新しい視点を開いてくれる可能性を持っている。

　ここで紹介する方法のほとんどは、成人発達心理学の分野に由来するものだ。この分野の理論は、線型的で一般的な論理思考を超える能力をどのように発達させることができるかを示してくれる。いくつかの方法は、手順を明確に説明できる理論に基づいている。例えば複雑さの認識方法は明確な手順が存在する。それとは逆に、いくつかの問題や現象については、完全には理解できないことを認識することの方に重点を置いているものもある。

●弁証法的思考形式フレームワーク

　弁証法的思考形式フレームワーク(DTF)は、現実を分類しようとする試みを超えた、現実の混乱と複雑性への洞察を提供してくれる。

　DTFは、実践者が、物事が単独で存在するのではなく、どのように互いに依存し合っているのかを理解するのに役立つ。

DIY　　　　　　　ファシリテート

〈身につく主なスキル〉
複雑さへの認識、センス・メイキング
〈成長するその他のカテゴリー〉
Being　Relating

［概要］
　スキルと方法を様々な「棚」に分類することは、通常、形式上の論理的、線形的思考と関連している。DTFは、私たちの思考習慣を解き放ち、現実を分類しようとする試みを超えて、現実の混乱と複雑性を理解するための洞察を提供する。弁証法的な観点からは、答えを導き出すよりも、良い質問を見つけて何が欠けているかを尋ねる方が自然なこととなる。フレームワークは、構造、プロセス、関係、変容の4つの瞬間に順序づけられた思考形態の集まりである。

[どのように役立つか]

DTFは、現実を個別のものとして認識するのではなく、より大きく、統合された、相互依存的な文脈における現象として、進化し発展するプロセスとして認識するきっかけをつくってくれる。これは、物事が孤立しているのではなく、どのように組み合わされ、その存在が互いに依存し合っているかを理解し、私たちが解決しようとしている課題の複雑性を認識するのに役立つことを意味する。

[取り組み方]

初めてDTFを始めるときは、次のことを試してみてください。

1．まず、弁証法的フレームワークをあなた自身に適用し、あなた自身を静的な存在としてみるのではなく、開発プロセスの中で進化し学習する存在として考えることから始めてみましょう（プロセス）。あなた自身を、より大きな文脈、組織、文化、系譜の一部であると考えるのです（構造）。そして、あなた自身を考えるときに、あなたという個人が関係性を持っているとみるのではなく、あなたが持っている関係性があなたをどのように定義しているかをもっと認識しても良いでしょう（関係）。

2．インタビューを通じて、弁証法的思考に関する個人の能力を評価することができるコーチを見つけてみてください。自分の思考パターンを確認し、心を開くエクササイズで必要な部分の開発をサポートしてくれるでしょう。

IDG フレームワークが物事を様々な領域の棚（BeingやRelatingなど）に分類しているためそれに反するように感じるかもしれないが、これらは実際には関連し合っている。私たちは本当に自分の思考を自分自身と区別し、自分自身を関係性の面ではなく、個としてみることができるのだろうか？　あるいは、いくつかのカテゴリーにまたがる泡のようなものとして、トレーナー、個人、組織の間の相互作用で説明されるべきではないだろうか。

前項で述べたような分類のスキルや方法は、通常に形式的な論理的・線形的思考と関連している。自然科学の分野では、学術研究を分野や学部に、組織を部署に、持続可能な開発の課題を17のSDGsになど分類して整理することは、一般的かつ伝統的に用いられている。そのため、私たちは物事は1つずつがきちんと処理されるものだと錯覚しているかもしれない。

ミヒャエル・パセッシュの研究をもとにオットー・ラスキーが開発した弁証法的思考形式のフレームワーク（DTF）は、現象を分離して捉える習慣をゆるめて、現実の複雑性や現象の相互依存性を見るためのヒントを与えてくれる。弁証法的な立場から、私たちの概念やシステムから排除されているものを探し、その排除された側面を利用して、物事間の共通性を見出し、より包括的な思考を形成していくのである。

現実を静的で個別のものと考えているものに、弁証法的枠組みを適用するとどうなるだろうか。より多くの現実を進化と発展のプロセスとして認識し始めるかもしれない。また、より大きく統合された、相互に依存する文脈で現象を確認しはじめるかもしれない。そして、現象を個別のものとして見るのではなく、すべてのものがつながっていることに気づき始めるかもし

れない。 物事が孤立しているのではなく、存在するためにどのようにお互いに依存しあっているかを理解し始めるかもしれない。

　弁証法的な観点からすると、IDGのフレームワークは、更新される可能性のある一時的なもの、つまり境界が浸透しやすいフレームワークであり、サステナビリティの課題という文脈で、またその課題ゆえに存在するものとみなすことができるかもしれない。このような考え方から、IDGのカテゴリは、内面的な開発をより深く掘り下げるための見方や視点として機能する可能性がある。

　DTFのフレームワークには強力な理論的基礎があり、インタビューを通じて弁証法的思考能力を評価することができる。アセスメントでは、その人の思考パターンが特定され、必要に応じてマインド・オープン・エクササイズがその人の発達をサポートする。そして、参加者やクライアントが弁証法的思考能力を向上させられるように、コーチングやカウンセリングでよく用いられている。

●変化を妨げる免疫システム

　変化を妨げる免疫システム (Immunity to Change：ITC) のプロセスは、私たちが世界とその中での自分の立場をどのように理解しているかについて、その根底にある隠れた思い込みにアクセスすることで確認するプロセスである。
　ITCによって、実践者は、感情的な反応や思い込みを理解することができる。

DIY　　　　　　ファシリテート
〈身につく主なスキル〉
　複雑さへの認識、センス・メイキング
〈成長するその他のカテゴリー〉
　Relating　Acting

［概要］
　ITCプロセスは、ロバート・キーガンの主体客体理論から生まれたもので、私たちが行き詰まり、埋め込まれているものからいかに自分を区別することが（切り離すことが）できるかを論じている。ITCプロセスは、個人の開発目標から始まり、その目標を追求しようとするときの感情的な反応や前提を探る。

［どのように役立つか］
　ITCは、私たちの思い込みを言葉にして、それを対象物として認識することを助ける。その結果、私たちはもはや思い込みに左右されなくなり、思い込みが私たちをコントロールすることもなくなる。そうすれば、私たちはより大きな自由を手に入れ、自分の内なる空間にもっと複雑なものを抱え込むことができるようになる。

［取り組み方］
　初めてITCを開始するときは、次のことを試してみてください。

1．例えば、「もっと運動する」「境界を決めて他人の期待や希望を断る」など、個人の成長目標を設定することから始めてください。
2．設定した目標を追求し、人生に大きな変化をもたらそうとするとき、しばしば私たちの中の何かが、その変化に抵抗し自分にとって馴染みのない行動に変えることを阻んでいるように思えることがあります。このプロセスでは、新しい行動は、自分では気づいていないかもしれない自分自身についての前提（メンタルモデル）に挑戦するものであるため、このようなことが起こるのです。行動変容を妨げている思い込みを特定するようにしましょう。例えば、あなたが他人の要望をお断りするのを上手にやりたいと思ったら、それは、自分が他人から必要とされている人間だとの前提に挑戦することになるかもしれません。

あなたの感情的な反応、あなたの思考、あなたの人間関係、あるいはあなた自身など、あなたを身動きできずにがんじがらめにしているものから、どのようにあなたを区別することができるかを論じたものに、ロバート・キーガンが開発した「主体客体理論」というものがある。キーガンによれば、私たちが以前の自分を対象としてとらえ直すために、がんじがらめの状態から一歩踏み出す時に発達が起こるという。主体客体理論では、発達を段階的に説明するが、ここでは、発達をめぐるメカニズムや、私たちが変容するときに私たちの内部で何が起こっているのかが最も興味深い点だ。そこでは、私たちの思い込みや世界の見方（メンタルモデル）が見えてくるのだ。そこで生まれたのが、ITCと呼ばれる方法だ。

ITCのプロセスは、個人またはグループセッションで行われ、参加者が個々の開発目標を設定することから始まる。
例えば、「もっと運動する」「境界を決めて他人の期待や願望にノーと言う」などだ。このような目標を追求し、人生に大きな変化をもたらそうとするとき、しばしば私たちの中の何かがその変化に抵抗するようだ。ある種の感情的な反応、ある種の免疫システムが発動して、自分にとって馴染みのない行動に変えることを阻んでいるようだ。
また、自分自身の成長を自ら妨害し始めることさえある。このプロセスによると、このようなことが起こるのは、新しい行動が、自分自身について持っている、自分でも気づいていないような前提に挑戦することになるからだ。例えばもし私が他人の希望を断るのを上手になりたいと思ったら、それは自分が他人から必要とされている人間だという思い込みと対峙することになるだろう。

ITCプロセスの意図する成果は、最初に設定した成長目標に到達することが第一ではなく、それに対する自分の感情的な反応や思い込みを洞察することが目的となる。この思い込みを言葉にして、対象として受け止めることができれば、私たちはもはやその思い込みに支配されることはなく、コントロールされることもなくなる。そうすれば、私たちはより大きな自由を手に入れ、自分の内なる空間に、より複雑なものを抱くことができるようになる。

ITCプロセスは、私たちが世界とその中での自分の居場所をどのように理解するかという基礎的なものに取り組むものだ。しかし、それだけではなく、これまで隠されていたものにアク

セスするためのツールとして言語を使うことで、私たち自身の感情や意味づけに関する複雑な思考能力を促進するものでもあるのだ。これは、言葉と存在がいかに絡み合っているか、そしてある手法を特定のカテゴリーに位置づけることがいかに難しいかを示している。

　主体客体理論には、主体・客体面接という測定手段があり、参加者の意味づけの仕方で発達段階を評価することができる。自分自身や今まで当たり前だと思っていたことが見えるようになればなるほど、意味づけが複雑になっていく。

●ポラリティレンズで見る自己成長

　ポラリティ（極性）マップは、あなたの「大きな目的を表す宣言」とあなたのより「深い恐れ」を取り囲んでいる知恵を整理するものだ。

　この手法は一見解決不可能だったり、逆説的な問題と見えるものを実践者が識別し、管理するのを助けることができる。

DIY　　　　　　　ファシリテート

〈身につく主なスキル〉
複雑さへの認識、センス・メイキング
〈成長するその他のカテゴリー〉
Being　Relating

［概要］
　ポラリティ（極性）マップは知恵の整理術だ。知恵はあなたの中にある。マップの上部には、あなたのGPS（Greater Purpose Statement:大きな目的の宣言）、例えば「個人的な成長」がある。下には、この極性を上手く活用できないとどうなるかという「深い恐れ」が入る。例えば、「行き詰まり」は、自己成長の欠如を表すことになる。

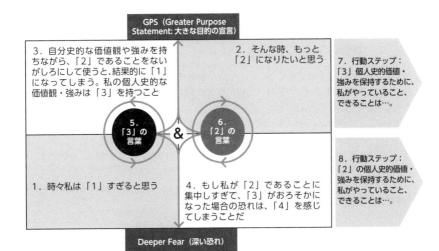

This map is based on the Polarity Map(R) which was created by Barry Johnson and is registered with Polarity Partnerships LLC.Information available at www.polaritypartnerships.com.

［どのように役立つのか］

　マップの8つのセクションは、一見解決不可能に見える問題や逆説的に見える問題を特定し、管理するのに役立つ。

［取り組み方］

　初めてポラリティ（極性）マップを始めるときは、次のことを試してみてください。

> 1．白紙に、「ポラリティ（極性）マップ」をコピーして、印刷のないスペースに数字（1～8）だけを入れてください。
> 2．上部にあなたの「大きな目的の宣言」を、下部に「深い恐れ」を描いてください。
> 3．1～8の番号の箇所を順番に埋めるように、単語か、簡潔な文章を記入してください。

●ポラリティマップの記入例

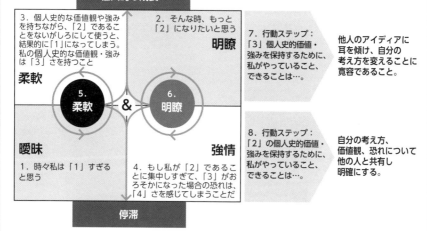

　白紙に、上の「ポラリティマップ®」を文字を使わず、数字（1～8）だけを空欄に書いてください。「ポラリティマップ」は、知恵を整理するツールです。

　知恵はあなたの中にあります。マップの一番上には、あなたの「大きな目的の宣言（GPS）」があります。この例では、「個人的な成長」と記入しています。

　これは、「なぜわざわざこのマップを活用するのか？」という問いに答えるものです。一番下は、この極性を上手く活用できないとどうなるかという「深い恐れ」です。この例では、個人的な成長の欠如を示す「停滞」という単語を記入しています。あとは、以下の例を参考にしながら、8つのステップであなたの地図を埋めていってみてください。私たちはしばしば、自分自身の何かを変えたいと思うことをきっかけに成長します。

○記入例

　1)時々、私はあまりにも「曖昧」（自分の言葉をマップに記入する）だと思うことがある。
　2)そんな時、もっと「明瞭」になりたいと思う。
　3)自分史的な価値観や強みを持ちながら、「明瞭」であることをないがしろにしてしまうと、結果的に「曖昧」になってしまう。私の個人史的な価値観・強みは「柔軟」さを持つこと。

4) もし私が「明瞭」であることに集中しすぎて、「柔軟」さがおろそかになった場合の恐れ
は、「強情」さを感じてしまう事だ。「強情」とみなされ、「柔軟」さを失うことへの恐れが、
私の個人的な成長において、「明瞭」でありたいと思う気持ちを抑えていたのだ。

次に、ポラリティマップの上側2つから単語を選んで、2つの極の名前5と6を記入してく
ださい。ここで、私は3から「柔軟」さを取り出して5に入れ、2から「明瞭」を取り出して
6に入れています。

ここで質問です。
「どうすれば、自分の価値観である「柔軟」さを持ち続け、より「明瞭」になりたいという
自己啓発の要求を追求できますか？」

答えは次の通りになります。
7) 自分の「柔軟」さを保持するための行動ステップ：他人のアイディアに耳を傾け、自分
の考え方を変えることに寛容であること。
8) 「明瞭」であることの利点を得るための行動ステップ：自分の考え方、価値観、恐れにつ
いて他の人と共有し明確にする。

逆説的ですが、3で持っているものを効果的に保持することで2に到達することができるよ
うになります。あなたのマップでも同じことができるはずです。

（3）Relating　つながりを意識する─他者や世界を思いやる

隣人や未来の世代、生物圏など、他者や世界に感謝し、思いやりを持って、つながりを感じることは、すべての人にとってより公正で持続可能なシステムと社会をつくることにつながる。

Thinking（考える）が様々な課題をどのように理解するかであるならば、Relating（つながりを意識する）という領域は、私たちがなぜ関心を持つべきかということを扱っている。私たちは、外の家族や組織や文化にとどまらず、先祖やこれから生まれてくる世代、さらには他の生物種や自然も、より大きな文脈とつながり、共感することができれば、それらに思いやりを持って気にかけるだろう。Relating（つながりを意識する）の領域では、「感謝」「つがっているという感覚」「謙虚さ」「共感と思いやり」のスキルで構成されている。

ここに含まれる方法は、他者への思いやりや共感力を鍛えたり、自然と親しみながら過ごしたりすることで、「つながり」をサポートすることに大きく関わっている。また、これらの方法には、言葉や文章だけでなく、その背後にあるわずかなメッセージに耳を傾け、私たちを取り巻く社会状況や自然の深いメカニズムを明らかにしようとする姿勢を養うことも含まれている。それゆえ、知的な謙虚さを持つことが、聴くことの出発点となり、未知のものに対処するための、空間や緩衝地帯を確保するための出発点ともなる。

この領域は、自分自身との関係を表す「Being」とも、他者との協働を表す「Collaborating」とも関連している。私たちは、「達成することかどうか」の問いかけから、「Relating」と「Collaborating」の区別を行っている。

●思いやりのトレーニング

思いやりのトレーニングは、共感と思いやりを構築するのに役立つ。共感と思いやりとは、他者や自分自身、自然に対して優しさをもって関わる能力と関わることで生じる苦しみに対処する能力を持つことを意味する。

DIY　　　　ファシリテート
〈身につく主なスキル〉
　共感と思いやり、感謝
〈成長するその他のカテゴリー〉
　Being　Collaborating

このトレーニングは、実践者のウェルビーイングを向上させ、より質の高い人間関係を築くのに役立つ。また、リーダーシップの資質も向上させることができる。

［概要］

私たちは一般的に、身近な人に対する共感や思いやりの能力を生まれながらにして持っていると考えられており、これは組織や文化など、より広い範囲に拡大することができる。また、ストレスや敵対的な状況、あるいは自分自身の判断や不健康な自己批判、あるいは恥にとらわ

れた場合には思いやりの能力が、一時的に低下することがある。思いやりと自己への慈しみ（セルフ・コンパッション）の能力は資産であり、幸いなことに、これは訓練し開発することができるものだ。ここで取り上げる思いやりのトレーニングは、瞑想のトレーニングなど様々なエクササイズによって行うことができる。この訓練は、マインドフルな意識、つまり自分自身や自分の体、呼吸とつながることから始めるのが、一般的な方法となる。思いやりのトレーニングは、多くの場合、セルフ・コンパッションと表現される自分自身の苦しみに対処することを目的としているが、ここでは人間関係や他人の苦しみへの対処について言及する。恵まれない人々を助けるボランティア活動や、様々な資源の消費を意識することは、他の人や自然とつながり、自分自身を成長させることの例となる。

[どのように役立つのか]

いくつかの研究は、思いやりのトレーニングを受けた人の幸福度が高まり、人間関係の質が向上することを指摘している。職業生活においても、同僚の苦しみを理解し、それを和らげ、彼らが適切に仕事ができるように努力すれば、リーダーとしての資質が向上する。

[取り組み方]

初めて思いやりのトレーニングを始めるときは、次のことを試してみてください。

1．あなた自身、あなたの内面、あなたの身体、そしてあなたの呼吸とつながることから始めましょう。 そうすれば、判断や自己批判（またはセルフ・コンパッション（自己への慈しみ））なしで自分と向き合うことができます。つまり、この状況では自分の考えや感情に執着しません。 利用可能な手段で最善を尽くします。
2．次に、親しい人に思いやりを向け、同じように判断することなく関わります。その後、それほど親しくない人や、対立している人に思いやりを向け、その人が元気で幸せで、平和であるようにと願います。
3．また、自分が関心を寄せる人たちに対して、寛大さ、もてなしの心、優しさなどを実践することで、他者の苦しみを和らげるエクササイズを追加することも可能です。

IDGsの23のスキルの1つが「共感と思いやり」で、私たちはこれを「優しさ、共感、思いやりをもって、他の存在、自分自身、自然とつながり、それらに関わる苦しみに対処する能力」と表現している。私たちは、「共感」を「他者が感じていることを理解し、感じる能力」と定義し、「思いやり」を「その苦しみを和らげたい」という思いだとしている。しかし、なぜ共感力が必要なのだろうか。そして、どのように訓練すればよいのだろうか。

一般に、私たちは生まれながらにして、身近な人に共感し、思いやる能力を持っていると考えられており、それは小さな子どもや霊長類を対象とした研究で確認されている。また、大人の発達の観点からは、この能力が親しい関係から組織、文化、より広い範囲に拡大する可能性があることが示されている。また、ストレスの多い状況や敵対的な状況、または、自分の判断、不健康な自己批判、あるいは恥にとらわれてしまうような状況下では、一時的に思いやりの能力が低下することも確認されている。

しかし、幸いなことに、資産である思いやりと自己への慈しみ（セルフコンパッション）のための能力は、訓練し成長させることができるものだ。

　ここで取り上げる思いやりのトレーニングは、瞑想の訓練など、様々なエクササイズによって行うことができる。この訓練の一般的な方法は、マインドフルな意識、つまり自分自身や自分の体、呼吸とつながることから始まる。そうすれば、注意と思いやりを判断や自己批判をしない自分自身に向かわせて、関連付けることができる。判断しないように努力するということは、この状況での自分の考えや感情に執着しないということだ。私たちは、利用可能な手段でできる限りのことをすることになる。思いやりのトレーニングは、多くの場合、セルフ・コンパッションと表現される自分自身の苦しみに対処することを目的としているが、ここでは人間関係や他者の苦しみへの対処について言及する。

　自分自身をグラウンディング（目を閉じゆっくり呼吸しながら大地に足が着いたイメージを持つこと）させた後、その思いやりを親しい別の人に向け、批判することなく同じように関わるイメージを持つ。その後、それほど親しくない人に同じ思いやりの心を向け、さらに対立している人に同じ心を向け、その人が元気で幸せで平和であるようにと願う。さらに、その思いやりの心は、すべての生きとし生けるものに向けることができる。トレーニングは、複数人のコースやクラスでも行われる。例えば、リーダーシップ開発でよく使われる「思いやりの心」のトレーニングでは、自分が関心を寄せる人、親しい人、それほど親しくない人、対立している人などに対して、寛大さ、もてなし、優しさを向ける実践をすることで、他の人の苦しみを理解し軽減する練習を加えることも可能だ。

　私たちの調査結果から、他の人々へのサポートや、つながり、自然へのサポートやつながりが、自分自身を成長させている例がいくつか見受けられた。例えば、ボランティア活動や恵まれない人々を助けること、難民の家族を受け入れること、菜食、様々な資源の消費に気を配ることなどが挙げられる。自分自身の成長は、このような関わり方をする一番の動機ではないかもしれないが、思いやりの能力は結果としてついてくると思われる。

　また、コースや実践が意図した通りの結果をもたらすかどうかを確認するために、どのように効果を測定することができるだろうか。思いやりは、一般的に様々な主観評価を用いて測定される。例えば、「他の人が彼らの問題について話しているとき、自分は関係ないと感じることがある」といった思いやりがない行動の記述に対して自分を評価したり、誰かが苦しんでいるときに実際に何をするかといった実践的側面に焦点を当てた質問をしたりすることで評価する。いくつかの研究では、上記のような実践や介入が、思いやりを高めることが参加者の自己報告で実証されている。

　では、なぜ私たちは思いやりの能力を高めることに興味を持つのだろうか。まず、いくつかの研究が思いやりのトレーニングを受けた人の幸福度が高まり、人間関係の質が向上することを指摘している。また、同僚の苦しみを理解し、それを和らげて仕事を上手くこなせるようになれば、リーダーの資質が向上するというのも、思いやりの能力を高める理由の1つとなる。

　最近では、思いやりは、個人、集団、システムの各レベルで、IDGの5つの領域と持続可能性の結果に関連する、気づき、洞察、つながり、目的、エージェンシーといった変革の資質と能力をサポートすることも示されている。

●ネイチャー・クエスト

　自然とのつながりは、環境を尊重し、大切にする社会への深い変化をもたらす可能性を秘めている。

　ネイチャー・クエストにより、私たちが独立して存在しているわけではなく、自己の感覚には自然が含まれていることを認識し、環境保護行動を促進することが期待できる。

DIY　　　　　　　　ファシリテート

〈身につく主なスキル〉
感謝、つながっているという感覚
〈成長するその他のカテゴリー〉
Being　Acting

〔概要〕

　人々は主に、自然界の特別な場所への愛着や、一般的に自然とのつながりを感じるという、関係性に価値を感じて自然界を保護・修復している。自然とのつながりのレベルは、屋外で過ごす時間、特に野生の自然の中で過ごす時間によって高まる。ネイチャー・クエストは、自然という言葉に対する感情的なつながりをさらに深め、環境と人類と自然界との関係に対する意識を深化させる。

〔どのように役立つのか〕

　自然界を含む自己の感覚を拡大することで、以下のことが可能になる。自然界に害を与えることは、自己破壊のように感じられるため、自然界に害を与える可能性が低くなる。

〔取り組み方〕

　自分でやるのであれば、ショートステイでもロングステイでも、以下を試してみてください。

> 1．森や公園、水辺など、「あなたを呼んでいる（あなたが引き寄せられる）」場所を探してみてください。そこにあるものを観察し、その美しさに導かれるままに、周囲に集中し、関わりを感じ、リラックスしてください。
> 2．周囲の音に耳を傾け、あなたを運んできた大地を感じ、空気のにおいを嗅ぎ、味わい、視界に没入することによって、内面の自然と外側の自然を深く結びつけ、その意識を真の根源である自然へと導いてください。この目的は、日常の習慣やパターンを脇に置き、新しい何かが現れるようにすることです。
> 3．座った場所で思い浮かぶ感覚を探求し、思考する心を無にして、青空に浮かぶ雲のようなあなたの思考の動きを観察してください。気づき、そして手放してください。

　断絶は、私たちが直面している社会的・生態的危機の主な根本原因の1つであり、再びつながることは、私たちの世界をより持続可能なものにするために必要な重要なプロセスの1つとなる。私たちは、自分自身と自然界をつなぎ直す必要がある。調査によると、私たちが自然界

を保護・回復するのは、主に関係性に価値を感じているためであり、自然の中の特別な場所への愛情や、一般的には自然とのつながりを感じるためであることがわかっている。自然界を傷つけることは、自己破壊のように感じられるため、自然とのつながりを感じられれば、自然を傷つける可能性は低くなると考えられている。したがって、親環境的な行動を促進する1つの方法は、自己の感覚を拡大し、自然界を含むようにすることであろう。さらに、自然とのつながりは、自分自身の声に耳を傾け、自分が人生に何を求めているのかに耳を傾けることをサポートしてくれる。

しかし、どうすればそこに到達できるだろうか。自然界との内なるつながりを強めるために、私たちは何をすればよいだろうか。調査によると、私たちの自然とのつながりは、屋外で過ごす時間、特に野生の自然の中で過ごす時間が長いほど強まるとのことだ。子どもたちが屋外で過ごす時間が長いほど、後年、環境に配慮した大人になることが研究で示されている。しかし、自然へのアクセスや交流は、子ども時代だけでなく、そのあとの人生にも大きな影響を与える。古今東西、人々は自然の中に身を置き、導きや知恵を求めてきた。現在では、その1つのアプローチとして、ネイチャー・クエストがある。ゆっくりとした時間を過ごし、気づきや自然との一体感といった資質を養う目的で、自然の中で完全に1人に慣れる特別な場所に行くのだ。自然の中での孤独の力は、野生の自然が本来持っているバランスの取れた調和によって生み出される。

自分自身と自然とのつながりを取り戻したいという積極的な意思決定が、ネイチャー・クエストのプロセスのスタートとなる。その後に続くのは、ネイチャー・クエストの時間の準備だ。そして、現実的な課題への対処、自然の中での時間に関する心配事への対処、新たな変容体験のための内なる空間づくりなどだ。
日常生活を離れ、自然の中で1人きりになる段階を経ると、雑念のない自分自身と、すべての生き物が相互につながっている生命の網目とのつながりを感じていくようになる。

再びつながることに関する指導的な教えや、瞑想や太極拳などの実践が、このプロセスをサポートする。再び生き物のつながりを感じていく段階では、新しい気づきを日常生活に取り入れるために、ネイチャー・クエスト後のプロセスを培うことに焦点があてられる。

集団のネイチャー・クエスト・リトリートに参加すると、サポートを受け、ただ流れに身を任せることができるようになる。ポッドキャストや本からインスピレーションを得たり、経験豊富なネイチャー・クエストのファシリテーターの話を聴くことで、自分自身で自然への探索の旅をすることもできる。ただし、検索には、深層心理やトラウマが現れる可能性があり、その場合、専門家のサポートが必要であることを理解しておく必要がある。結局のところ、どこに行こうとも、生命の網目、帰属意識、自然との一体感と再びつながることが重要となる。
私たちは、自然が私たちの周りにあるだけでなく、私たちの中にも自然があることを経験し、私たち人間が自然界と切り離せない存在であることを認識する。

●立ち止まって聴く

聴いた直後に一旦立ち止まることは、「相手が何を言ったか」「その言葉が自分にどのようにたどり着いたか」を結びつけるための内的スキルである。

実践者がより意識的な状態から行動するのを助けることができる。

DIY ──────────── ファシリテート

〈身につく主なスキル〉
感謝、つながっているという感覚
〈成長するその他のカテゴリー〉
Collaborating　Acting

[概要]

古代の叡智や、識別のための聴くプロセスを記した西洋の文献では、方法論的な手順を踏まずに、立ち止まって聴くことの重要性が強調されてきた。

それは、静かな観察と深い傾聴の中で情報を収集し、気づきを得て知識を構築する状態をつくり出す。この熟考の空間では、目に見えない内なる資質が働き、それが行動に反映される。一時停止するための時間を確保することは、そのための空間の質と同じくらい重要だ。

立ち止まって考えることは、今聞いたことを具体イメージ化することであり、結果を変える可能性があるプロセスの最中に、より意識的であるという内なる資質を発達させることになるのだ。チームで練習する場合、一時停止することで、自分たちがどのレベルのリスニングを行っているのかに気づくことができる。オットー・シャーマーは、リスニングのレベルを4つに分類している。「ダウンロード」（知っていることを再確認する）、「事実」（知っていることと異なること）、「共感」（相手の体験とつながる）、「生成」（自分が何者か、何者でありたいかとつながる）。

より深く耳を傾け、環境との深いつながりを感じる練習をすることで、私たちは周囲の環境と関係を持つことができる。オーストラリアのノーザンテリトリーのアボリジニの長老ミリアム・ローズ・ウンガンマーは、「私たちは、見て、聞いて、待ち、そして行動することによって学ぶ」という。

[どのように役立つか]

一時停止することで得られる気づきは、より意識的な状態から行動するために必要な資質を形成してくれる。

[取り組み方]

初めて「立ち止まって聴く」を実施するときは、次のことを試してみてください。

> 1．チームでは、各人に同じ時間、例えば5分間をコミュニケーションに充てます。
> 2．1人ひとりの対話の間に1分程度の一時停止時間を設けます。
> 3．この時間は、自分がどのレベルの聞き手であったかを振り返り、どのようにダイナミクスを継続させるかの資質を見極めるための場となります。

今聞いたことを考えるには、一時停止することが重要だ。それは、「相手が何を言ったか」「その言葉が自分にどう響いたか」を知るための内なるスキルとなる。

　一時停止するための時間を確保することは、そのための空間の質と同じくらい重要となる。この重要性は、古代の叡智や西洋の文献には、方法論的な手順を踏まずに強調されている。

　「立ち止まって聴く」の活用への招待は、一時停止することで得られる気づきに関する根拠に基づいた情報に由来する。

　先住民の知恵、例えば「ダディリ」とは、深く耳を傾け、つながることだと、ミリアム・ローズ・ウンガンマーは言う。それは熟慮という意味であり、生き方でもある。これは、概念化することに対して、生きるということだ。自然に対して耳を傾け、他の生命体システムから情報を得るために立ち止まり、他の生命システムとの関係や内面的な関係を築くのだ。ジュディ・アトキンソンにとって、「ダディリ」とは、静かな観察と深い傾聴の中で情報を集め、気づきを得ることによって知識を構築する状態を意味する。この熟慮の空間では、目に見えない内なる資質が働き、それが行動に反映されるのだ。

　内なる動きが、行動の質を高める。「ダディリ」では、学習は体験的なものであり、耳を傾け、待つことが、行動することを可能にする鍵であることに気づかせてくれる。この行動によって、私たちは環境との関わり方に別の質を与えることができる。

　ディープリスニングは、プロセスとして捉えることもできる。U理論では、マインドを開く、ハートを開く、意志を開くという3つの重要な要素を用いている。オットー・シャーマーは、リスニングを最も重要で過小評価されているスキルとして強調している。

　傾聴の4つのレベルとは「ダウンロード」（自分の知っていることを再確認する）、「事実」（自分の知っていることとは違うこと）、「共感」（相手の体験とつながる）、「生成」（自分が何者か、何者でありたいかとつながる）である。他者と一緒にいて、内なる声に耳を傾け、自分がどのレベルの聴き方（ダウンロード、事実、共感、生成）を行っているかに気づくことは可能だ。

　例えば、チームでは、各人に同じ時間（例えば5分）を与え、その後に1分程度の一時停止時間を確保する。一時停止の時間は、各人がコミュニケーションするために与えられた時間によって変わってくるものだ。その後、次の人が同じ時間だけ話すことができ、その繰り返しを行う。次の人が話すまでの間、その一時停止の時間にマジックが起こるのだ。反射的な反応から、一呼吸置いた反応へと移行するのだ。

　そして、そのプロセスにおいて、より意識的になるという内面的な質を高めることで、結果を変えることにつながる。

●イマジネーション・アクティヴィズムと共生瞑想

イマジネーション・アクティヴィズムは、私たちが思い描くより良い世界を実現するために、イマジネーション（想像）のエクササイズとコミュニティでの行動の呼びかけを組み合わせた新しいタイプの実践行動である。この行動は、実践者が地球や自然とのつながりをつくり、未来の世界の可能性を探求し、活動家の原動力となる希望を抱かせるのに役立つ。

DIY　　　　　　　　　ファシリテート
〈身につく主なスキル〉
感謝、つながっているという感覚
〈成長するその他のカテゴリー〉
Being　Acting

［概要］

イマジネーション・アクティヴィズムは、私たちが思い描くより良い世界を実現するために、イマジネーションのエクササイズとコミュニティでの行動の呼びかけを組み合わせた新しいタイプの実践行動である。自己、他者、そして地球との深いつながりを感じながら、実践者は異なる未来を想像することで希望を見出し自分自身を維持し、自分が想像するような豊かな世界を創り出すために他の人々を鼓舞することができる。共生瞑想は、イマジネーション・アクティヴィズム瞑想の短い(8分間の)例で、あなたが「人間」であるという経験が生き生きとした物質、エネルギー、原子、生き物とのつながりによって構成されていることを感じることで、あなたが生きているという経験を探求するように誘うものである。

［どのように役立つのか］

イマジネーション・アクティヴィズムは、地球とのつながりをつくり、自然との相互関係を確立し、未来の世代の思いを生き生きとさせ、時間の拡張感覚を育むのに役立つ。また、別の世界や可能性を探求し、未来のビジョンを描くことで、希望を抱かせ、ビジョンを実行に移すためのステップを見つける手助けができる。

［取り組み方］

初めて「共生瞑想」を始めるときは、次のことを試してみてください。

1．まず、自分の体の中で、骨、皮膚、歯、髪、そしてその重さの感覚など、固体の要素、つまり「地球の要素」でできているすべての部分を視覚イメージ化し、自分とのつながりを想像してください。
2．次に、水と、あなたの体の中にあるすべての液体の要素を視覚イメージ化し、さらに、外の世界の川、激しい雨、滝、海を視覚イメージ化します。
3．空気と呼吸を視覚イメージ化します。体の中の空気と酸素の気泡に焦点を当て、世界の空気とその音と感覚に意識を向けます。
4．熱とエネルギーの「火の要素」を視覚イメージ化します。かつてはバクテリアだったミトコンドリアが、今は私たちの体の一部として共生しているのを想像するように実践者を導きます。
5．最後に、今こうして生きていることを支えてくれている、連綿と続く人間関係と協力の連鎖を、心臓の鼓動を通して具体的にイメージしていくことで、締めくくります。

イマジネーション・アクティヴィズムは、私たちが思い描く、より良い世界を実現するために、イマジネーションのエクササイズとコミュニティでの行動の呼びかけを組み合わせた新しいタイプの実践行動である。未来への希望と、より良い世界への想像力から生まれた活動だ。絶望するのではなく、希望に焦点を当てる。古いものと戦うのではなく、新しいものを構築するよう私たちを誘う（いざなう）のだ。イマジネーションエクササイズは、地球とのつながりをつくり、自然との相互関係を確立し、未来の世代の構想を生き生きとさせ、時間の拡張感覚を育む。また、別の世界や可能性を探求し、未来のビジョンを描くことを可能にする。実践者は、希望とポジティブな想像力をもって行動し、インスピレーションを得る必要がある。自分、他人、地球との深いつながりを感じながら、異なる未来を想像することで、貧困のない世界、汚染のない世界、質の高い教育、きれいな水、健康と幸福をもたらす世界など、自分たちが想像する豊かな世界を創造するために、自分自身を支え、他人を鼓舞することができる。ビジョンを行動に移すためのステップを見つけることが、イマジネーション・アクティヴィズムの核心だ。

　イマジネーション・アクティヴィズムは、想像力、創造的手法、ビジョニングを用いて、共感を広げ、より強い自己の感覚と価値観へのつながりを養い、新しい視点、センスメイキング、認知の柔軟性を持つことを促進させる。特に、インナーコンパス、共感と思いやり、パースペクティブ・スキル、長期的志向とビジョニングのスキルに重点を置き、主にRelatingのカテゴリーを扱う。また、自己認識、プレゼンス、センスメイキング、勇気、忍耐など、他のカテゴリーのスキルも対象としている。

　共生瞑想は、8分間の短い瞑想で、あなたが「人間」であるという経験が生き生きとした物質、エネルギー、原子、生き物とのつながりによって構成されていることを感じることで、あなたが生きているという経験を探求するように誘うものだ。

　あなたは、自分の体の中で、固体の物質、つまり「地球の要素」でできているすべての部分、つまり骨、皮膚、歯、髪、そしてそれらの重さの物理的感覚を視覚イメージ化し、実感するように導かれる。次に、自分の外側にある世界や宇宙に存在する固体や地球の要素のすべてを視覚化し、両者のつながりを視覚イメージ化し想像するよう導かれる。

　同じことを体内の水とすべての液体の要素に対して行い、そして外の世界の川、激しい雨、滝、海、そしてその体内と外との間に存在する連続性を視覚化していく。次に、空気と呼吸についても同様に行う。体内の気体と酸素の気泡に焦点を当て、世界の空気とその音や感覚に投影していく。最後に、熱とエネルギーの「火の要素」に焦点を当て、かつてバクテリアだった体内のミトコンドリアが、共生というプロセスを経て、私たちの体に住みついていることを想像するよう、聴き手は導かれる。

　この瞑想では、科学的な認識、概念、視覚化を用いて、体験的な実践、呼吸、瞑想、体内認識によって、すべての生命との相互依存関係を、厳密かつ感覚的に体験し、知性を創造することができる。

⑷Collaborating　協働する―社会的スキル

　共通の関心事を進展させるためには、異なる価値観、スキル、能力を持つステークホルダーを巻き込み、場を提供し、コミュニケーションをとる能力を養う必要がある。

　Collaborating（協働する）は、「コミュニケーション・スキル」「共創スキル」「インクルーシブ・マインドセットと異文化コンピテンス」「信頼」「集団を動かすスキル」で構成される。この領域は、個人だけでなく、集団レベルでのスキルを開発する必要があることを思い出させてくれる。SDGsの目標17は、目標のためのパートナーシップに関連しており、持続可能な社会の実現に向け、国境を超えて協力する必要があることを強調している。

　複雑な問題を解決するために、グループを支援する方法は数多く存在する。ここでは、そのいくつかを取り上げる。紹介する方法には、複雑な問題に対する集団的な理解を支援し足場となる認知的な焦点に関する方法と、一見対立して見える複数の見解が共存できる信頼があり心理的安全な空間を構築する方法との両方がある。この領域のツールキットは、暴力的な会話や不必要な対立を減らすことを念頭に、どのようにコミュニケートするかに焦点を当てている。

　この領域とここで提示される手法は、他の多くの領域と関係し、ほとんどの手法が目の前の問題への対処のために何らかの行動を起こすことを目的としていることから、Acting（行動する）の領域とも関係している。

●NVC（非暴力コミュニケーション）

　非暴力コミュニケーション（NVC）は、人々の言動を越えて、人々の内的な感情やニーズを明らかにして共有することを目的としている。それは、実践者が共通の理解のための場を開き、彼らが気づいていなかったニーズを発見し、対立を解決するために全員のニーズに沿った解決策に導くのに役立つ。

DIY　　　　　　　　ファシリテート
〈身につく主なスキル〉
コミュニケーションスキル、共創スキル
〈成長するその他のカテゴリー〉
Relating　Acting

［概要］
　私たちが他人の話を聞くとき、その人が表現していることについて、正確ではない結論を出し、誤解を招く恐れが常にある。このような結論は、しばしば私たち自身の解釈に過ぎず、その人に対する私たち自身の考え、感情、思い込み、そしてその状況における私たち自身の（満たされていない）ニーズによって色づけされている。非暴力コミュニケーション（NVC）のアプローチは、言葉で表現されたものに対する最初の解釈を超えて、より深く耳を傾けるよう私たちに求める。

［どのように役立つか］

　NVCは、すべての人のニーズを認識し、表現し、そこで生じる次のステップとしての緊張関係を解決へと導く共有戦略を開発することによって、協力したり競合したりするすべての当事者間の関わりと会話を確立することができる。異なるニーズがあり、それを友好的に満たす戦略がまだ見つかっていないことを認めることで、対立を容易に解決することができる。NVCは、自分のニーズや感情をより明確化し、その状況にいる他の人々のニーズと一致させる方法で、自分の求めているものを表現し、物事をお願いすることをサポートする。

［取り組み方］

　初めてNVCを始めるときは、次のことを試してみてください。

　１．相手の話を聞くとき、自分のニーズや感情を含めずに、相手の見方や感情を受け入れるためのスペースを自分の中に確保します。表現されたことに対する最初の解釈を超えて、より深く聴くようにします。
　２．自分が攻撃されているかのように本能的に反応するのではなく、相手がどう感じているか、満たされていないニーズについてさらに質問してみます。

　Relatingのカテゴリーに続いて、個人と様々な登場人物との相互作用に焦点を当てることになるが、その核となるのはコミュニケーションだ。IDGのフレームワークでは、コミュニケーション能力を「相手の話をよく聞く」「真の対話を促進する」「自分の意見を上手に主張する」「対立を建設的に管理する」「多様な集団にコミュニケーションを適応させる」と定義している。ここでいう「相手の話をよく聞く」とは、どういうことだろうか。

　私たちが他人の話を聞くとき、その人が表現していることについて、正確ではない結論を出し、誤解を招く危険性が常にある。私たちは、その人が間違った情報を持っている、不合理な要求をしている、あるいは単に間違っていると考えるかもしれない。しかし、これは私たち自身の解釈に過ぎず、その人に対する私たち自身の考え、感情、思い込み、そしてその状況における私たち自身の（満たされていない）ニーズによって色づけされていることが多いのだ。

　非暴力コミュニケーション（NVC）は、人の言動を超えて、感情や欲求といった人の内面を明らかにして共有することを目的としているので、ここ（Collaborating）に適した手法であると言えるだろう。コミュニケーションする相手の内面だけでなく、自分自身の内面も、NVCのアプローチでは、個人として、表現されたものに対する最初の解釈を超えて、より深く耳を傾けることを求める。これは、攻撃されたと感じて本能的に反応するのではなく、相手がどう感じているか、満たされていないニーズについてさらに質問することで可能になる。

　このように自分を開放して、相手や集団の視点や苦しみを受け入れることは、ただ反応したり自分を守ったりするよりも、私たちにとってより高い要求かもしれない。そのため、自分のニーズや感情を抑えずに、相手の視点や感情のためのスペースを自分の中に確保することが必要になる。しかし、様々な状況でこれを実践することは、私たちの内なる空間と、異なる感情や視点を受け入れる能力の発達に貢献することにもなるのだ。NVCは、共通の理解や深いつながりの感覚を得るための場を提供する。

　NVCのようなツールを状況に応じて適用することで、協力関係や対立関係にあるすべての当事者間の関係を築き、会話をすることを助ける。NVCの基本的な前提は、人間の行動はすべてニーズによって動機づけられているということである。したがって、怒りや非難は、満たされていないニーズの不本意な表現ともみることができる。異なるニーズがあり、それを友好的に満たす戦略がまだ見つかっていないことを認めれば、対立は容易に解決することができるのだ。

　NVCは、自分のニーズや感情をより明確に表現し、その場にいる他の人々のニーズと一致する方法で、自分の求めていることを表現したり、物事を求めたりすることをサポートしてくれる。また、自由や尊重の必要性など、以前は意識していなかったニーズを発見するのにも役立つかもしれない。

●コラボレーションの足場固め

　複雑な問題に対するコラボレーションを促進するための構造化された手法は、生産的なコラボレーションの足場となり、多様なステークホルダー間の利害対立を克服することを助けてくれる。実践者は、特定の問題についてのコラボレーションと問題解決を促進するだけでなく、長期的で多様な視点への適応力と共創力を身につけることができる。

DIY　　　　　　　　　ファシリテート
〈身につく主なスキル〉
　共創スキル、インクルーシブ・マインドセット
〈成長するその他のカテゴリー〉
　Relating　Acting

［概要］

　問題が非常に複雑な場合においては、行動計画を策定する際に考慮し、利用されなければならない知識や能力を、1人の当事者が持っているわけではない。過去50年ほどの間に、多様なステークホルダー間の生産的な協力関係を構築し、利害の対立を克服するための、非常に多くの手法が開発されてきた。

　そのような手法の例として、以下のようなものが(非常にたくさん)ある。

●TIP（The Integral Process）、複雑な問題に取り組むための統合的なプロセス

●ソフトシステム方法論

●オープンスペース テクノロジー

●フューチャーサーチ

●戦略的選択アプローチ

●ワークアウト

●コンセンサス・ベースド・アプローチ

●探究型アプローチ

●ディープ・デモクラシー

●フューチャーワークショップ

［どのように役立つか］

　これらの構造化された手法は、特定の問題に関連するコラボレーション、問題解決、戦略策

定を促進する。また、参加者の複雑性への認識や、多様な視点を探求するオープンさ、共創スキルの獲得など、長期的な学習もサポートしてくれる。

[取り組み方]
　複雑な問題に対するコラボレーションの足場づくりを初めて行う場合、以下のことを試してみてください。

> 1．その方法を使いたい複雑な問題と高いレベルの目的を特定します。
> 2．既存の方法、または熟練したファシリテーターによる特別な方法を用いて、構造化されたファシリテーションを模索します。訓練を受けたファシリテーターは、グループプロセスの構成を特定の事例における特定の条件に適応させることができ、参加者の能力を引き出し、生産的な協力を実現するために、プロセスの各段階を支援することが可能になります。

　問題が非常に複雑な場合、行動計画を策定する際に考慮し、利用しなければならない知識や能力を、1人の当事者が持っているわけではない。特に、利害関係、視点、役割、知識基盤がまったく異なる利害関係者が関与する場合、ミスコミュニケーション、信頼の欠如、焦点の共有の欠如、明らかな対立が生じる可能性もかなり高い。過去50年ほどの間に、多様な利害関係者の間で生産的な協力関係を築き、利害の対立を克服するために、非常に多くの方法が開発されてきた。

　そうした手法の例としては、概要で示したように、TIP（The Integral Process）：複雑な問題に取り組むための統合プロセス、ソフトシステム方法論などがあり、多様な手法の分野から1つの手法を選ぶのは難しい。なぜなら、異なる手法は異なる目的のために開発され、どのような機能を果たすかについて異なる性質を持つからである（Jordan, 2014を参照）。これらのメソッドの中には、参加者がより複雑性を認識できるようにすることや、異なる視点間の緊張を創造的に活用すること、かなりの衝突の可能性がある場合でも協力できるようにすること、信頼と創造性を促進することなど、特に支援する目的に応じて設計されている。

　目的と境界に関する合意形成、信頼とオープンさ、創造性の発揮、複雑な条件と因果関係の探求、異なる視点の活用、対立の解消などには、体系的なファシリテーション（確立した手法、または熟練したファシリテーターによる独自のデザイン）が必要であろう。これらの手法は、特定の課題に関するコラボレーション、問題解決、戦略策定を促進するだけでなく、参加者の複雑性の認識、多様な視点を探求するオープンさ、具体的な共創スキルに関する長期的な学習をサポートする。複雑な問題に対するコラボレーションの方法については、非常に多くの文献があり、また経験豊富なファシリテーターのコミュニティも存在する。文献の多くは、手法やファシリテーションのマニュアルやテキストブックなど、実践的なものである。また、オペレーショナルリサーチやシステムエンジニアリング、熟議民主主義などの分野のイギリスの学者の間でも、方法論の研究が行われている。

　この一連の手法を取り入れることの1つの理由は、IDGのフレームワークが、個人のスキルや資質に焦点を当てたものから、集団的な能力に焦点を当てたものに進化する必要があると考えているためだ。複雑な問題のための手法は、戦略策定と実施を可能にする集団的な能力を

構築するように設計されており、個人が達成したいと望むものをはるかに超えている。複雑な問題のための方法を用いてその成果を十分に発揮するためには、訓練を受けた経験豊かなファシリテーターが必要となる場合がある。このようなファシリテーターは、グループプロセスのデザインを特定の事例における特定の条件に適応させることができ、参加者の能力を引き出し、生産的な協力を実現するために、プロセスの各段階を支援することができる。

●異文化コミュニケーションのトレーニング

異文化コミュニケーションのトレーニングには、異なる文化的背景を持つ参加者が関わる活動において、文化的差異の共通の特徴を学ぶことが含まれる。このトレーニングは、実践者が誤解や衝突のリスクを軽減するのに役立つ。

DIY　　　　　ファシリテート

〈身につく主なスキル〉
共創スキル、インクルーシブ・マインドセット
〈成長するその他のカテゴリー〉
Relating　Acting

［概要］

SDGsの国際協力のように、異なる文化的背景を持つ人々と仕事をする場合、文化的差異が大きな対立の原因となる可能性がある。文化的差異に関わる最もよく知られている側面は、権力格差、個人主義 / 集団主義、女性らしさ/男性らしさ、不確実性への対処などで、これらはコミュニケーションやコラボレーションの実践、関係構築、リーダーシップやフォロワーシップ、性別間の役割に対する考え方に影響を与える可能性がある。

異文化交流能力のトレーニングには、講義や読書を通じて文化の違いに共通する側面を学ぶことや他者や自身の異文化間対立の経験を振り返ること、グループでのシミュレーションやコミュニケーション演習を行うことが含まれる。

また、文化的差異がどのように問題になりうるかを明確に例示し、文化的差異を超えた創造的なコラボレーションの能力を高めるための洞察やスキルに関するガイダンスを提供することができる。

［どのように役立つか］

異文化理解のトレーニングは、異なる文化的背景を持つ参加者が関わる活動において、誤解や摩擦、明らかな対立のリスクを軽減し、価値観や行動のレパートリーを増やすことで個人と集団の発展を促すことができる。

［取り組み方］

異文化交流能力のトレーニングを初めて行う場合、次のことを試してみてください。

> 1．異文化間の協力のスキルを強化する目的で、一般向けに書かれた本や記事を探してください。
> 2．個人またはグループレベルで、読書、講義、振り返りなどのほか、グループでのシミュレーションやコミュニケーション演習を取り入れることができるファシリテート・トレーニングを確認してみてください。

異なる文化的背景を持つ人々と仕事をする場合、文化的差異が大きな対立の原因となる可能性がある。特にSDGsのような国際的な協力が必要な課題では、この課題の関連性は非常に高い。共同作業やコミュニケーションに影響を及ぼす可能性のある共通の文化的差異を認識することで、誤解や摩擦、そして完全な衝突のリスクを減らすことができる。例えば、Geert HofstedeやFons Trompenaars、Erin Meyerによって開発されたフレームワークがある。

　文化的差異に関連する最もよく知られている側面は、(Hofstedeに従って)権力格差、個人主義/集団主義、女性らしさ/男性らしさ、不確実性への対処などだ。このような違い(およびその他の違い)は、コミュニケーションやコラボレーションの実践、人間関係の構築、リーダーシップやフォロワーシップ、性別の役割に対する考え方に影響を与える可能性がある。異文化コミュニケーションのトレーニングには、講義や読書を通して文化的な違いに共通する性質を学ぶこと、他者や自身の異文化間衝突の経験を振り返ること、グループでのシミュレーションやコミュニケーション演習を行うことが含まれる。

　しかし、学者や実務家の中には、Hofstedeのようなフレームワークを使用する際にステレオタイプ化のリスクを警告し、より自由なアプローチで異文化理解トレーニングを行うことを提唱する人もいることは認識しておく必要がある。異文化間トレーニングはステレオタイプ化のリスクを最小限に抑えながら、文化の違いがどのように問題になり得るかを明確に例示し、文化の違いを超えて創造的なコラボレーションを行う能力を高めるための洞察やスキルについてのガイダンスを提供するようにデザインされるべきだ。

　異文化間コミュニケーションのトレーニングは、異なる文化的背景を持つ参加者を巻き込んだ取り組みにおいて、誤解や摩擦、そして完全な衝突のリスクを減らすだけでなく、より幅広い価値観や行動の組み合わせによって、個人と集団の成長を促進する上できわめて重要であると言える。

　異文化間の差異に関する実証的な研究結果は非常に多い。また、異文化間協力のスキルを強化する目的で一般向けに書かれた書籍や記事も数多くある。異文化間能力に関するトレーニングは非常に古くから行われており、様々なアプローチを用いた熟練したトレーナーの大きなコミュニティーが存在する。

●心理的安全性

　心理的安全性とは、集団の中で、他のメンバーから拒絶されたり、嘲笑されたりすることを恐れることなく、自分らしくいられる状態を指す。チームのパフォーマンスを上げ、学習効果を高め、仕事の満足度を高めることができる。

DIY　　　　　　　　　ファシリテート

〈身につく主なスキル〉
コミュニケーションスキル、信頼
〈成長するその他のカテゴリー〉
Relating　Acting

[概要]

　心理的安全性とは、集団の中で、他のメンバーから拒絶されたり、嘲笑されたりすることを恐れず、自分らしくいられるという状態を指す。心理的安全性の高いチームは、失敗をオープンにし、それについて話し、そこから学ぶことが奨励されている。心理的安全性の概念は、個

人が互いに強く依存し合い、共通の目標に向かって努力しているグループ/チームや組織環境に適用される。グループ内のすべての人の協力がなければ、ゴールに到達することは困難だ。

心理的安全性は、集団の現象として捉えるのが最も適切だが、チームメンバー全員の関与なしには達成できない。個人の意識と行動が、所属する集団の心理的安全性を高めることに貢献する。

[どのように役立つか]

高い心理的安全性は、パフォーマンスの向上、学習効果の向上、仕事への満足度の向上につながることが期待される。

[取り組み方]

初めて心理的安全を始めるときは、次のことを試してみてください。

> 1．質問をし、他のグループのメンバーに興味を持ち、敬意を払います。
> 2．話し合いや関連事項の決定時には、全員が参加するようにし、積極的に他者の意見を聞くことで、個性の違いを受け入れてみてください。
> 3．自分の失敗談を話してみてください。

心理的安全性とは、集団の中で、他のメンバーから拒絶されたり、嘲笑されたりすることを恐れることなく、自分らしくいられるという状態を指す。ハーバード大学のエイミー・エドモンドソン教授の言葉を借りれば、「対人関係における信頼と相互尊重を特徴とするチーム風土」である。

心理的安全性の高いチームは、失敗をオープンにし、それについて話し、そこから学ぶことが奨励されている。心理的安全性の概念は、個人が互いに強く依存し合い、共通の目標に向かって働いているグループ/チームや組織の環境に適用される。グループ内のすべての人の協力がなければ、ゴールに到達することは困難だ。

心理的安全性という概念は、1960年代から存在し、1990年代に再び人気が高まった。この研究は、Google社が180以上のチームからデータを収集し、成功するチームワークの核心とは何かについて知見を得るために行ったものである。その結果、チームの有効性に最も大きな影響を与える要因として、「心理的安全性」があることが判明した。他の要因としては、相互信頼、構造と明確さ、仕事の意味、インパクトなどがあるが、その影響は比較的小さかった。

心理的安全性については、個人、グループ、組織の各レベルで多くの研究がなされており、高い心理的安全性がパフォーマンスの向上、学習効果の増大、仕事への満足度の向上につながることが示されている。そして、心理的安全性が集団の現象を最もよく概念化していることもわかっている。

心理的安全性はグループの特性であり、チームメンバー全員の関与なしには達成できないものだが、自分が所属するグループの心理的安全性を高めるために個人ができることはたくさんある。例えば、質問をする、他のグループのメンバーに興味を持ち敬意を払う、個性の違いを受け入れる、会話や決定に全員が加わっていることを確認する、他の人の意見を求める、自分の間違いについて話す、グループ内で新しい行動を試みる、などの小さな行動でよい。

心理的安全性はコラボレーションの領域に位置づけられ、チームがより良く機能し、仕事の満足度が高まる可能性を高める強力なツールになり得る。SDGsの3、8、17に明確に関連しているが、私たちがどのように協力するかによって、グローバルな目標をどれだけ早く達成し、より良い未来を創造できるかに大きな影響を与えるため、すべてのSDGsに影響を与えるとみなすことができる。

●シールド

シールドは、3人以上の参加者が30分～4時間かけて行うエクササイズである。その主な目的は、参加者に自分自身について話をしてもらい、分かち合ってもらうことだ。

DIY　　　　　　　　　　　ファシリテート

〈身につく主なスキル〉
インクルーシブ・マインドセット、信頼
〈成長するその他のカテゴリー〉
Being　Relating

［概要］

この方法は、グループがつながり、互いを知り、信頼関係を築くのに効果がある。

シールドは多くの目的を持ったエクササイズだが、主な目的は参加者に自分自身について話してもらい、分かち合ってもらうことで、お互いを知ってもらうことである。必要な道具は、紙（できればフリップチャートサイズ）とペン（できればホワイトボード用途）だ。

［どのように役立つか］

この演習は、参加者が自分自身についてより深く共有し、信頼の風土をつくり出すのに役立つ。

［取り組み方］

初めてシールドを始めるときは、以下のことを試してみてください。

1. 参加者に紙とペンを1人一式ずつ配ります。黒板やホワイトボード（または自分の紙）で演習の進め方を指示し、参加者に開始してもらいます。
2. 参加者は、紙に盾（十字型）を描き、紙を4つの部分に分けてください。盾はできるだけ大きく描いてください。
3. 四分割されたそれぞれのスペースに、参加者は4つのテーマで自分自身を表現するよう求められます。参加者は言葉ではなく絵で表現することが欠かせません。
4. テーマは様々でよいですが、例えば次のようなものが考えられます。
「これは私をよく表している○○です。私が乗り越えた困難なことは○○です。私は○○を誇りに思っています。これはあなたが私について知らなかった○○です。私は○○で自分を見失いました。私の夢は○○です。20年後には○○○○」などです。
5. 参加者は、1人ずつ自分が書いた作品を見せ、パートを約1分間合計4分程度で口頭で発表します。
6. 参加者が自分の作品を発表するとき、聴いている人はメモを取り、発表に対して肯定的なフィードバックをしてください。これは後で残しておくように伝えておいてください。
7. 全員がスピーチを終えたら、グループリーダーは、その場で演習を続けることも、後で次のステップに進むように指示することもできます。どちらの方法にも長所と短所があります。

8．次にフィードバックを行います。グループの椅子を円形に配置します。参加者に、記録したフィードバックのメモを出すように指示します。フィードバックが行われる参加者は、1人ずつ、グループに背を向け外側を向いてもらいます。フィードバックが行われるとき、フィードバックを受ける人は、ただ聞いているだけで、コメントをしてはいけません。フィードバックは、左側に座っている人がフィードバックを受け始め、時計回りに行われます。

9．全員がフィードバックをしたら、フィードバックを受けた人はグループの方を向き、グループに対して感謝の言葉を述べてください。

10．全員がグループを一周したら、グループで、自分が体験したことを話し、それが何を呼び起こしたかを振り返ってみてください。

これは多くの目的を持ったエクササイズだが、主に参加者が自分自身を語り、共有し、お互いを知るために行われるものだ。また、信頼関係を築くことも目的としている。必要な道具は、紙(フリップチャートサイズが望ましい)とペン(ホワイトボード用途が望ましい)だ。このエクササイズは、グループや共有される内容によって、異なる結果になる可能性がある。何が出てくるかによって、描写に時間がかかるかもしれないので、少し時間を追加する必要があるかもしれない。

(5)Acting　行動する─変化を推進する

　勇気や楽観性といった資質は、真の主体性を獲得し、古いパターンを打破し、独創的なアイディアを生み出し、不確実な時代に粘り強く行動することを可能にする。

　Acting（行動する）の領域は、「勇気」「創造性」「楽観性」「粘り強さ」で構成されている。私たちは、挙げられたもの以外にもスキルや内面的な資質が必要だが、ここで挙げられたものは、その中でも様々な問題に対して行動を起こすために必要な最も関連するものが挙げられている。

　ここで取り挙げる方法は、行動を起こすための希望や主体性を養うだけでなく、創造性や想像力を養うことも目的としている。前述したように、ここでの方法とこの領域は他の領域とも関係している。いくつかの方法は協働での問題解決を目的としているため、ThinkingやCollavoratingの領域に位置づけることもできる。

●パーソナル・エージェンシー＆パーソナル・イニシアチブ

　パーソナル・エージェンシーとパーソナル・イニシアチブ・トレーニングは、特別な人生の目標に向けた行動を促進するために考案された支援方法だ。

　このトレーニングは、参加者が目標に向かって有意義な行動を起こし、弾力的で積極的な習慣をつくり出し、資源の乏しい環境に住む人の生計を向上させるのに役立てることができる。

DIY　　　　　　　　　　　　ファシリテート

〈身につく主なスキル〉
勇気、楽観性、粘り強さ
〈成長するその他のカテゴリー〉
Thinking　Collaborating

　パーソナル・エージェンシー（個人の主体性）とは、人生において重要な決定を下し、それに基づいて行動する能力と定義され、総合的な幸福を促進する上で中心となるものである。パーソナル・エージェンシーへの介入は、特定の目標に向けた行動を促進し、行動変容を支援するために設計された行動的かつ／またはデジタルな介入の形態をとる。その例としては、以下のようなものがある。

□シャンカール博士と同僚がSEE Change Initiativeを通じて開発したEmpowered
　EmployeeとEmpowered Entrepreneurトレーニング(EET)プログラム。これらのトレーニングは、地域の事情に合わせ、個人が自分の信念体系を理解するための個人的な旅に出かけるものである。
　このトレーニングでは、各自が自分の信念体系を理解し、人生のいくつかの領域における目標を確認し、目標達成のために目的をもって行動するための様々な思考ツールを学ぶことになる。行動計画の具体的なスキルは、目標設定、コミュニケーション能力の改善、体系的な計画立案、積極的な問題解決などである。
□「パーソナル・イニシアチブ・トレーニング」（心理学者のフレイス博士らによって開発された）

このトレーニングは、動機づけのスキルや主体的な行動、目標設定、計画と革新、障害の克服に焦点を当て、問題を予測し、新しい機会を探し、障害を克服するための計画方法を学ぶものである。これらのトレーニングは、起業家や中小企業のために設計されたものだ。

[どのように役立つか]

パーソナル・エージェンシーとパーソナル・イニシアティブのトレーニングは、参加者の目標に向けた有意義な行動を可能にするだけでなく、個人が生涯を通じて維持できる循環的で積極的な習慣を形成し、力と発言の感覚と同時に成長マインドセットをもたらす。これらのトレーニングは、中小企業や起業家の生活を直接的に改善し、資源の乏しい環境に住む人々の総合的な幸福を向上させることができる。

[取り組み方]

パーソナル・エージェンシーとパーソナル・イニシアチブ・トレーニングを初めて始めるときは、次のことを試してみてください。

1．ジョンズ・ホプキンス大学のSelf-Empowerment and Equity for Change (SEE Change)のウェブサイトからオープンソースのドキュメントとして入手できるSEE Changeのカリキュラムに目を通します。
2．パーソナル・イニシアチブ・プログラムについての詳細は、https://pi-training.org/ をご覧ください。

パーソナル・エージェンシー（個人の主体性）は、人生において重要な決定を下し、それに基づいて行動する能力として定義され、総合的な幸福を促進する上で中心となるものである。心理学、認知科学、行動経済学、公衆衛生学の最近の研究により、資源の大幅な制約や環境的脅威に直面している集団においても、個人の主体性は育まれ得ることが実証されている。

過去10年間で、以下の持続可能な開発目標を促進・支援するためにデザインされたパーソナル・エージェンシーへの介入が増加している。『目標1) 貧困のない社会、目標3) 健康と福祉の向上、目標5) ジェンダーの平等、目標8) 働きがいも経済成長も』などだ。パーソナル・エージェンシーの介入は、特定の目標に向けた行動を促進し、行動変容を支援するために設計された、行動的かつ／またはデジタルな介入の形態をとる。

低資源環境においてテストされた2つの具体的な介入例について、以下に説明する。

エンパワード・エンプロイー・トレーニング(EET)とエンパワード・アントレプレナー・トレーニング(EET)は、シャンカール博士と同僚によって、セルフ・エンパワーメントと変化のための公正(SEE Change)イニシアチブを通じて開発され、資源の乏しい環境において、多くの組織や部門で適応・テストされてきた。この行動トレーニングは、個人の主体性を育むためにジェンダーや社会文化的な観点から設計され、人間中心主義の設計プロセスを通じて現地に適応される。この研修では、参加者が個人的な旅をすることで、自分自身の信念体系を理解し、人生の様々な分野での目標を確認することができる。

体験的な演習により、参加者は目標達成のために必要な行動を理解し、実行する能力を身に

つける。行動計画の具体的なスキルは、目標設定、コミュニケーションの改善、体系的なプランニング、積極的な問題解決などだ。これらの実践的・心理的スキルは、参加者の目標に向かって有意義な行動を可能にする一方で、他者や外部の力に惑わされることなく、ビジョンを達成するために必要なものだ。このような意図的な行動は、個人が生涯を通じて維持できる循環的で弾力的な習慣につながり、パワーと発言の感覚と同時に成長するマインドセットをもたらす。

　初期の研究では、ケニアのエネルギー分野の小規模起業家に提供されたパーソナル・エージェンシー・トレーニングによって、事業の寿命が2倍になり、売上が約3倍になると共に、自信と自尊心が高まり、対人関係も改善されたことが示されている。EETプログラムは、零細企業家の生活改善、エネルギーや農業など男性優位の部門における女性の自信と主体性の強化、対人関係の改善、ジェンダーに基づく暴力の低減に活用されてきた。

　心理学者のM.フレーゼ博士と彼らのチームが開発し、経済学者と共同でテストしたパーソナル・イニシアチブ（PI）トレーニングは、動機づけスキル、積極的行動、目標設定、計画、イノベーション、障害の克服に焦点を当てた設計になっている。

　このトレーニングは、起業家精神とビジネスの改善に焦点を当てた経済的介入を支援するために開発されたものだ。パーソナル・イニシアチブ・トレーニングは、中小企業の経営者に、自己啓発、未来志向、粘り強さについて指導することを目的としている。また、問題を予測し、新しい機会を探し、障害を克服する計画を立てる方法を参加者に教える。

　トーゴ共和国の1,500人の起業家を対象とした大規模な無作為抽出試験では、2年間で、従来のビジネストレーニングでは統計的に有意でない11%だったのに対し、個人主導型トレーニングでは会社の利益が30%増加し、費用対効果の高い介入となったことが示されている。最近の研究・試験結果に基づいて、成果を向上させるための修正・強化が引き続き検討されている。

●芸術、創造性、想像力

　学際的な芸術の実践は、規範的な自己認識や構造から人々を解放するために、多くの分野で用いられている。

　創造的な実践は、人々の健康と幸福を増進させ、共感と思いやりを高め、他人をもっと大切にする力を与えることができる。

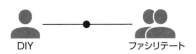

DIY　　　　　　　　ファシリテート

〈身につく主なスキル〉
創造性、楽観性
〈成長するその他のカテゴリー〉
Relating　Collaborating

［概要］

　創造性と芸術は、人々を規範的な自己の認識や構造から解放し、野生的で自発的な想像力の流れに従うことを可能にする。これにより、世界を大切にし、他者と上手く働き、変化を推進する人々の潜在能力を高めることができる。

　芸術の実践は、個人的な娯楽や日常生活のストレスからの解放を提供するだけでなく、健康と福祉に役立つことが実証されているため、現在では医療や社会福祉にも応用されている。病院や手術室は、患者の体験を高め、回復を早めると言われる革新的な芸術デザインで再定義さ

れつつある。

　学際的な芸術活動は現在、教育、地域開発、復興支援、平和構築の分野で広く活用されており、自己探求、対話、治療を可能にしている。創造的な手法は、現状においてより好ましい未来の種を蒔くのに役立ち、先見性のある物語や試験的な取組みを生み出すことができる。これらのビジョンの根底には、イメージ、比喩、言葉を通した想像力があり、その想像力には生み出す力があるということが認められている。

[どのように役立つか]

　創造的な実践は、健康と幸福に役立つことが証明されており、その結果、より大きな勇気、楽観性、忍耐力を生み出すことになる。また、より積極的な市民活動や社会的スキルの向上、共感や思いやり、他人を思いやる力にもつながる。

[取り組み方]

　初めてアートプラクティスを始めるときは、次のことを試してみてください。

---

1. 自分が趣味で創造的な活動にどのように関わっているか、または関わる可能性があるかを考えてみてください。
2. リラックスやインスピレーション、楽しさや面白さをもたらしてくれる創作活動を特定してみてください。
3. 日常の仕事と創造的な活動の間の相乗効果の可能性を探ってみてください。あなたの創造性が、あなたの仕事を革新し、再構築し、既成のルール、規範、構造から抜け出し、遊びや想像力を通じて新しいやり方やあり方を発見する可能性がある場を考えてみてください。

　趣味として創作活動に取り組んでいる多くの人に創作活動がリラックスをもたらし、楽しみや喜びを与えてくれるかを尋ねると、すぐに肯いてくれるだろう。創造的な活動は、個人的な娯楽や日常生活のストレスからの解放を提供するだけでなく、健康やウェルビーイングにも効果があり、さらに勇気、楽観性、忍耐力を高めることが実証されている。世界の多くの国では、芸術の実践が医療や社会福祉に織り込まれている。

　また、医療従事者のトレーニングにおいても、芸術が大きな役割を果たすようになり、従来の生物医学的アプローチを変革し、医療をより思いやりがあり、感謝に満ちた、ホリスティック注なものにすることで、医師や看護師が患者をよりよくケアできるようにしようとする試みが始まっている。世界中の病院や手術室は、革新的なアートデザインで生まれ変わり、患者の体験を向上させ、回復を早めると言われている。

注)「ホリスティック」は「全体」「関連」「つながり」「バランス」といった意味をすべて包含した言葉として解釈されている（日本ホリスティック医学協会ウェブサイト参考）。

　重要なことは、芸術、文化、創造性が、より積極的な市民活動につながり、社会的スキルを高め、共感や情熱を高め、人々が他人をもっと大切にするための力を与えるという認識が広まっていることだ。多くの創造的な活動はフロー状態を生み出し、他の人々や世界との相互関連性をより強く感じられるようにする。学際的な芸術活動は、自己探求、対話、治癒を可能にする

ため、教育、地域開発、修復的司法[注]、平和構築の分野で広く利用されている。

注）犯罪や紛争によって社会に生じた「害」を修復したり回復したりするための「司法」ないし「正義」（Restorative Justice）。

　芸術と社会変革に取り組む研究者たちは、変化を想定したプロジェクトにおける創造的手法の価値と力を強調している。創造的な方法は、現在よりも望ましい未来の種を蒔くのに役立つ、先見性のある物語や試験的な取り組みを生み出すことができる。これらのビジョンの根底にあるのは、イメージ、メタファー、言葉を通した想像力が、生み出す力を持っているという理解である。ジョージ・レイコフ（Geoge P.Lakoff）とマーク・ジョンソン（Mark L.Johnson）が主張するように、「メタファーには、新しい現実を創造する力がある。これは、私たちが自分の経験を比喩の視点で理解し始めたときに現れ始め、私たちがその比喩の視点で行動し始めたときに、より深い現実となる。文化的な変化の多くは、新しい比喩的な概念の導入と古い概念の喪失から生じる」のでる。

　創造性と芸術は、人々が規範的なアイデンティティーと構造から自らを解放し、想像力の野性的で自然な流れに従うことを可能にする。

●グループワークとプロトタイピングのためのU理論

　U理論、別名「プレゼンシング」は、気づきに基づく熟考的な実践を用いたコラボレーションとエンゲージメントのためのフレームワークを提供する。このフレームワークは、グループがチームダイナミクスをより深く理解し、組織が目的意識を持ったプランニングを行うことや、プロジェクトやイニシア

DIY　　　　　　　ファシリテート

〈身につく主なスキル〉
創造性、楽観性
〈成長するその他のカテゴリー〉
Relating　Collaborating

チブのプロトタイピングを行うことなど、より目的意識を持って行動することを支援する。

［概要］

　チームでのコラボレーションやエンゲージメントにU理論を適用する場合、重要な原則は共通の意思を持つことである。中心的なチームが共通の目的意識と方向性を持つためには、最初のフレーミングが重要となる。プレゼンシングの実践者は内面の状態を把握し、内面や関係性に関する深い探求のために、組織が創り出す場の質を吟味するように促す。例えば、チームダイナミクスの内的な質をどのように見て、察知し、感じ取るか、などだ。U-Schoolは、変容のための空間を保持することをサポートする一連のツールと実践を提供する。センシングジャーニー、ダイアログインタビュー、ステークホルダーインタビュー、ガイド付きジャーナリング、ケースクリニック・コーチングサークル、プロトタイピング、など様々なツールがある。これらの実践方法には自由にアクセスでき、単独で使用することも、他の変容のプロセスに適応させることも可能だ。

［どのように役立つか］

　U理論は、チームダイナミクスと意識的なリーダーシップの関係をより深く理解するために、グループでの作業を可能にする知見とプロセスを提供し、組織が目的意識を持った計画を行うことや、プロジェクトや事業のプロトタイピングを行うことなど、より目的意識を持って行動することを支援する。

［取り組み方］

　U理論、特にプロトタイピングを初めて行う場合、以下のことを試してみてください。

1．チームが知りたいと思っている問題は何か、システムの中の見えない力を含めて、問うことから始めます。

2．次に、組織内の利害関係者、および/または、その状況に直接的または間接的に関係する当事者をリストアップします。目に見えない力、例えば、勢力関係や フラストレーションなどの感情の動きを、オブジェ（物）を使って表現します。オブジェ同士の距離や、形、大きさも考慮します。

3．4つの方角の視点からオブジェを観察し振り返ります。

（感情）東から見て：このオブジェのどこが好きで、あなたの最高のエネルギーに火をつけますか？　何があなたをいらいらさせますか？

（真実）南から見て：どんな厳しい真実が語られる必要がありますか？

（内省）西から見て：この状況の根底には、どんな思い込みがあるのでしょう？　どのようなシステム上の障壁が、私たちを現在の活動状態に閉じ込めているのでしょうか？

（目的/存在）北から見て：この状況の中で、何が終わり、死にたがっていて、何が生まれようとしているのでしょうか？　もしこのオブジェが話せるとしたら、どんな助言をするでしょうか？

4．チームが見たいと思う現在の現実に合わせて、オブジェを配置し直す時間を設けてください。取り除いたり、位置を変えたりすれば、オブジェに劇的な変化をもたらすもの、あるいは動きは何でしょうか。

　U理論とは、「プレゼンシング」とも呼ばれ、気づきに基づく熟考的な実践を用いたコラボレーションとエンゲージメントのためのフレームワークを提供するものだ。U理論では、チームダイナミクスと意識的なリーダーシップの関係をより深く理解するための知見とプロセスを提供し、組織がプロジェクトや 事業の計画やプロトタイピングを目的意識を持って行うことを支援する。

　例えば、オットー・シャーマーは、チームにおける重要な原則の1つは「共通の意図」であると述べている。共通の意図を生み出すために、コアチームはどのように連携すればよいのだろうか。初期のフレームワークが重要で、それによってグループは目的と方向性を共有することができる。そして、グループプロセスが招集されると、グループのメンバーは、誠実さと透明性をもって参加するよう求められ、グループ内で最大の適応を可能にする。

　調和は、練習を必要とする内なるスキルであることを強調しなければならない。グループ内で展開したいことや、各個人に起こっていることを感じ取る、内向きと外向きの意識の方向性

がある。内なる体験と関係性のダイナミクスに向けられたこの意識が、有機的な創発を促進するのである。

シャーマーのワークのもう1つの核となる概念は、ビル・オブライエンとのインタビューから得たものだ。「介入の成功は、介入者の内面のありようによって左右される」。プレゼンシングの実践者は、内面の状態を感じ取り、内面や理性を深く探求するための場の質を意識するよう、組織に求めていく。例えば、チームダイナミクスの内的な質をどのように見て、察知し、感じ取るか、などだ。U-Schoolは、変革のための場を保つことを支援するための一連のツールと実践を提供する。センシングジャーニー、ダイアログインタビュー、ステークホルダーインタビュー、ガイド付きジャーナリング、ケースクリニック・コーチングサークル、プロトタイピング等々。

これらの実践方法には自由にアクセスでき、単独で使用することも、他の変革のプロセスに適応させることも可能だ。実際、これらの実践方法のいくつかは、それ自体が言語、リテラシーとなり、Uプロセスを展開するための表現方法、知るための方法となっている。例えば、ソーシャルアートとして包含されるスクライビングやSPT(Social Presencing Theater)などがそうである。U理論は、リーダーシップ、マネジメント、コーチングにおける明確な実践となり、毎年多くの実践者が個人またはグループでUの旅に参加し、いわゆるUラボ1xやUラボ2xに参加して、メンバーは新しいプロジェクトやイニシアチブを共同開始、共同感知、共同刺激、共同創造、共同進化させるプロセスを経験している。

□プロトタイピングの例
オブジェ（物）を使用してシチュエーションの問題を表現する「3Dスカルプチャー（造形物）」の例。これは、U理論の3Dマッピングから、システムで働く見えない力を見ることができるようにする方法だ。プレゼンシング・インスティチュートによると、「この実践の力は、参加者が習慣的な思考方法ではなく、手を頼りにして新しい洞察を発見することにある」という。手を使ったプロトタイピングは、可視化したい社会システムや個人の現実を思い描くことにつながる。

次に、組織内の利害関係者、および/または、状況に直接的または間接的に関係する当事者をリストアップする。それらをオブジェとして表現する。例えば、権力、不満などの感情の力学など、目に見えない力をオブジェで表すことも重要である。また、問題の構成要素間の距離や、オブジェの大きさにおける形状も考慮する。

物理的な場所で行う場合は、テーブルを置き、チームが柔軟に動けるようにする。オンラインで行う場合は、1人がガイドをし、もう1人がオブジェの位置についてチームの声を伝える「手」になることをお勧めする。現在の状況を描写するためには、チーム内の参加者全員の声を統合し、それぞれのオブジェが何を表しているかを声に出す必要がある。そのためには、ファシリテーターが3Dモデリングをガイドすることが推奨される。このプロセスの手順は、u-school for Transformationの無料ツールキットで見ることができる。

マッピングとリフレクションに1時間半程度必要となる。これには、オブジェを追加したり、削除したり、配置を変えたりするための10~20分が含まれる。
以下は、4つの異なる視点（東西南北）からオブジェを配置した造形物を観察して考察するため

の質問を引用したものである。プロセスは東から始まり（チームメンバーは東の視点に移動する）、ファシリテーターは質問を読むことから始める。

1. 東から見て：感情
　この造形物のどこが好きで、あなたの最高のエネルギーに火をつけたのですか？　何があなたをいらいらさせますか？
2. 南から見て：真実
　語られる必要のある厳しい真実は何ですか？
3. 西から見て：内省
　この状況の根底にはどのような仮定があるのでしょうか？　どのようなシステム上の障壁が、私たちを現在の活動状態に閉じ込めるのでしょうか？
4. 北から見て：目的／存在
　この状況の中で、何が終わり、死にたがっていて、何が生まれようとしていますか？　もしこの造形物が話せるとしたら、どんな助言をするでしょうか？

　それから、チームには、自分たちが見たいと思う現在の状況に合わせて、オブジェを配置し直す時間が与えられる。オブジェの選択や配置の最初のステップを思い出すことが重要である。もし、取り除いたり、位置を変えたりすれば、造形物に劇的な変化をもたらすアイテムや動きはあるだろうか。
　そして、変更前後の両者の違いを見つけるための考察の時間を設ける。最後に、もしシステムに大きな変化が必要な場合、どのようなはじめの一歩を踏めばよいか、問いかける。

●WOOP

　WOOPとは、Wish（願い）、Outcome（結果）、Obstacles（障害）、Plans（計画）の略で、達成したいことや体験したいことで目標を設定するシンプルで研究に基づいたメソッドだ。

DIY　　　　ファシリテート
〈身につく主なスキル〉
　勇気、楽観性、粘り強さ
〈成長するその他のカテゴリー〉
　Thinking　Relating

［概要］
　WOOPとは、希望、結果、障害、計画の略で、達成したいことや経験したいことを目標に設定するための、シンプルで研究ベースの方法だ。数分しかかからず、心からそのタスクに集中しようとするだけで良い。WOOPは個人で行うことも、誰か（例えば、コーチ、同僚、チームメイト、リーダーなど）と一緒に行うこともできる。個人で行う場合は、紙とペンを用意し、WOOPで自分の考えを書き留めることが有効だ。

［どのように役立つのか］
　WOOPは、あなたが自分で設定した目標を実際に達成できる確率を高めてくれる。

［始め方］

初めてWOOPを始めるときは、次のことを試してみてください。

1. 座って、目を閉じます。4つ数えながら鼻から息を吸い、また4つ数えながら息を止めます。空気を押し出さずに自分自身を小さな穴が開いた風船に見立てて口から空気をゆっくり吐きます。息を吐きながら8つ数え、4つ数えてからもう一度同じように行います。無理のない呼吸でこれを5回から10回行い、自分がどの程度リラックスしているかを感じてください。
2. 会議や一日の始まりなど、その時に達成したいこと、経験したいことを思い浮かべます。例えば、新しく学びたいことや、成し遂げたいことがあるかもしれません。難しいけれども、決して不可能ではないこと。これを紙に書き出してください。
3. 大小にかかわらず、達成したいことを実現したときに生じるであろうポジティブな感情や結果について考えてみてください。これらを書き出してから、それを達成するために唯一最良と思われる2つか3つの事柄に少しの間だけ集中してください。それらを自由に声に出し、紙に丸をつけてください。
4. 次に、あなたが望むことを実現するのを難しくしたり、妨げたりする障害や問題点について、思いつく限りすべて考えてください。障害は、自分自身にある場合もあります（例：やる気の問題、集中力の問題、疲労、病気など）。また、自分の外側にある場合もあります（例：誤った情報を与えられた、同僚が病気になった、悪天候など）。
5. それぞれの障害について、それが起こらないようにするために何ができるか、また、起こってしまった場合にどう対処するかを考えましょう。そのような計画をそれぞれ、次のように紙に書き出してください。
　「○○を起こさないために、私は○○をし、○○が起こったら、○○をする。」
6. 書いたものを読み返し、書いたものについて、自由に他の人に話してみてください。

　WOOPは、達成したいことや体験したいことで目標を設定し、実際に達成できる確率を高めるためのシンプルかつ研究に基づいた方法だ。WOOPは、心理的資本の第一の特徴である「希望」を強くするための取り組み方の教本から抜粋したようなものだと言える。WOOPは、何度でも行うことができる。たった数分、この数分間をかけて、心をこめてその作業に集中すればよい。

参考文献・脚注一覧

●序章●

経済産業省 未来人材会議事務局資料（令和3年12月7日）
　https://www.meti.go.jp/shingikai/economy/mirai_jinzai/pdf/001_04_00.pdf
金融庁HP『「企業内容等の開示に関する内閣府令」等の改正案の公表について』
　https://www.fsa.go.jp/news/r4/sonota/20221107/20221107.html
"True Gen": Generation Z and its implications for companies. McKinsey & Company, November 12, 2018 | ArticleBy Tracy Francis and Fernanda Hoefel

『世界はシステムで動く―いま起きていることの本質をつかむ考え方』ドネラ・H・メドウズ（英治出版、2015）
『もしも世界が100人の村だったら』池田香代子（マガジンハウス、2001）
『なぜ弱さを見せあえる組織が強いのか～すべての人が自己変革に取り組む「発達指向型組織」をつくる』ロバート・キーガン、リサ・ラスコウ・レイヒー（英治出版、2017）
『インテグラル理論～多様で複雑な世界を読み解く新次元の成長モデル』ケン・ウィルバー（日本能率協会マネジメントセンター、2019）
『人が成長するとは、どういうことか～発達志向型能力開発のためのインテグラル・アプローチ』鈴木規夫（日本能率協会マネジメントセンター、2021）
『「恐れのない組織」～「心理的安全性」が学習・イノベーション・成長をもたらす』エイミー・C・エドモンドソン（英治出版、2021）

●1章●

1　Oliver Mack，Managing in a VUCA world，Springer，2015
2　内閣府「選択する未来－人口推計から見えてくる未来像－」https://www5.cao.go.jp/keizai-shimon/kaigi/special/future/sentaku/s2_1.html
3　経済産業省「2050年までの経済社会の構造変化と政策課題について」（平成30年9月）https://www.meti.go.jp/shingikai/sankoshin/2050_keizai/pdf/001_04_00.pdf
4　Cocker F, Martin A, Scott VA, Sanderson K (2013) Psychological Distress, Related Work Attendance, and Productivity Loss in Small-to-Medium Enterprise Owner/Managers. International Journal of Mental Health Promotion; 14(2): 219- 236
5　IMF「世界見通しレポート」2022年10月https://www.imf.org/en/Publications/WEO/Issues/2022/10/11/world-economic-outlook-october-2022
6　Shin, H., Eastman, J. and Li, Y. (2021) Is it love or just like? Generation Z's brand relationship with luxury, Journal of Product & Brand Management, Vol. ahead-of-print No. ahead-of-print. Available from: doi:10.1108/JPBM-08-2020-3049.
7　「Information Systems Research」Erik Stolterman & Anna Croon Fors，Information Technology and t　he Good Life（https://link.springer.com/chapter/10.1007/1-4020-8095-6_45）
8　環境省「リユース市場調査報告書」https://www.env.go.jp/recycle/H30_reuse_research_all.pdf
9　まいなび学生調査　https://career-research.mynavi.jp/column/20220407_25603/
10　『資本主義と自由』ミルトン・フリードマン（日経BP、2008）

11 『ISO26000:2010 社会的責任に関する手引き』日本規格協会編（日本規格協会、2011）

12 『企業倫理とは何か 石田梅岩に学ぶＣＳＲの精神』平田雅彦（PHP研究所、2005）

13 枡谷義雄（2007）「CSRと企業パフォーマンス」（『CSRと企業経営』亀川雅人・高岡美佳編（学文社、2007）39 – 57頁）。

14 M. E. Porter and M. R. Kramer（2006）, Strategy and Society, Harvard Business Review December, pp.78-92. 村井勉訳（2008）、「競争優位の CSR 戦略」『ハーバードビジネスレヴュー』1月号、36-52頁

15 ブラックロック・ジャパン株式会社（2021）「ブラックロックの紹介」https://www.blackrock.com/jp/individual/ja/about-us

16 JIM STENGEL COMPANY（https://www.jimstengel.com/）、『コトラーのマーケティング3.0 ソーシャル・メディア時代の新法則』フィリップ・コトラー他（朝日新聞出版、2010）

17 2021 エデルマン・トラストバロメーター スペシャルレポート「ビリーフ・ドリブン」な従業員（https://www.edelman.jp/research/belief-driven-employee）

18 ロバート・E・クイン、アンジャン・V・セイカー他『パーパス・ドリブンの組織をつくる８つのステップ DIAMOND ハーバード・ビジネス・レビュー論文』（ダイヤモンド社、2019）

19 KPMGウェブサイト（https://advisory.kpmg.us/insights/future-hr/future-hr-purpose-culture/kpmg-purpose.html）

20 ニューヨーク・タイムズ・マガジン（https://www.nytimes.com/2016/02/28/magazine/what-google-learned-from-its-quest-to-build-the-perfect-team.html?smid=pl-share）

21 Edmondson , A.C.(2008)「The Competitive Imperative of learning」Harvard Business Review , 01/Jul , 86(7-8):60-71 , 160

●2章●

1 『中小企業白書 小規模企業白書 2022年版』中小企業庁

2 『ビジョナリー・カンパニー 2 - 飛躍の法則』ジェームズ・C.コリンズ（日経BP、2001）

3 帝国データバンク「ゾンビ企業」の現状分析（2022年11月末時点の最新動向）https://www.tdb.co.jp/report/watching/press/p221213.html

4 『中小企業白書 小規模企業白書 2022年版』（270頁）中小企業庁

5 経済産業省 ミラサポPlus 中小企業向け補助金・総合支援サイト「アンゾフの成長マトリクス」https://mirasapo-plus.go.jp/hint/15043/

『マネジメント〔エッセンシャル版〕基本と原則』P.F.ドラッカー（ダイヤモンド社、2001）

『7つの習慣－成功には原則があった！』スティーブン・R・コヴィー（キングベアー出版、1996）

『両利きの経営－「二兎を追う」戦略が未来を切り拓く』チャールズ・A・オライリー、マイケル・L・タッシュマン（東洋経済新報社、2021）

『パーパス経営－30年先の視点から現在を捉える』名和高司（東洋経済新報社、2021）

『なぜ日本はローカル経済から甦るのか』冨山和彦（PHP新書、2014）

『幸福の資本論－あなたの未来を決める「３つの資本」と「８つの人生パターン」』橘玲（ダイヤモンド社、2017）

『ライフシフト』リンダ・グラットン（東洋経済新報社、2016）

『経営者になるためのノート』柳井正（PHP研究所、2015）

『経営者の教科書－成功するリーダーになるための考え方と行動』小宮一慶（ダイヤモンド社、2017）

『学習する組織入門－自分・チーム・会社が変わる持続的成長の技術と実践』小田理一郎（英治出版、2017）

『マッキンゼー流最高の社風のつくり方』ニール・ドシ、リンゼイ・マクレガー（日経BP、2016）

『ティール組織―マネジメントの常識を覆す次世代型組織の出現』フレデリック・ラルー（英治出版、2018）

『スイミー―ちいさなかしこいさかなのはなし』レオ・レオニ（好学社、1969）

● 3 章 ●

『だから僕たちは、組織を変えていける』斉藤徹（クロスメディア・パブリッシング、2021）

『世界はシステムで動く―いま起きていることの本質をつかむ考え方』ドネラ・H・メドウズ（英治出版、2015）

『組織も人も変わることができる！なぜ部下とうまくいかないのか「自他変革」の発達心理学』加藤洋平（日本能率協会マネジメントセンター、2016）

● 4 章 ●

1 「IDGs Full Report」
https://static1.squarespace.com/static/600d80b3387b98582a60354a/t/627bb821f4978468f9f31ba/1652275238451/220511_IDG_Report_Full.pdf
「IDG Toolkit」
https://static1.squarespace.com/static/600d80b3387b98582a60354a/t/639af49397996526d3086e0e/1671099541740/221215_IDG_Toolkit_v1.pdf

2 「Sustainable Development Report 2022」はこのレポートはデータ分析の際に、経済協力開発機構（OECD）や国連食糧農業機関（FAO）などの国際機関による公式データや、民間の研究機関や市民社会による非公式のデータも活用することで、よりタイムリーな情報を発信している

3 各省庁等におけるSDGs関連の取り組み https://future-city.go.jp/link/

4 『2030年の世界地図帳』落合陽一（SBクリエイティブ、2019）

5 IDGイニシアチブ innerdevelopmentgoals.org

6 『学習する組織―システム思考で未来を創造する』ピーター・M・センゲ（英治出版、2011）
『世界はシステムで動く―いま起きていることの本質をつかむ考え方』ドネラ・H・メドウズ（英治出版、2015）

7 Google Re:work
https://rework.withgoogle.com/jp/guides/unbiasing-raise-awareness/#understand-the-science
Brooks, A. W., Huang, L., Kearney, S. W., & Murray, F. E. (2014). [Investors Prefer Entrepreneurial Ventures Pitched by Attractive Men.](http://www.hbs.edu/faculty/Publication Files/Brooks Huang Kearney Murray_59b551a9-8218-4b84-be15-eaff58009767.pdf)
Brescoll, V. L., Dovidio, J. F., Graham, M. J., Handelsman, M. J. & Moss-Racusin C. A. (2012). Science Faculty's Subtle Gender Biases Favor Male Students.
Hebl, M. R., Foster, J. B., Mannix, L. M., & Dovidio, J. F. (2002). Formal and Interpersonal Discrimination: A Field Study of Bias Toward Homosexual Applicants.
Jones, K. P., Peddie, C. I., Gilrane, V. L., King, E. B., & Gray, A. L. (2013). Not So Subtle: A Meta-Analytic Investigation of the Correlates of Subtle and Overt Discrimination.
Martell, R. F., Lane, D. M., & Emrich, C., (1996). Male-Female Differences: a Computer Simulation.
Murphy, M. C., Steele, C. M., & Gross, J. J. (2007). Signaling Threat: How Situational Cues Affect Women in Math, Science & Engineering Settings.
Rudman, L. A., Ashmore, R. D., & Gary, M. L. (2001). "Unlearning" Automatic Biases: The Malleability of Implicit Prejudice and Stereotypes.
Welle, B., & Heilman, M. E. (2007). Formal and Informal Discrimination against Women at Work: The Role of Gender Stereotypes.

8 ストックホルム・レジリエンス・センター
https://www.stockholmresilience.org/research/planetary-boundaries.html
9 気候変動に関する政府間パネル（IPCC）第6次評価報告書・第1作業部会報告書（自然科学的根拠）
https://www.ipcc.ch/report/ar6/wg1/
10 IPCC第6次統合報告書（「AR6 統合報告書 政策決定者向け要約」）
https://www.jma.go.jp/jma/press/2303/20a/ipcc_ar6_syr_a.pdf
11「人間力戦略研究会報告書」平成15年4月10日人間力戦略研究会
https://www5.cao.go.jp/keizai1/2004/ningenryoku/0410houkoku.pdf
12『幸之助論―「経営の神様」松下幸之助の物語』ジョン・P・コッター（ダイヤモンド社、2008）
13『システム思考―複雑な問題の解決技法（BEST SOLUTION）』ジョン・D・スターマン（東洋経済新報社、2009）
『世界はシステムで動く―いま起きていることの本質をつかむ考え方』ドネラ・H・メドウズ（英治出版、2015）
14『マンガでやさしくわかる学習する組織』小田理一郎（日本能率協会マネジメントセンター、2017）
15 IDGs Full Report
https://static1.squarespace.com/static/600d80b3387b98582a60354a/t/627bb821f4978468f9f311ba/1652275238451/220511_IDG_Report_Full.pdf
16『行動探求―個人・チーム・組織の変容をもたらすリーダーシップ』ビル・トルバート（英治出版、2016）
17『インテグラル理論 多様で複雑な世界を読み解く新次元の成長モデル』ケン・ウィルバー（日本能率協会マネジメントセンター、2019）
『INTEGRAL LIFE PRACTICE』ケン・ウィルバー
Inner-Outer ransformation Model simpli-fied. Meta-model of Inner-Outer ransformation tow ard ustainability pre-sented in Wamsler et al. (2021)
Annex II_ Theoretical Foundations Re-port_2022.18.09.2022.Final.pdf
UNDP-CoFSA-Cultivating-Inner-Capacities-for-Regenerative-Food-Systems-Rationale-Report.pdf
『行動探求―個人・チーム・組織の変容をもたらすリーダーシップ』ビル・トルバート（英治出版、2016）
『ティール組織―マネジメントの常識を覆す次世代型組織の出現』フレデリック・ラルー（英治出版、2018）
18『インテグラル理論 多様で複雑な世界を読み解く新次元の成長モデル』ケン・ウィルバー（日本能率協会マネジメントセンター、2019）
19『行動探求―個人・チーム・組織の変容をもたらすリーダーシップ』ビル・トルバート（英治出版、2016）
20『善の研究』西田幾多郎（講談社、2006）
『西田幾多郎「善の研究」2019年10月（NHK100分de名著）』若松英輔（NHK出版、2019）
『図説 一冊で学び直せる哲学の本』小川仁志・監修（学研プラス、2019）
21『NHKこころの時代～宗教・人生～瞑想でたどる仏教：心と身体を観察する(NHKシリーズ NHKこころの時代)』蓑輪 顕量（NHK出版、2021）
22『INTEGRAL LIFE PRACTICE 私たちの可能性を最大限に引き出す自己成長のメタ・モデル』ケン・ウィルバー他（日本能率協会マネジメントセンター、2020）
『7つの習慣-成功には原則があった！』スティーヴン・R・コヴィー（キングベアー社、1996）
『第8の習慣「効果」から「偉大」へ』スティーヴン・R・コヴィー（キングベアー社、2005）
23『なぜ世界は存在しないのか』マルクス・ガブリエル（講談社、2018）
24『脳はなぜ「心」を作ったのか―「私」の謎を解く受動意識仮説』前野隆司（筑摩書房、2010）
『死は存在しない―最先端量子科学が示す新たな仮説』田坂広志（光文社新書、2022）
25 デカルトは精神の座を松果体とし、神経科学者アントニオ・ダマシオは脳幹や帯状回皮質などの古い脳が関わっているのではないかとしている。
『生存する脳―心と脳と身体の神秘』アントニオ・R. ダマシオ（講談社、2000）
26『EQこころの知能指数』ダニエル・ゴールマン（講談社、1998）

『ICE MAN 病気にならない体のつくりかた』ヴィム・ホフ、コエン・デ・ヨング（サンマーク出版、2018）

27 『中空構造日本の真相』河合隼雄（中央公論新社、1999）

28 『意識と本質－精神的東洋を索めて』井筒俊彦（岩波書店、1991）

29 『7つの習慣-成功には原則があった!』スティーヴン・R・コヴィー（キングベアー社、1996）

30 『7つの習慣-成功には原則があった!』スティーヴン・R・コヴィー（キングベアー社、1996）

31 Ariede Geus,"Planning as Learning," Harvard Business Review(March/ April 1988):70-74
『学習する組織──システム思考で未来を創造する』ピーター・M・センゲ（英治出版、2011）

32 『マンガでわかるグーグルのマインドフルネス革命』サンガ編集部他（サンガ、2017）

33 『EQこころの知能指数』ダニエル・ゴールマン（講談社、1998）

34 『なぜあの人の解決策はいつもうまくいくのか？-小さな力で大きく動かすシステム思考の上手な使い方』（東洋経済新報社、2007）

35 『なぜ人と組織は変われないのか──ハーバード流 自己変革の理論と実践』ロバート・キーガン（英治出版、2013）

36 "sensemaking101" Ean Carr　https://sensemaking101.com/

37 国際連合広報センター「2030アジェンダ」
https://www.unic.or.jp/activities/economic_social_development/sustainable_development/2030agenda/

38 内閣府の社会的インパクト評価の実践による人材育成・組織運営力強化調査の最終報告資料
https://www.npo-homepage.go.jp/toukei/sonota-chousa/social-impact-chousa-h28/social-impact-chousa-h28-4

39 Cook-Greuter, 1999

40 Eklund & Meranius, 2021参照

41 Google re:work https://rework.withgoogle.com/jp/guides/managers-care-professionally-personally-for-team#introduction

42 Rosenberg, 1999; Fisher & Ury, 1981; Bohm, 2004など

43 コラボレーションのマイクロスキルの詳細分析については、Dawson 2020-2021を参照

44 Cook-Greuter, 1999

45 『幸福論』アラン（岩波書店、1998）

46 『GRITやり抜く力』アンジェラ・ダックワーク（ダイヤモンド社、2016）

47 『実践版GRITやり抜く力を手に入れる』キャロライン・アダムス・ミラー（すばる舎、2018）

『ザ・ゴール－企業の究極の目的とは何か』エリヤフ・ゴールドラット（ダイヤモンド社、2001）

『U理論［第二版］』オットー・シャーマー（英治出版、2017）

『ユング心理学と仏教』河合隼雄（岩波書店、2010）

『イラスト解剖学 第2版』松村譲児（中外医学社、2000）

『「恐れない組織」～「心理的安全性」が学習・イノベーション・成長をもたらす』エイミー・C・エドモンドソン（英治出版、2021）

※以上、2023年4月1日現在におけるURLです。

【執筆者紹介】

●序章

水野　みち（みずの　みち）

株式会社日本マンパワー　フェロー
キャリアのこれから研究所　所長
IDGsJapanHUB実行委員

人の成長に興味を持ち、1998年より日本マンパワーにてキャリアカウンセリング事業の立ち上げに従事。NPO日本キャリア開発協会（JCDA）の立ち上げに参画し、現在は2万名以上の会員組織となる。2003年に留学し、ペンシルバニア州立大学大学院にて教育学修士を取得。厚生労働省委託事業・働く若者相談事業スーパーバイザーにも従事。現在は日本マンパワー・フェローとしてキャリア自律やエンゲージメント、ウェルビーイング向上のために上場企業を中心にコンサルテーション・プログラム開発・講演・人材育成・施策設計支援を行う。

〇資格・修士等

教育学修士（カウンセラー教育プログラム）、国家資格キャリアコンサルタント、MBTI認定ユーザー、ITC認定ファシリテーター（ロバート・キーガン博士認定）、組織開発ファシリテーター

●第1章

新井 範子（あらい　のりこ）

上智大学経済学部経営学科教授

マーケティング領域を研究している。特にSNSを活用した企業とコミュニティによる価値共創のマーケティングや、消費者の行動やライフスタイルの研究している。近年は企業の社会貢献活動のマーケティングの応用や、高齢者の視点にたって金融商品を適切な説明や管理運営のための研究であるファイナンシャルジェロントロジー研究も行っている。

〇主著

『マーケター理子の成長記～パーパスドリブン・マーケティングを学ぶ～』監修（翔泳社、2022）、『応援される会社』共著（（光文社新書、2018）、『変革のアイスクリーム－Ｖ字回復を生んだ13社のブランドストーリーに学ぶ』（ダイヤモンド社、2015）、『マーケティングと広告の心理学 』（朝倉書店、2013）、『foursquareマーケティング 位置情報の賢い使い方』共著（池田書店、2011）、『コンテンツがブランドを創る―文化のコミュニケーションが生む可能性』共著（同文館出版、2011）、『みんな力』（東洋経済新報社、2007）、『マーケティング・コミュニケーション大辞典』共著（宣伝会議、2006）など

●第2章

新宅　剛（しんたく　ごう）

経営コンサルタント　㈱小宮コンサルタンツ所属

中堅中小企業の経営に伴走するスタイルのコンサルティングに従事。リーマンショック時に企業再生事業の立ち上げに参画し東北エリアを出発点として事業推進を行う。企業再生の過程で日本のローカル企業における後継者不足や経営力の欠如から「経営者という資源」の必要性を実感し、M&Aマッチング事業を立ち上げる。実務としてのコンサルティング、およびこれらの新規事業の立ち上げ・事業推進経験という事業主体経験を踏まえて、経営者に寄り添うコンサルタントという側面と、社会課題に貢献する社内起業実践者という２つの側面を持つ。経営戦略の立案と推進を組織学習の視点を持ちながら推進し、経営における成果とともに関わる経営者、マネジメントチームの成長を促す支援を行っている。

〇資格

中小企業診断士、税理士全科目試験合格者、事業承継アドバイザー、事業再生実務家協会会員

●第3章

佐藤　彰（さとう　あきら）

Gift & Share 合同会社 代表

　2003年に東京電力に入社。震災・事故対応を第一線で対応した後、経営企画組織・労務人事戦略担当
として、再生戦略を担う。その後、グローバルベンチャーのHRマネージャーとして、組織の人事基盤
を整備し、組織開発・人材育成を支援する企業にて100社以上の組織開発や人材育成に携わる。

　2017年から2030SDGsのプロファシリテーターとなり、大企業を中心に行政や学校に、これまで約
200回近く1万人以上に理解促進のワークショップ開催や、その後の戦略策定・実行支援に取り組む。
現在はウェルビーイング（持続的幸福度）を高める取り組みに注力。

○資格

Master of Business Administration、SSI認定セムコスタイル組織開発コンサルタント、ICC国際コー
チング連盟認定コーチ、JPPI認定ポジティブ心理学トレーナー、成人発達理論エキスパートコース修了、
2030SDGs公認ファシリテーター

●第4章、巻末IDGs Toolkit日本語解釈版

鬼木　基行（おにき　もとゆき）

プライムプラネットエナジー＆ソリューションズ（株）

GX本部　DX推進部　主査/データサイエンティスト

IDGs Japan Hub実行委員・地域づくり団体「みんなのお勝手さん」共同代表

　電機メーカーにて液晶テレビの省エネ技術開発、蓄電池システムの研究開発に従事。NEDOプロジェ
クトにて蓄電池システムの実証実験に参画したのち、定置用蓄電池システムを開発し製品化。2013年
トヨタ自動車（株）に入社。バッテリーシミュレーション技術開発をチーフとして推進。2020年4月
トヨタ自動車（株）とパナソニック（株）の合弁会社プライムプラネットエナジー＆ソリューションズ
（株）（PPES（株））設立とともに出向。PPES（株）のITシステムの立ち上げに従事した後、新設のデー
タサイエンスグループ長に就任。全社DX推進の必要性から、関係者を一堂に会したワークショップを
企画推進しDX推進部署設立の一翼を担う。「学習する組織」を用いた個人と組織の成長を実践し、近年
はIDGsのフレームワークの活用を実践中。2023年4月より現職。

本書のきっかけともなったnoteでIDGsの動向も発信中。https://note.com/kashihonya_moto

IDGs　変容する組織

2023年6月9日　初版第1刷発行

著　者	新　井　範　子
	鬼　木　基　行
	佐　藤　　　彰
	新　宅　　　剛
	水　野　み　ち
発行者	志　茂　満　仁
発行所	㈱経済法令研究会

〒162-8421　東京都新宿区市谷本町3-21
電話　代表 03-3267-4811　制作 03-3267-4823
https://www.khk.co.jp/

営業所／東京 03(3267)4812　大阪 06(6261)2911　名古屋 052(332)3511　福岡 092(411)0805

装丁・イラスト・組版/田中真琴　印刷/富士リプロ(株)　製本/ブックアート　制作/小林朋恵

☆　**本書の内容等に関する追加情報及び訂正等について**　☆

本書の内容等につき発行後に追加情報のお知らせ及び誤記の訂正等の必要が生じた場合には、当社ホームページに掲載いたします。

(ホームページ 書籍・DVD・定期刊行誌 メニュー下部の 追補・正誤表)